001

Zeichnungen:
TAMAKO NAKAMURA
Original:
REKI KAWAHARA
Charakterdesign:
abec

Inhalt

Aincrad, Ebene 1:
Stadt der Anfänge

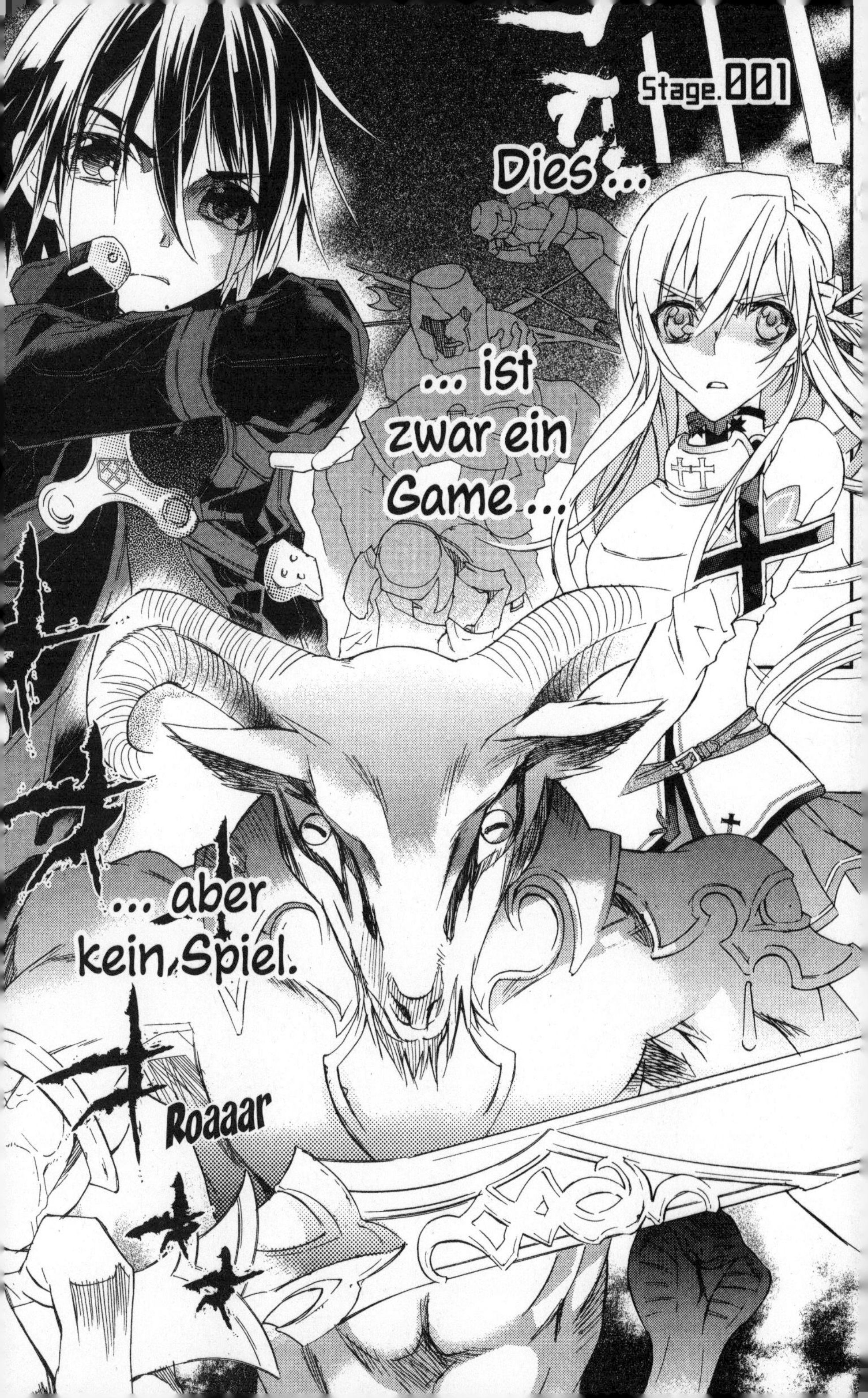
Stage.001
Dies ...
... ist zwar ein Game ...
... aber kein Spiel.
Roaaar

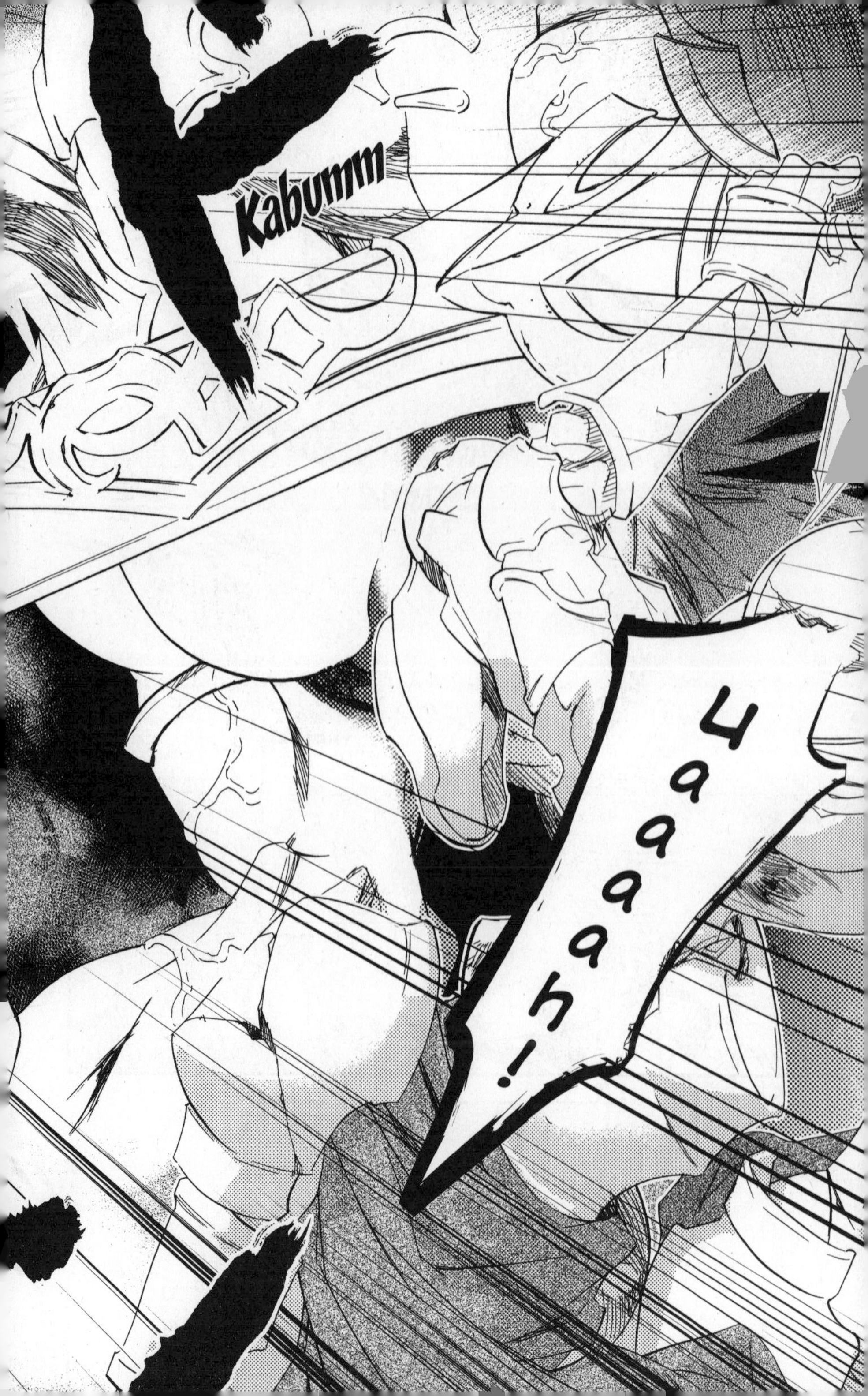
Kabumm
Uaaaaah!

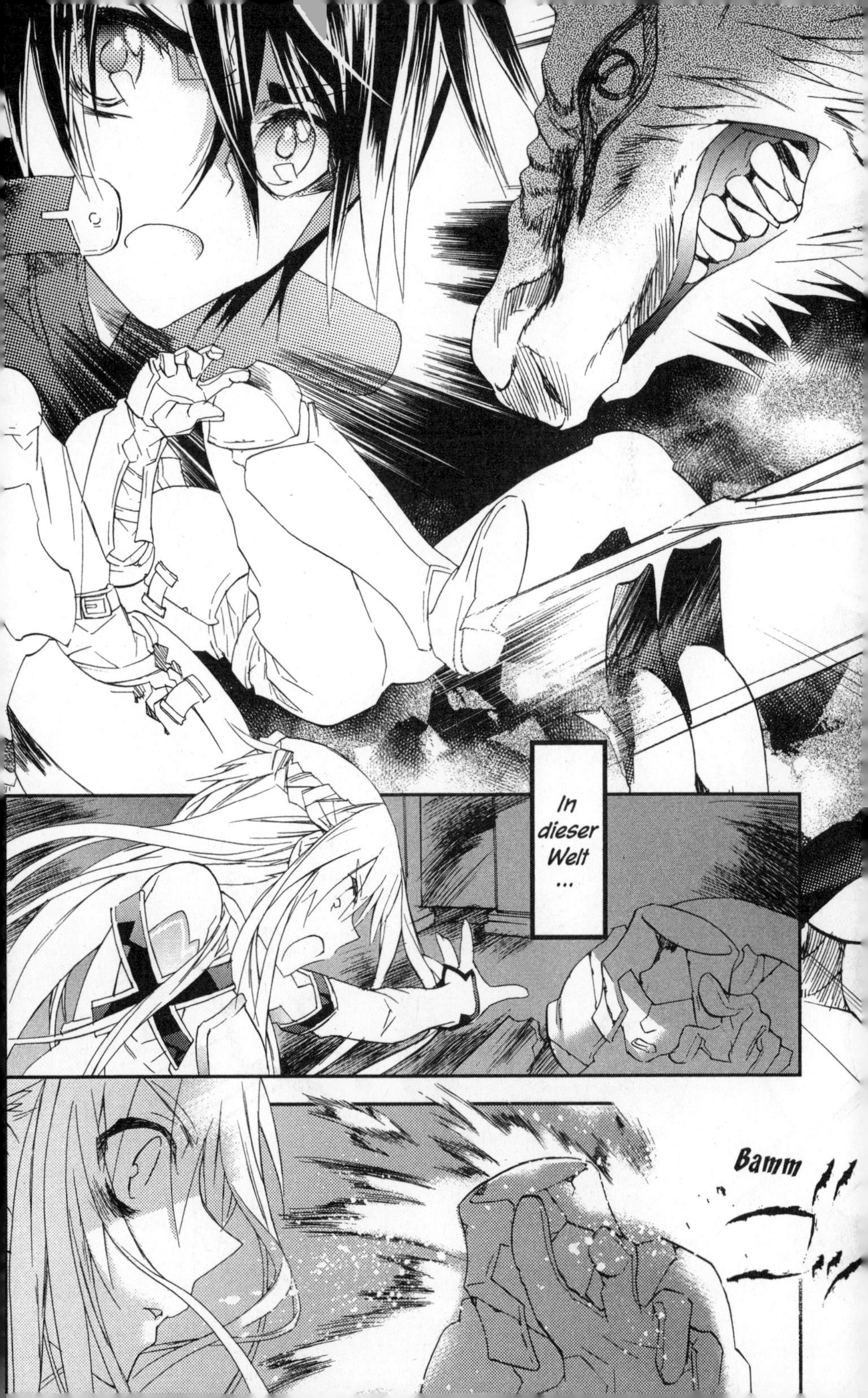
In dieser Welt ...
Bamm

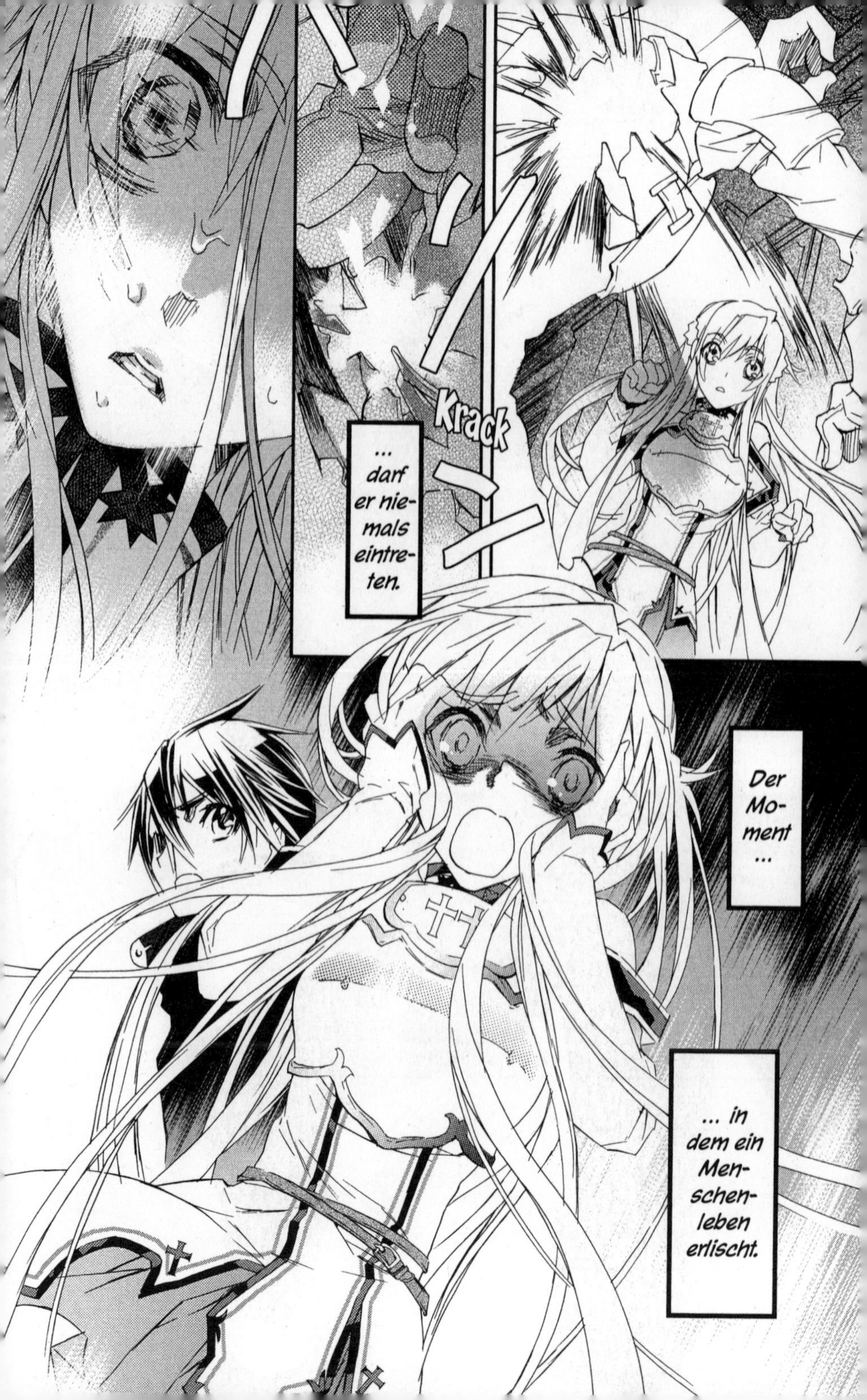
Krack
... darf er niemals eintreten.
Der Moment ...
... in dem ein Menschenleben erlischt.

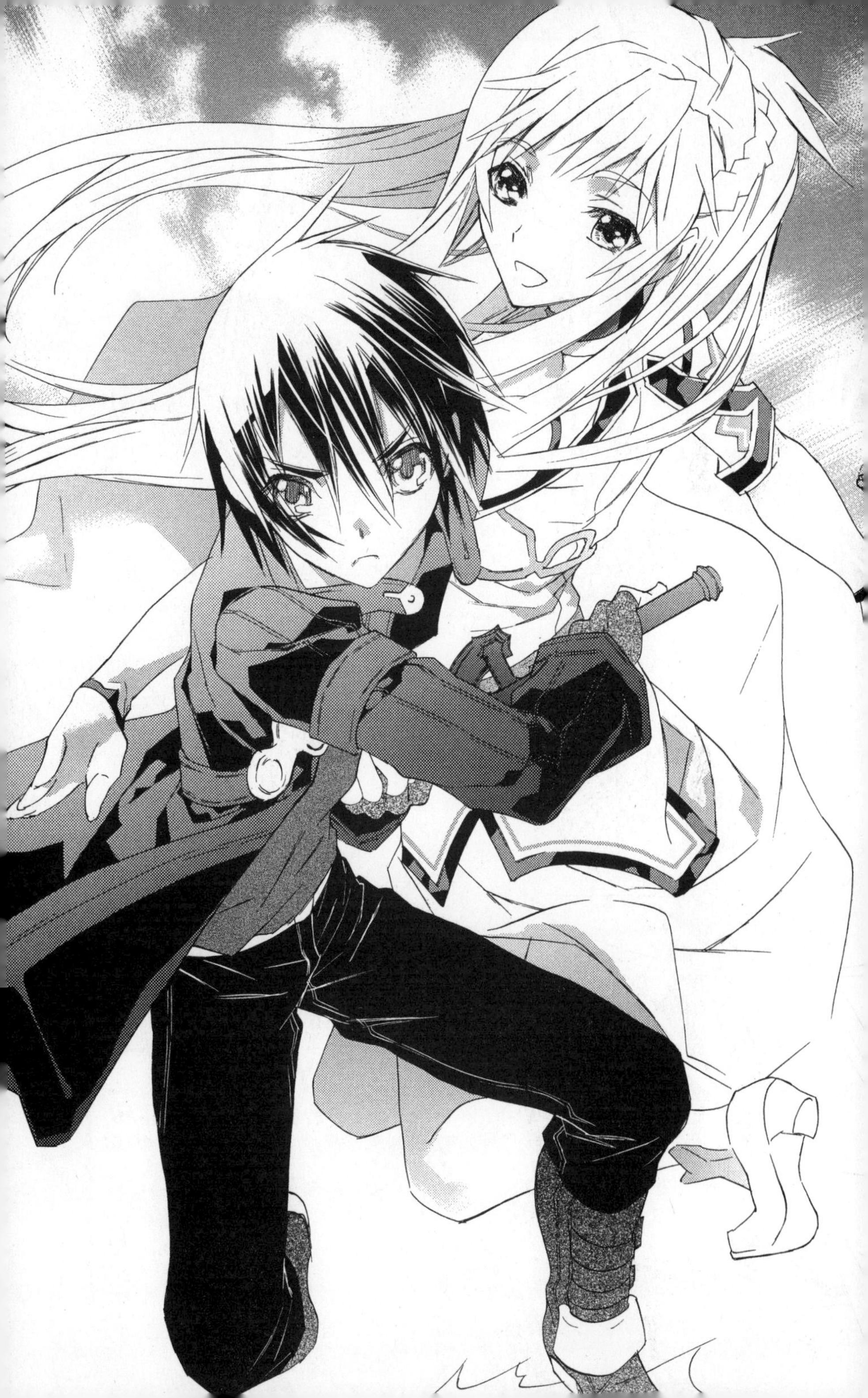

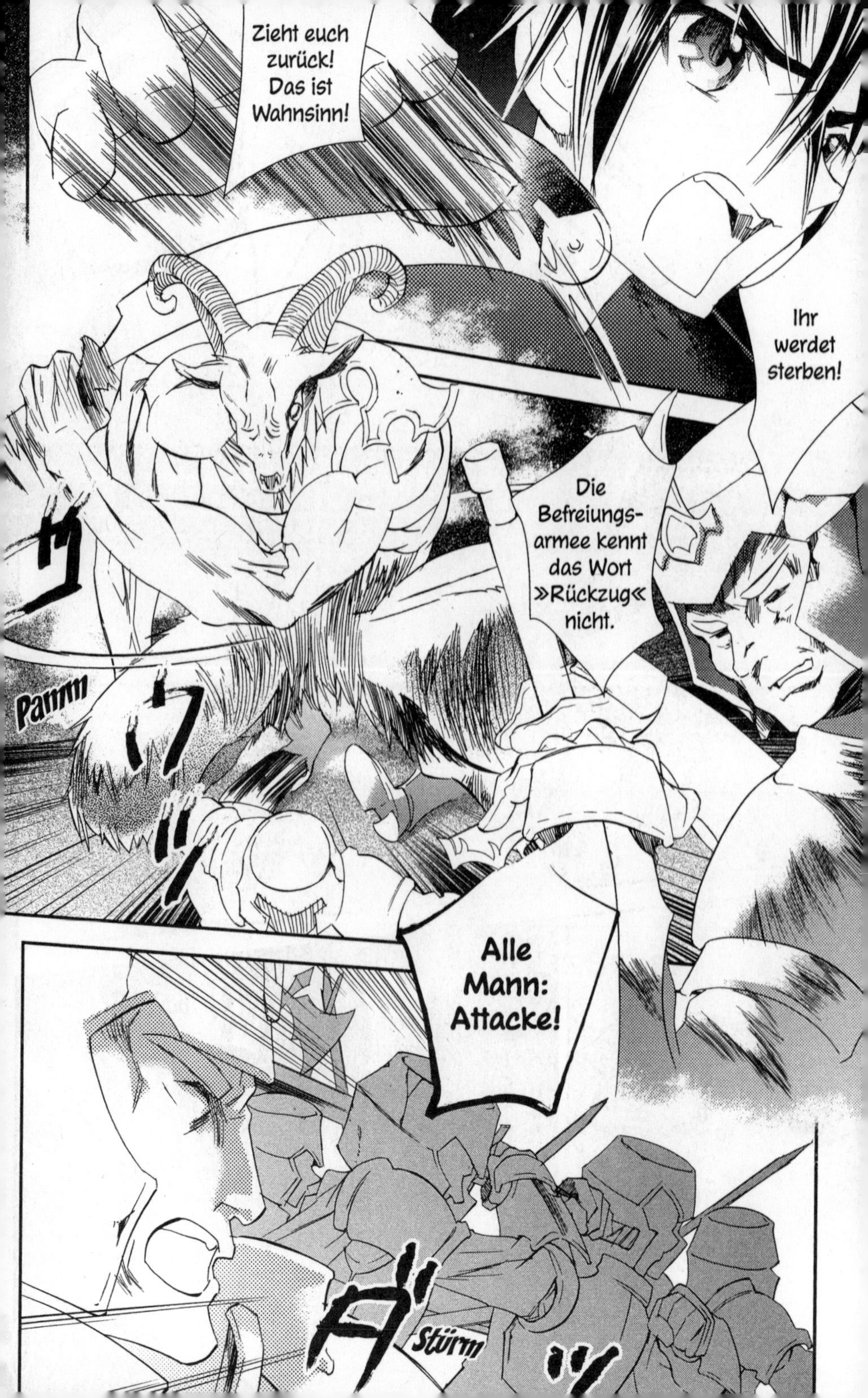

Zieht euch zurück! Das ist Wahnsinn!
Ihr werdet sterben!
Die Befreiungsarmee kennt das Wort »Rückzug« nicht.
Pammm
Alle Mann: Attacke!
Stürm

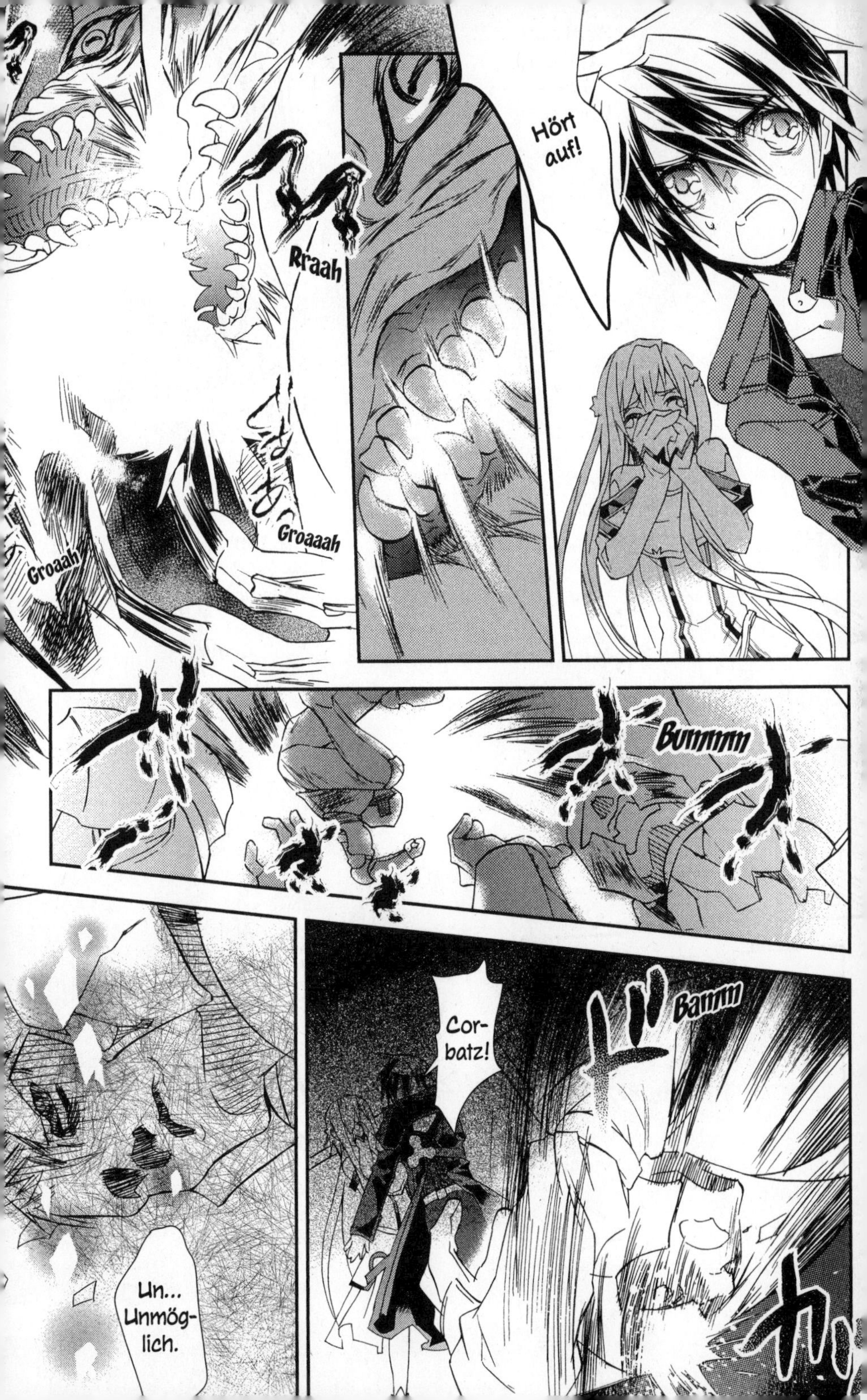

Hört auf!
Rraah
Groaaah
Groaah
Bummm
Bammm
Corbatz!
Un... Unmög-lich.

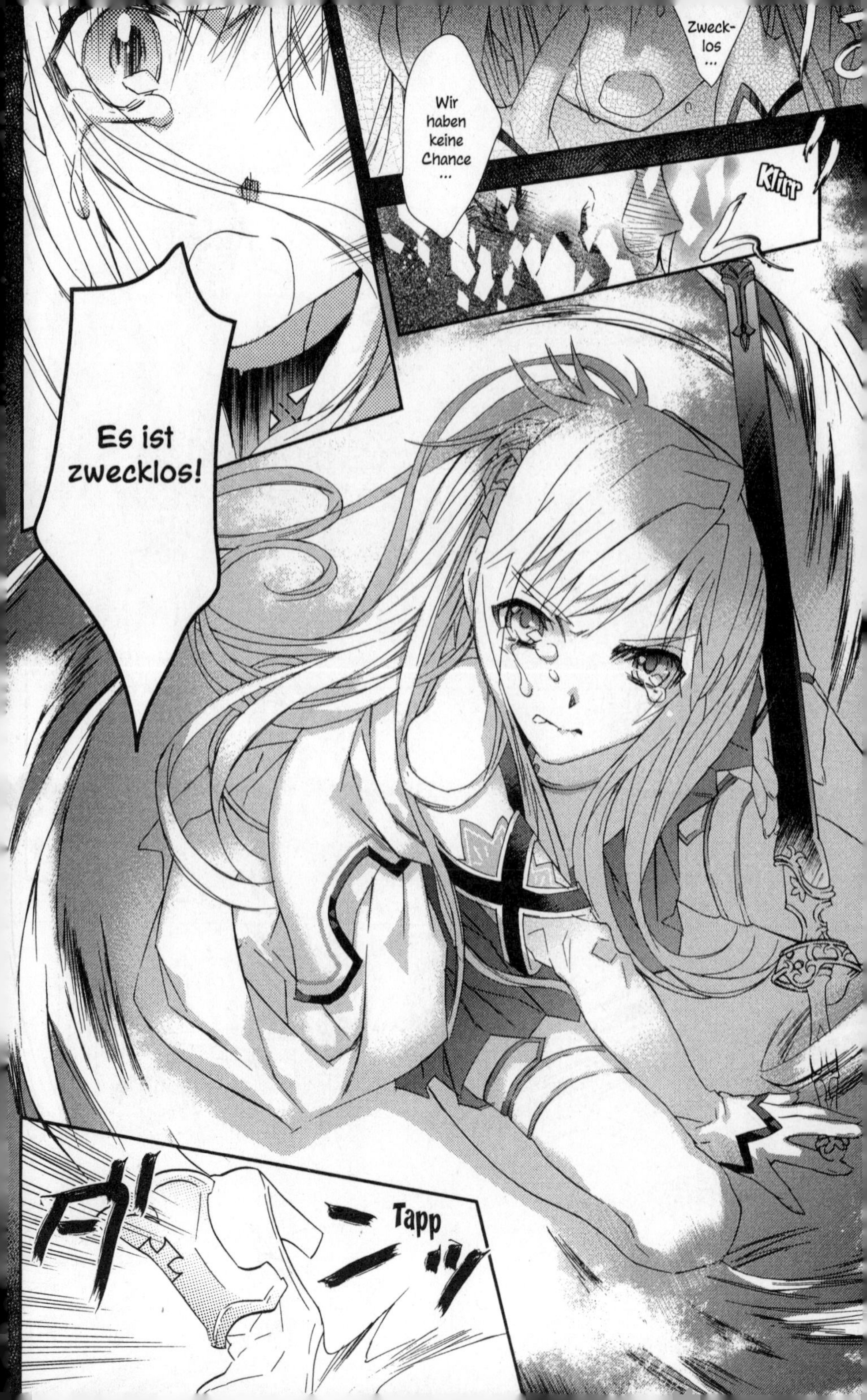
Zweck-
los
...
Wir
haben
keine
Chance
...
Klirr
Es ist
zwecklos!
Tapp

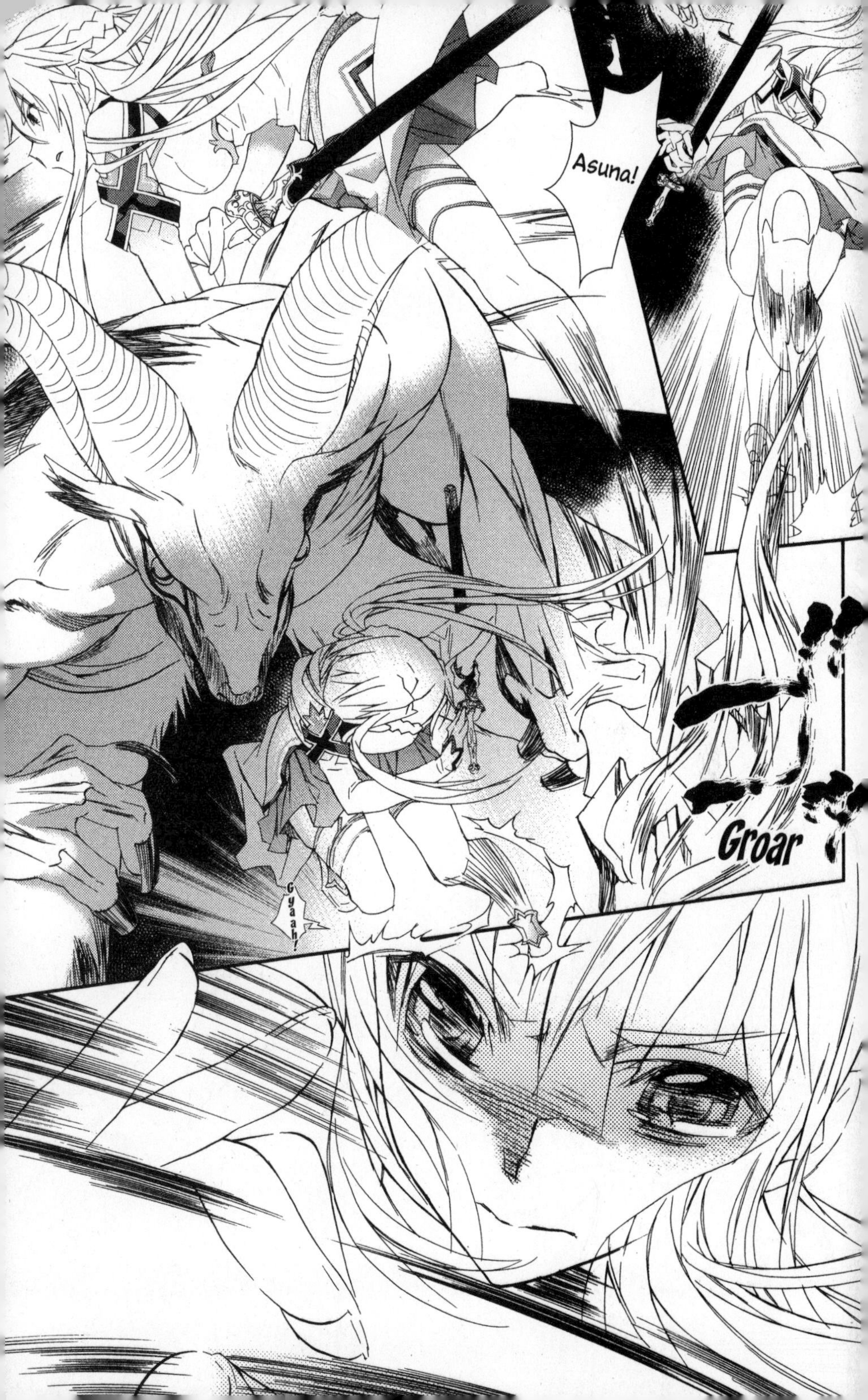
Asuna!
Groar
Gyaah!

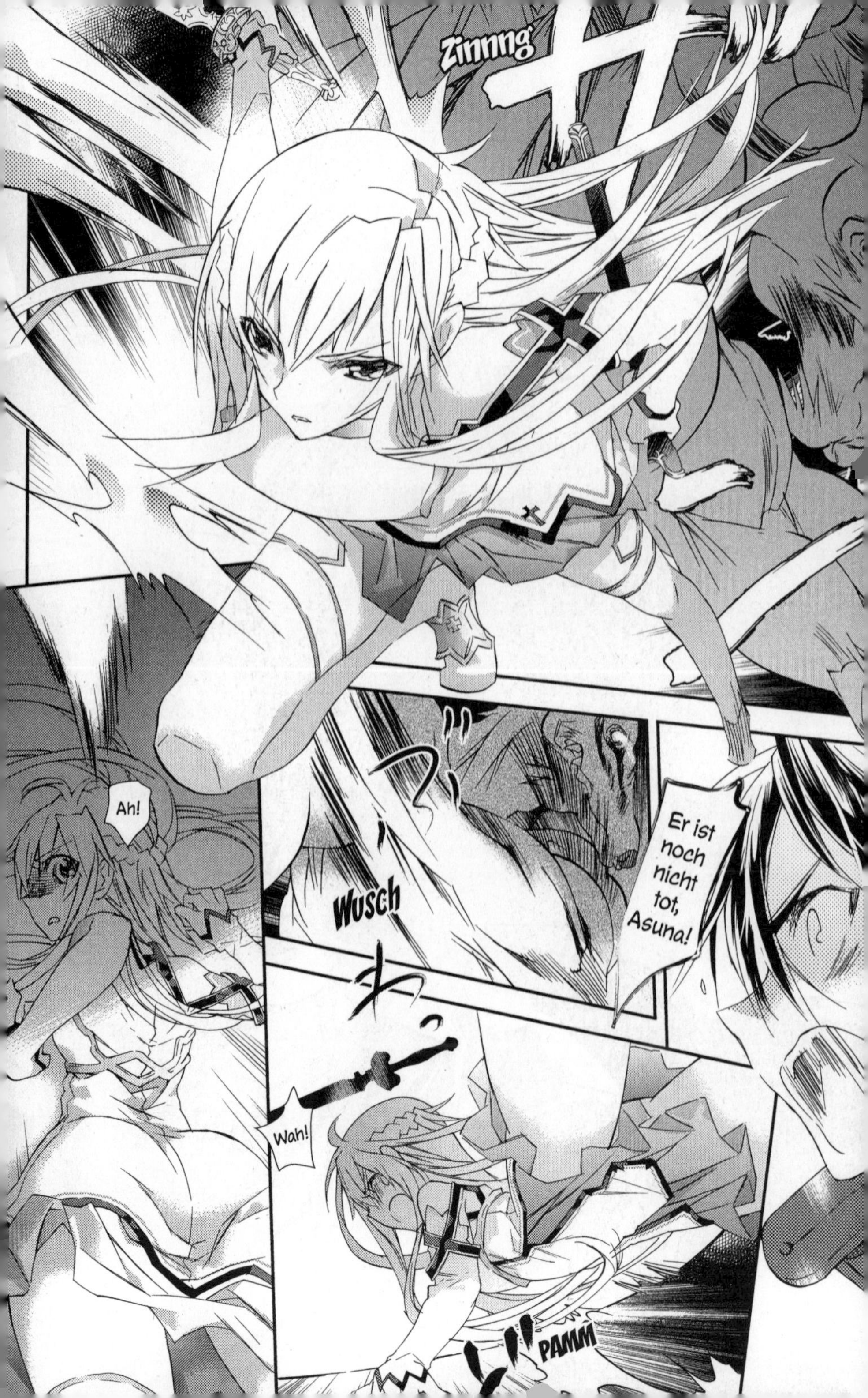
Zinnng
Er ist noch nicht tot, Asuna!
Wusch
Ah!
Wah!
PAMM

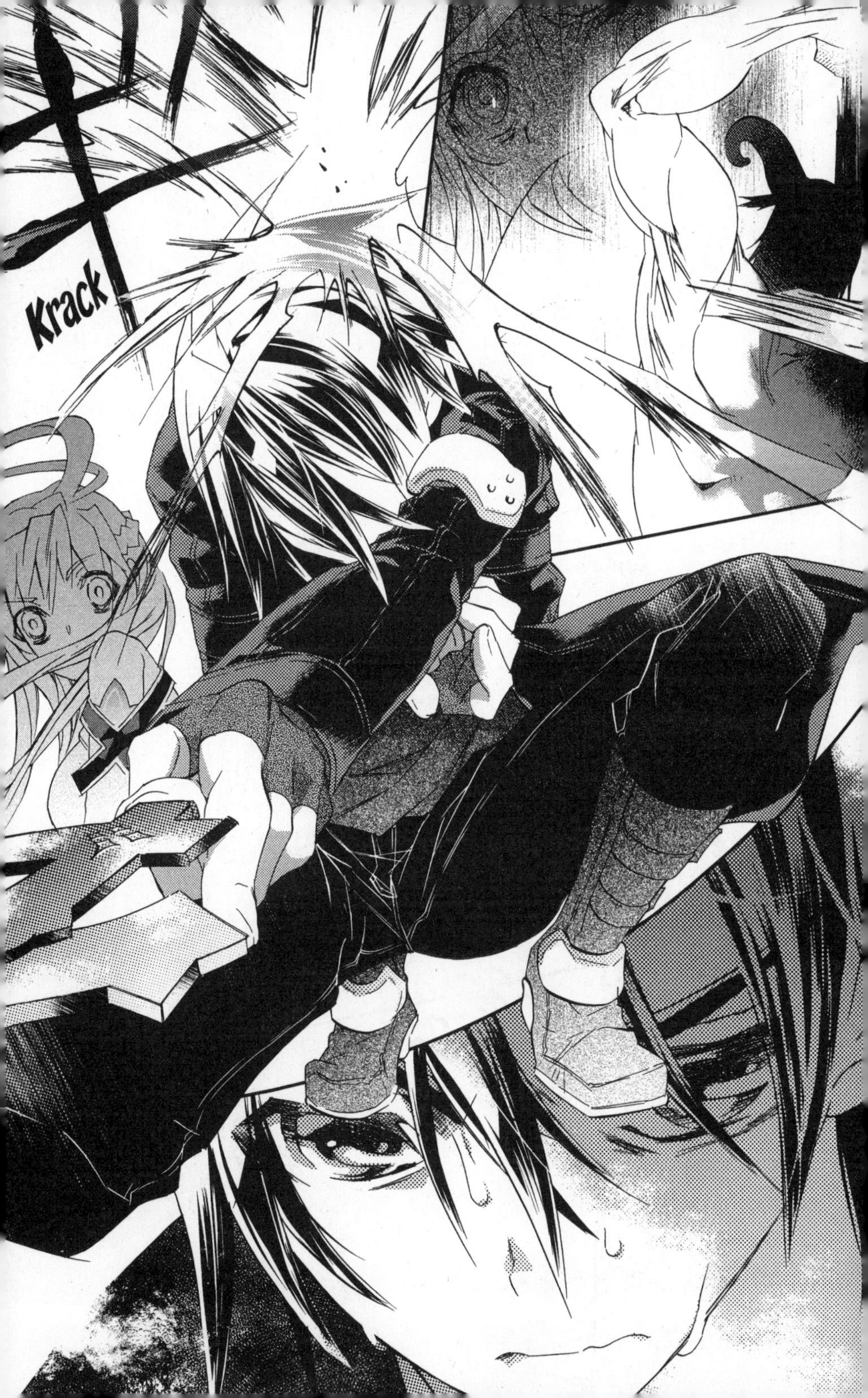
Krack

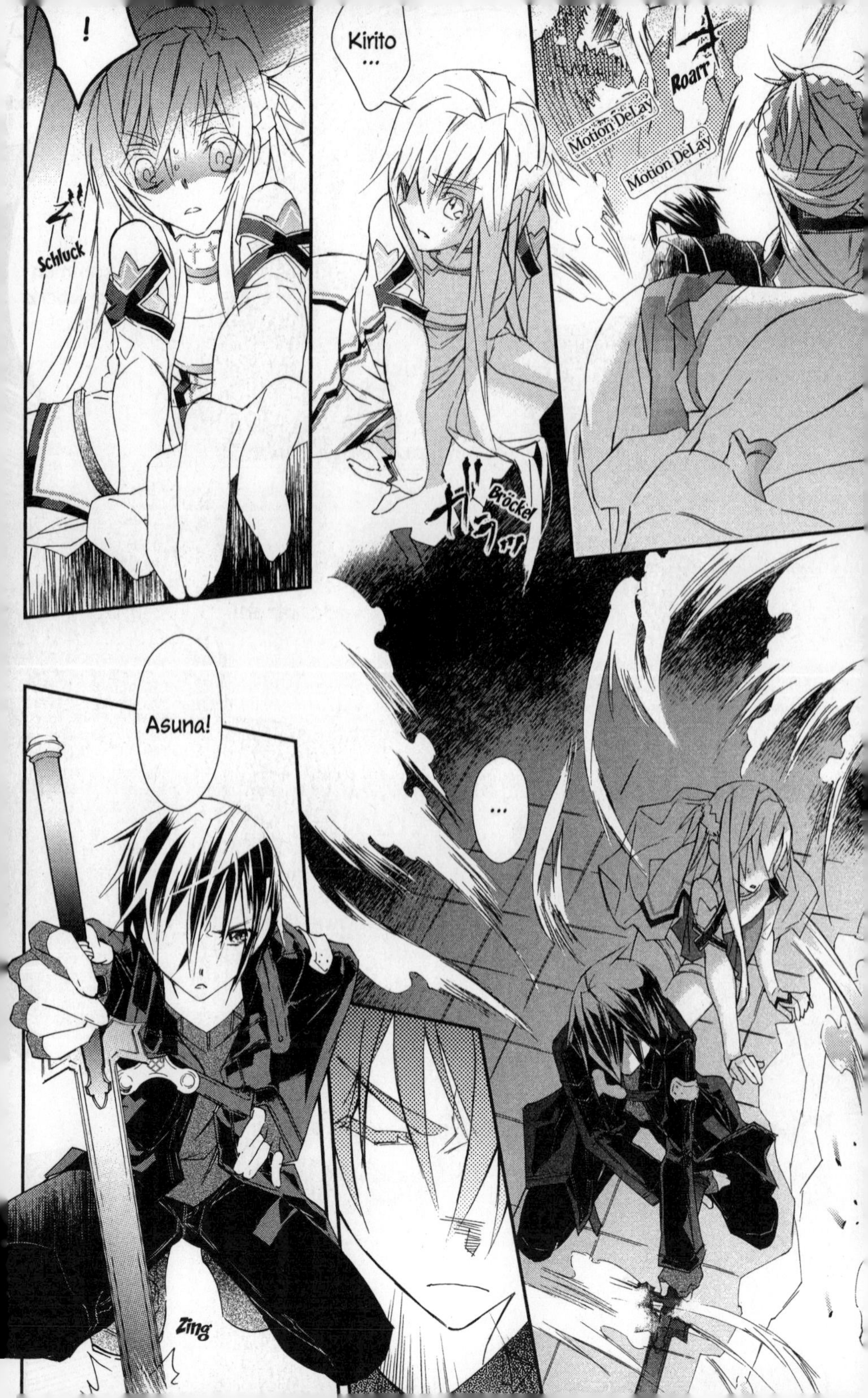
Roarr
Motion DeLay
Motion DeLay
Kirito ...
Bröckel
!
Schluck
...
Asuna!
Zing

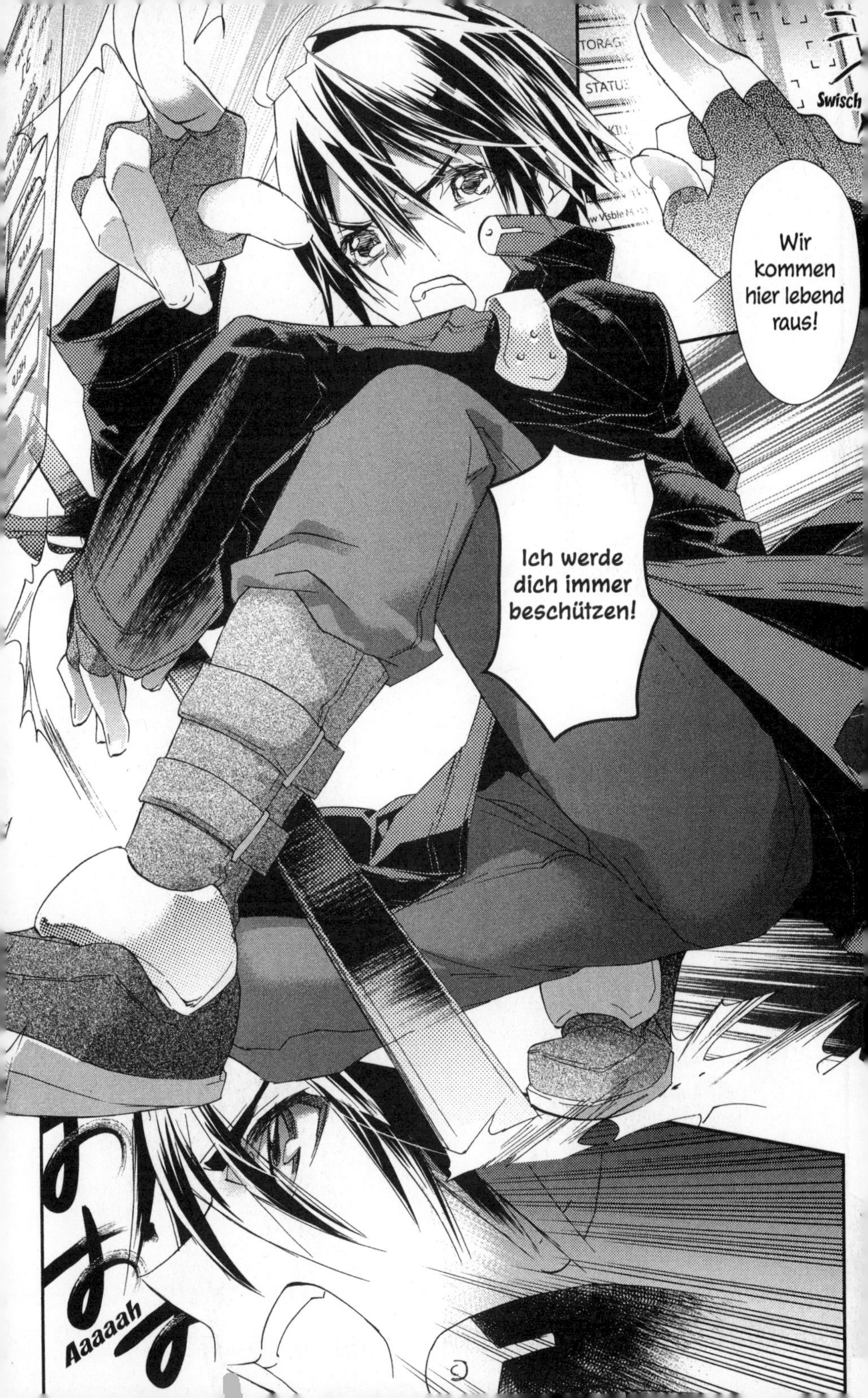
Swisch
Wir kommen hier lebend raus!
Ich werde dich immer beschützen!
Aaaaah

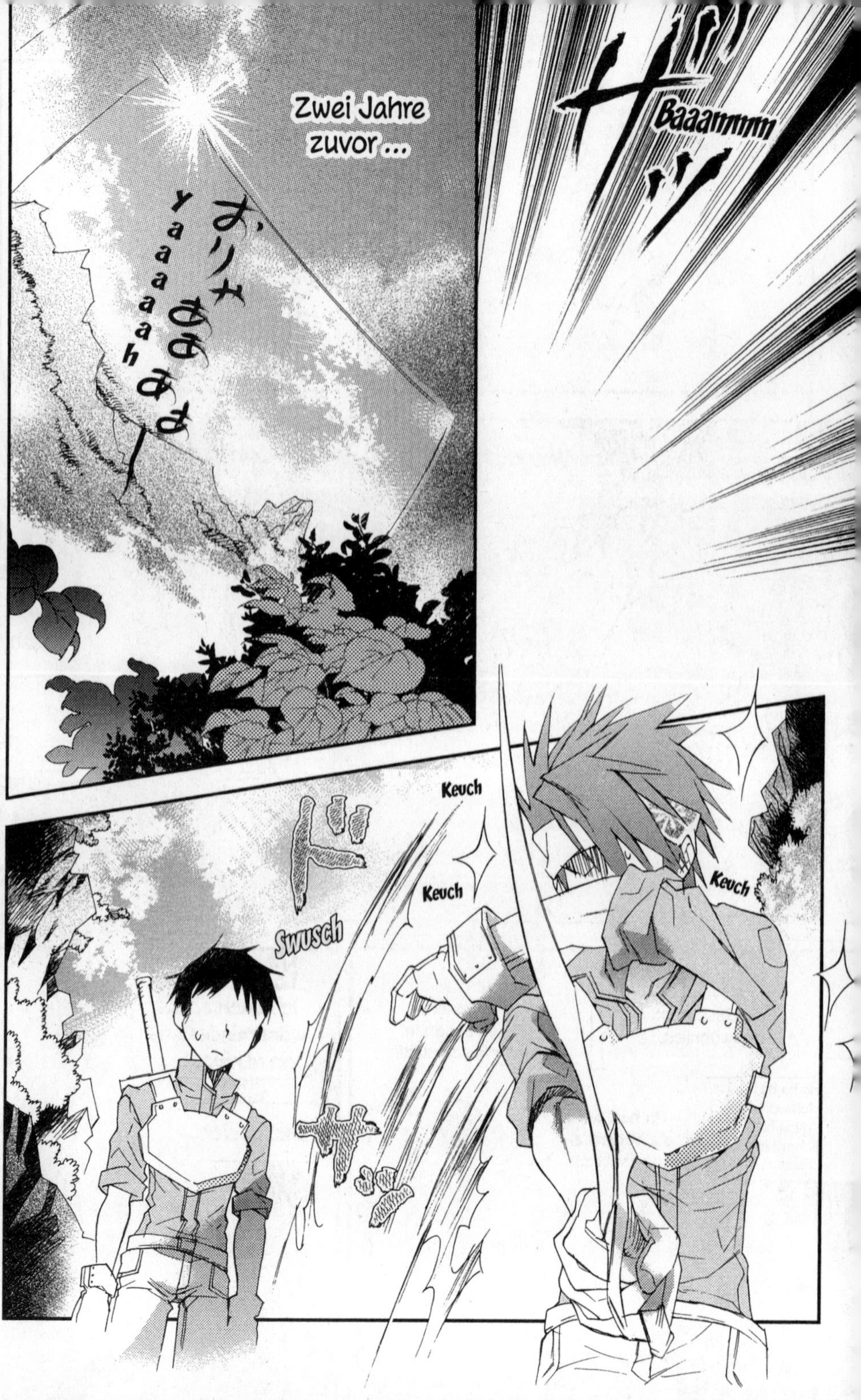
Baaammm
Zwei Jahre zuvor ...
Yaaaaaah
Keuch
Keuch
Keuch
Swusch

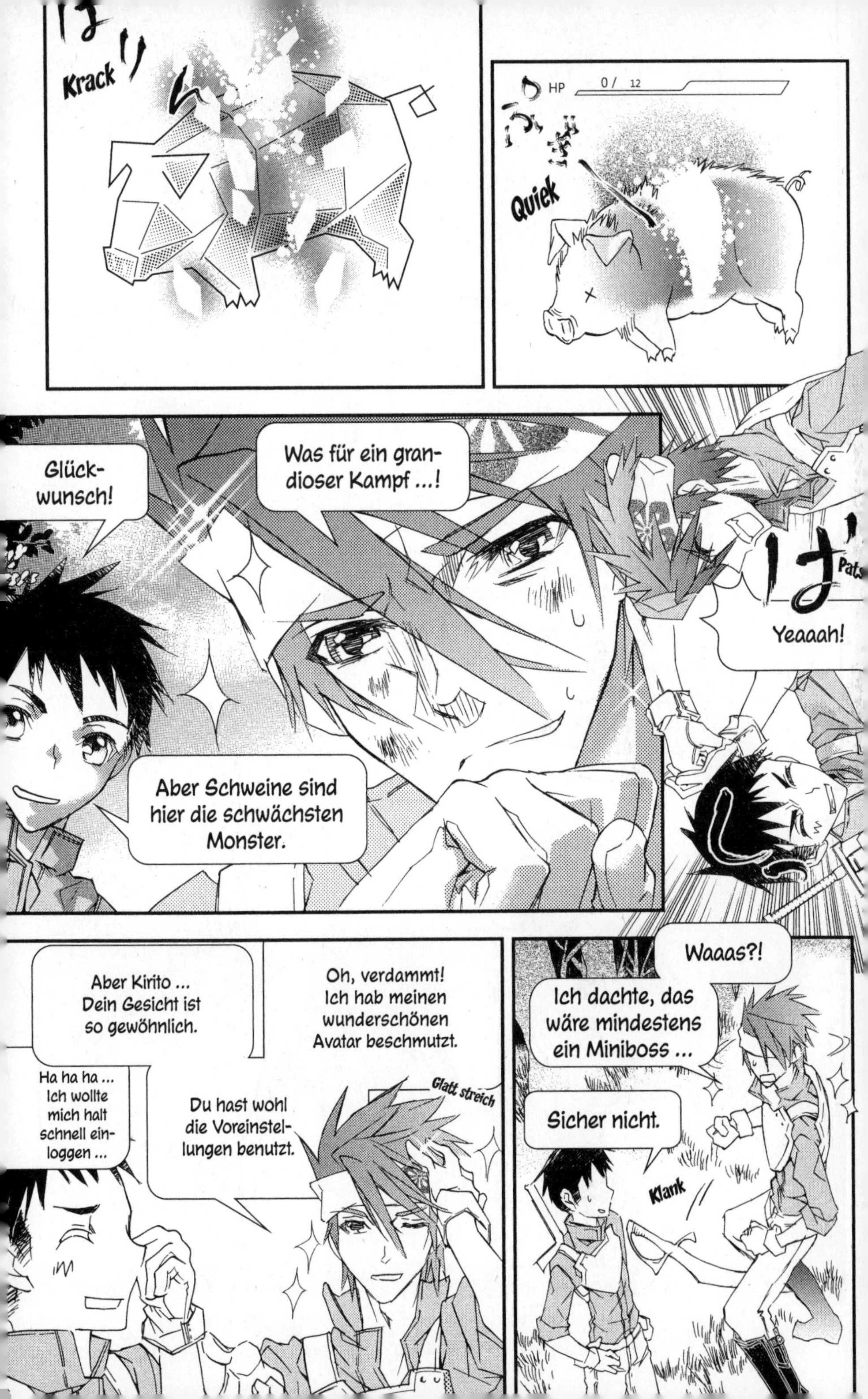
HP 0/ 12
Quiek
Krack
Pats
Yeaaah!
Was für ein grandioser Kampf ...!
Glückwunsch!
Aber Schweine sind hier die schwächsten Monster.
Waaas?!
Ich dachte, das wäre mindestens ein Miniboss ...
Sicher nicht.
Klank
Oh, verdammt! Ich hab meinen wunderschönen Avatar beschmutzt.
Glatt streich
Aber Kirito ... Dein Gesicht ist so gewöhnlich.
Du hast wohl die Voreinstellungen benutzt.
Ha ha ha ... Ich wollte mich halt schnell einloggen ...

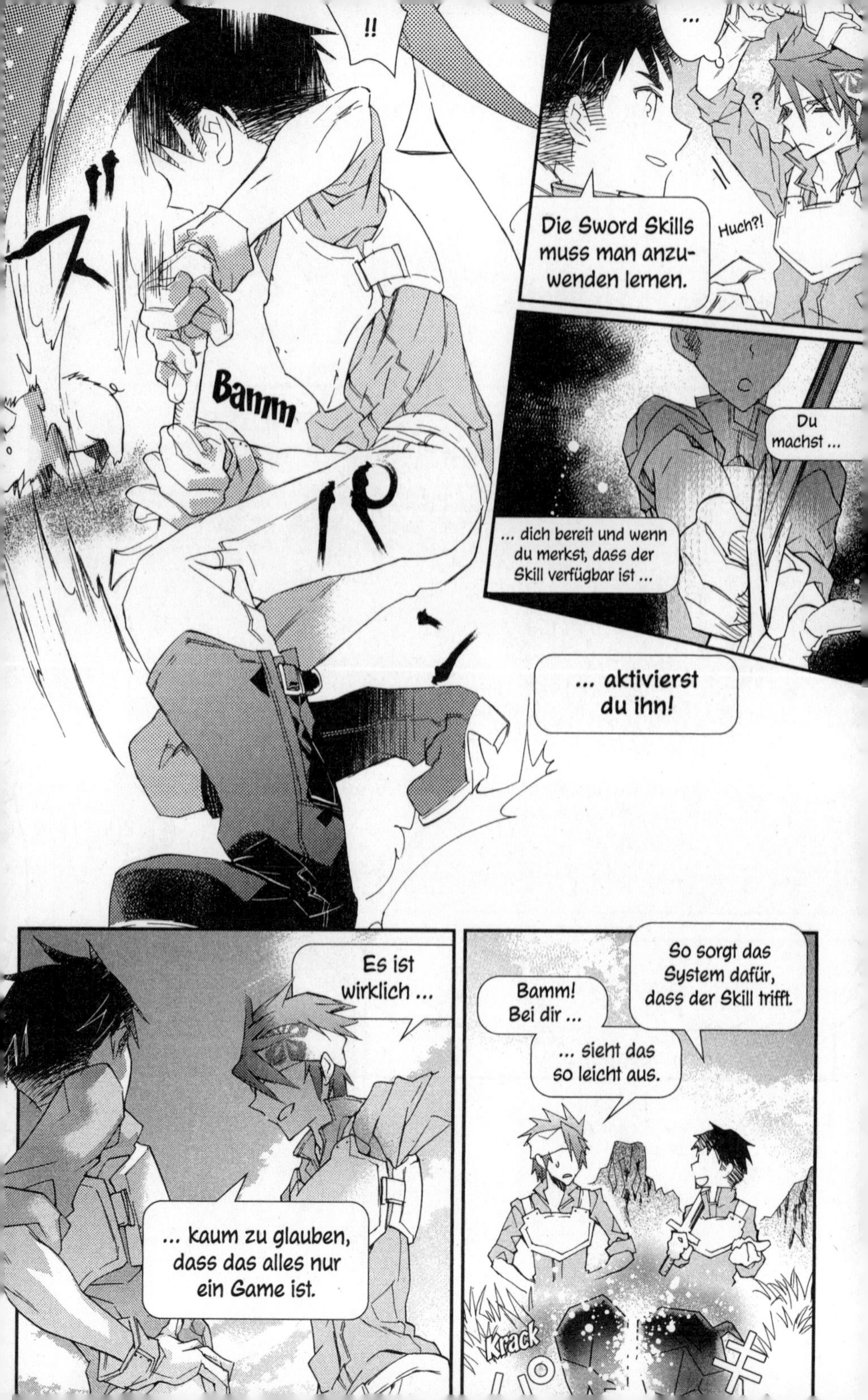
...
Die Sword Skills muss man anzuwenden lernen.
Huch?!
!!
Bamm
Du machst ...
... dich bereit und wenn du merkst, dass der Skill verfügbar ist ...
... aktivierst du ihn!
So sorgt das System dafür, dass der Skill trifft.
Bamm! Bei dir ...
... sieht das so leicht aus.
Krack
Es ist wirklich ...
... kaum zu glauben, dass das alles nur ein Game ist.

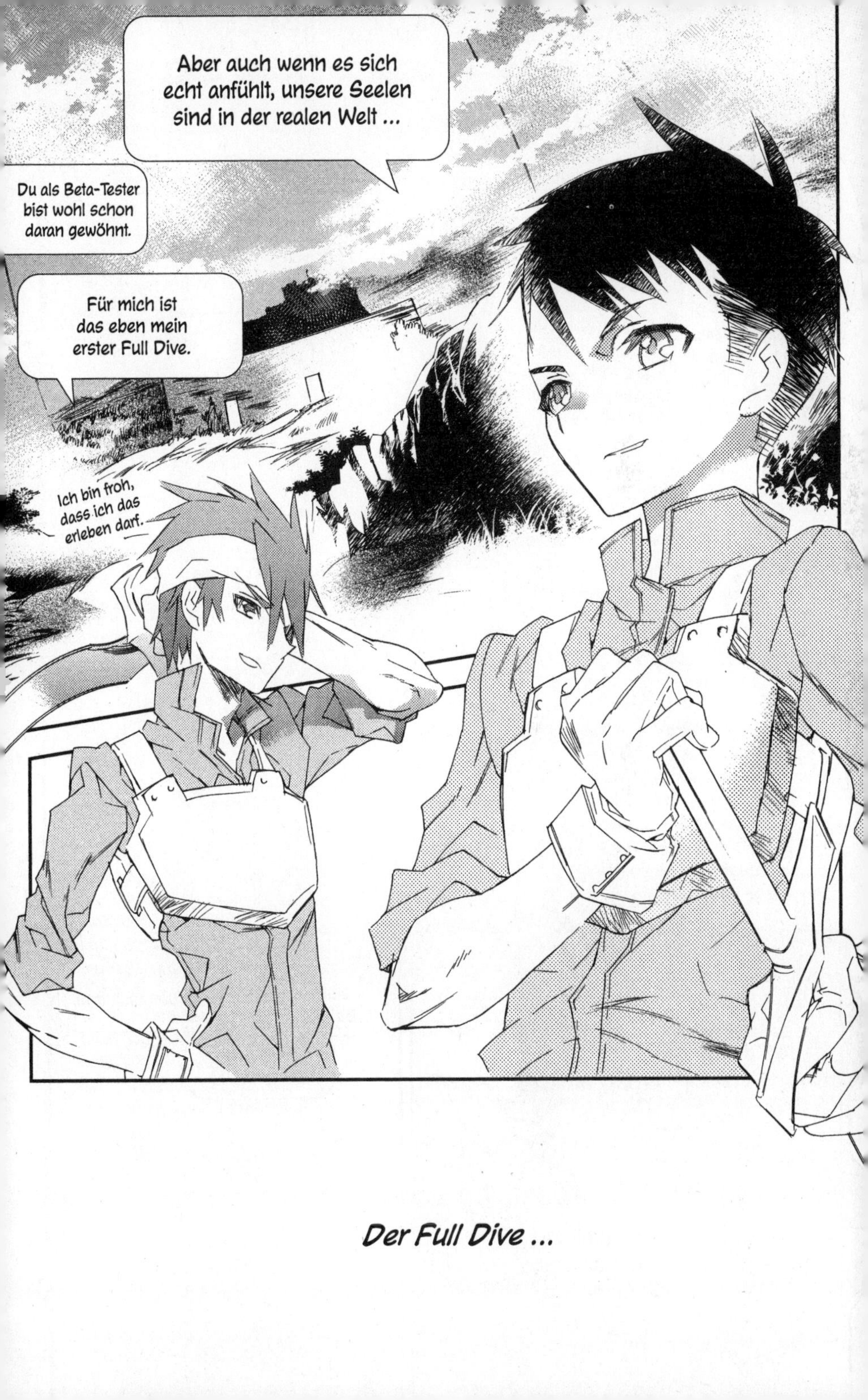
Aber auch wenn es sich echt anfühlt, unsere Seelen sind in der realen Welt ...
Du als Beta-Tester bist wohl schon daran gewöhnt.
Für mich ist das eben mein erster Full Dive.
Ich bin froh, dass ich das erleben darf.
Der Full Dive ...

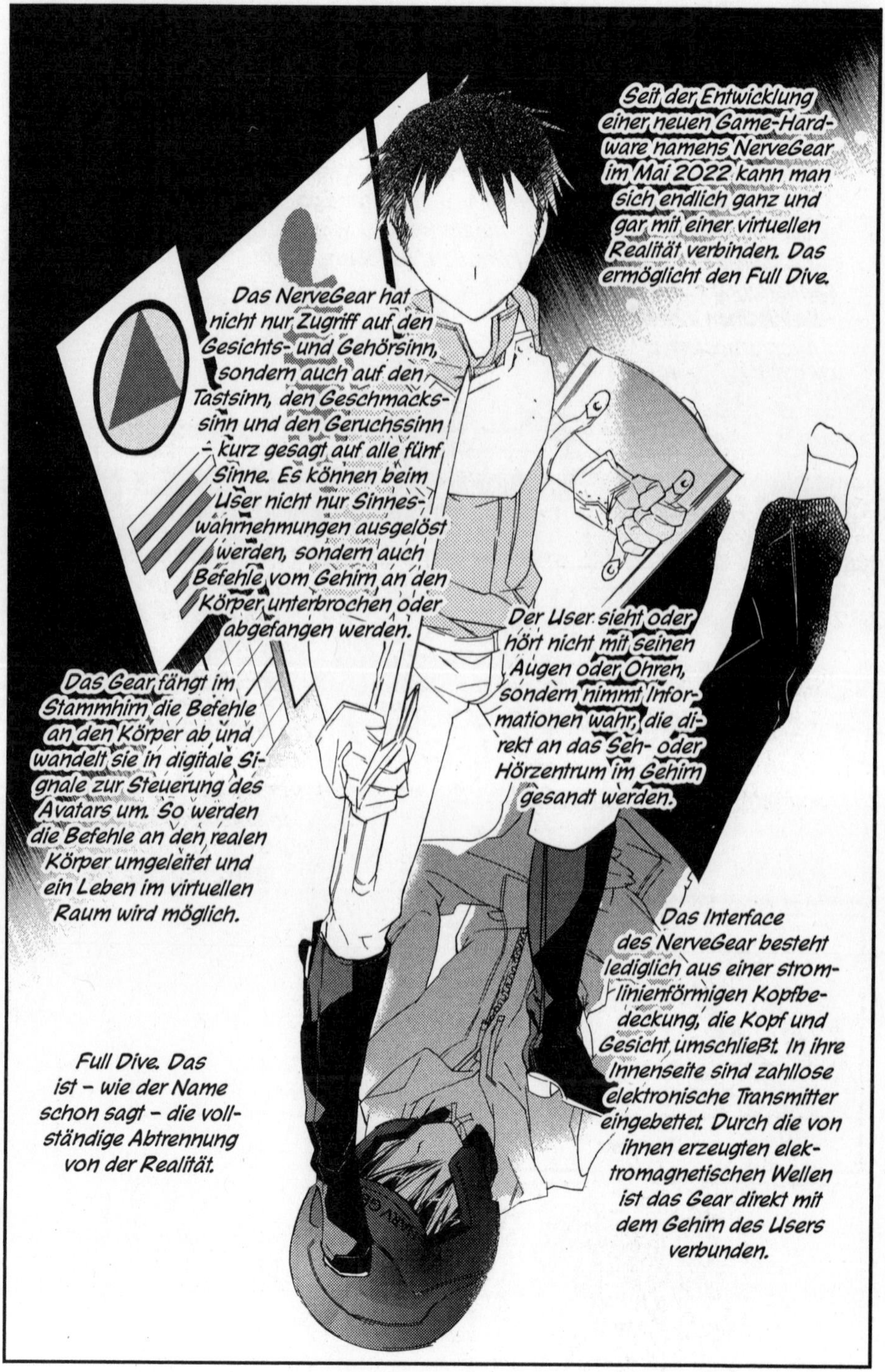
Seit der Entwicklung einer neuen Game-Hardware namens NerveGear im Mai 2022 kann man sich endlich ganz und gar mit einer virtuellen Realität verbinden. Das ermöglicht den Full Dive.
Das NerveGear hat nicht nur Zugriff auf den Gesichts- und Gehörsinn, sondern auch auf den Tastsinn, den Geschmackssinn und den Geruchssinn – kurz gesagt auf alle fünf Sinne. Es können beim User nicht nur Sinneswahrnehmungen ausgelöst werden, sondern auch Befehle vom Gehirn an den Körper unterbrochen oder abgefangen werden.
Der User sieht oder hört nicht mit seinen Augen oder Ohren, sondern nimmt Informationen wahr, die direkt an das Seh- oder Hörzentrum im Gehirn gesandt werden.
Das Gear fängt im Stammhirn die Befehle an den Körper ab und wandelt sie in digitale Signale zur Steuerung des Avatars um. So werden die Befehle an den realen Körper umgeleitet und ein Leben im virtuellen Raum wird möglich.
Das Interface des NerveGear besteht lediglich aus einer stromlinienförmigen Kopfbedeckung, die Kopf und Gesicht umschließt. In ihre Innenseite sind zahllose elektronische Transmitter eingebettet. Durch die von ihnen erzeugten elektromagnetischen Wellen ist das Gear direkt mit dem Gehirn des Users verbunden.
Full Dive. Das ist – wie der Name schon sagt – die vollständige Abtrennung von der Realität.

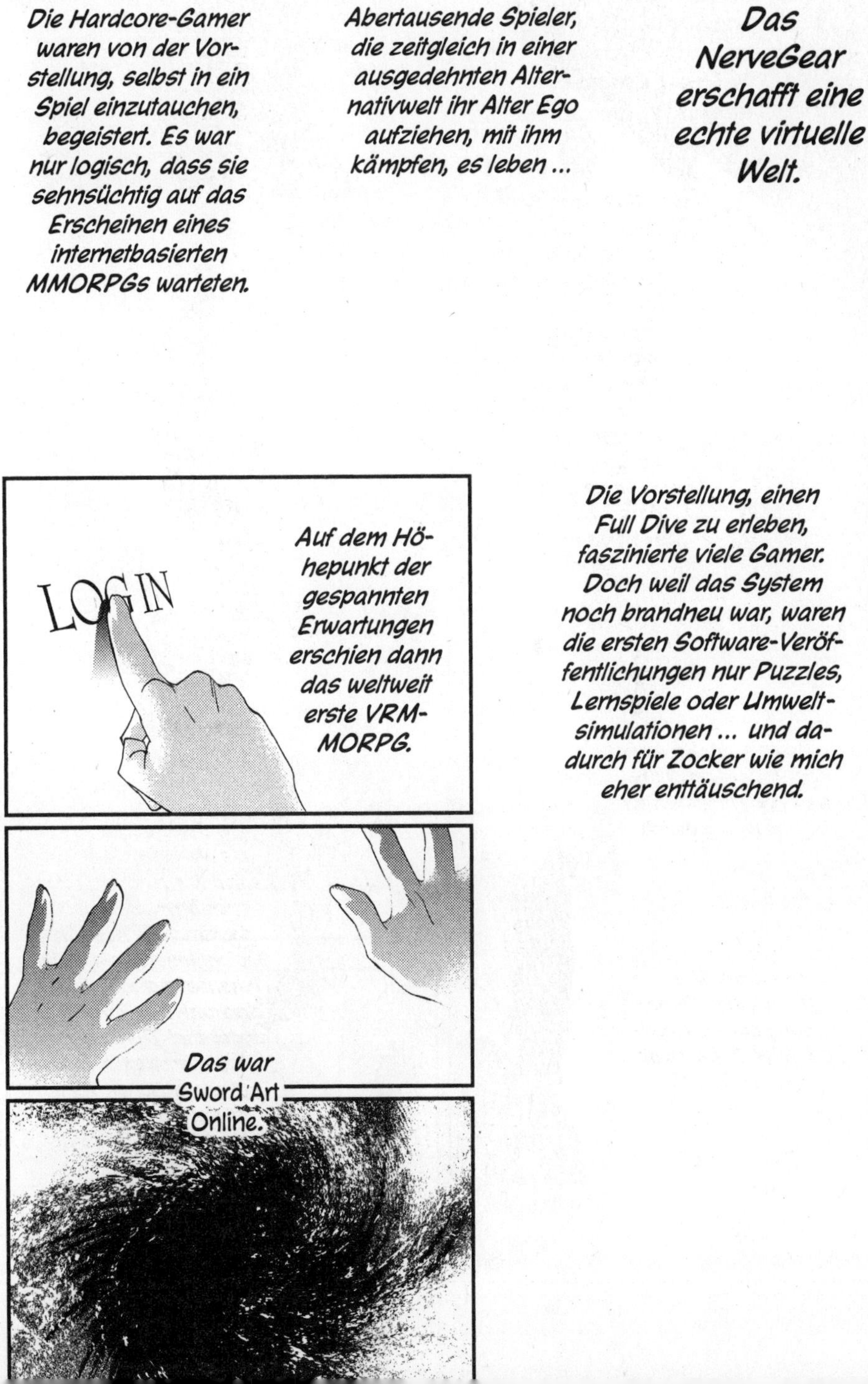
Das NerveGear erschafft eine echte virtuelle Welt.
Abertausende Spieler, die zeitgleich in einer ausgedehnten Alternativwelt ihr Alter Ego aufziehen, mit ihm kämpfen, es leben ...
Die Hardcore-Gamer waren von der Vorstellung, selbst in ein Spiel einzutauchen, begeistert. Es war nur logisch, dass sie sehnsüchtig auf das Erscheinen eines internetbasierten MMORPGs warteten.
Die Vorstellung, einen Full Dive zu erleben, faszinierte viele Gamer. Doch weil das System noch brandneu war, waren die ersten Software-Veröffentlichungen nur Puzzles, Lernspiele oder Umweltsimulationen ... und dadurch für Zocker wie mich eher enttäuschend.
Auf dem Höhepunkt der gespannten Erwartungen erschien dann das weltweit erste VRMMORPG.
LOGIN
Das war Sword Art Online.

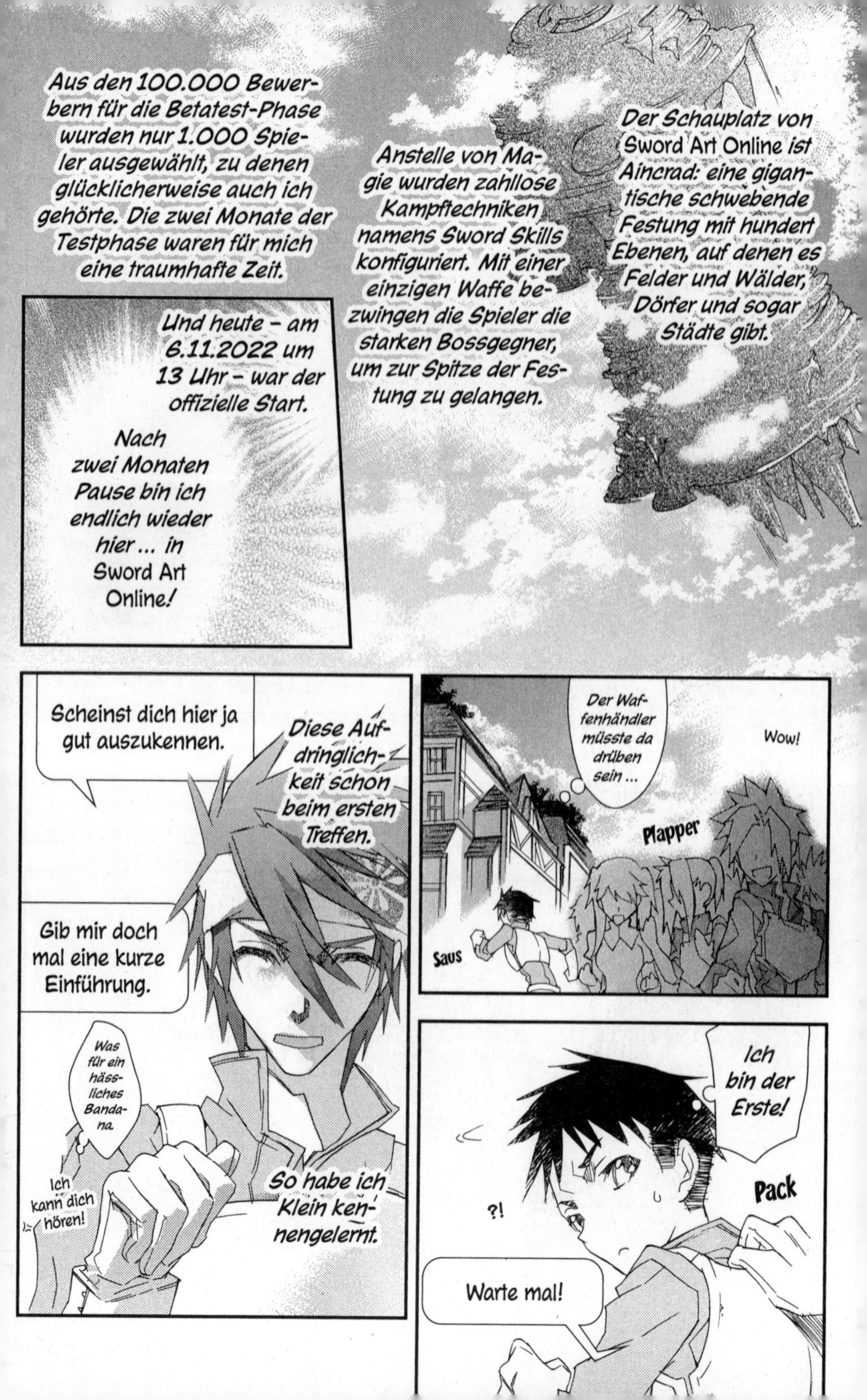

Der Schauplatz von Sword Art Online ist Aincrad: eine gigantische schwebende Festung mit hundert Ebenen, auf denen es Felder und Wälder, Dörfer und sogar Städte gibt.
Anstelle von Magie wurden zahllose Kampftechniken namens Sword Skills konfiguriert. Mit einer einzigen Waffe bezwingen die Spieler die starken Bossgegner, um zur Spitze der Festung zu gelangen.
Aus den 100.000 Bewerbern für die Betatest-Phase wurden nur 1.000 Spieler ausgewählt, zu denen glücklicherweise auch ich gehörte. Die zwei Monate der Testphase waren für mich eine traumhafte Zeit.
Und heute – am 6.11.2022 um 13 Uhr – war der offizielle Start.
Nach zwei Monaten Pause bin ich endlich wieder hier … in Sword Art Online!
Der Waffenhändler müsste da drüben sein …
Wow!
Plapper
Saus
Ich bin der Erste!
Pack
?!
Warte mal!
Diese Aufdringlichkeit schon beim ersten Treffen.
Scheinst dich hier ja gut auszukennen.
Gib mir doch mal eine kurze Einführung.
So habe ich Klein kennengelernt.
Was für ein hässliches Bandana.
Ich kann dich hören!

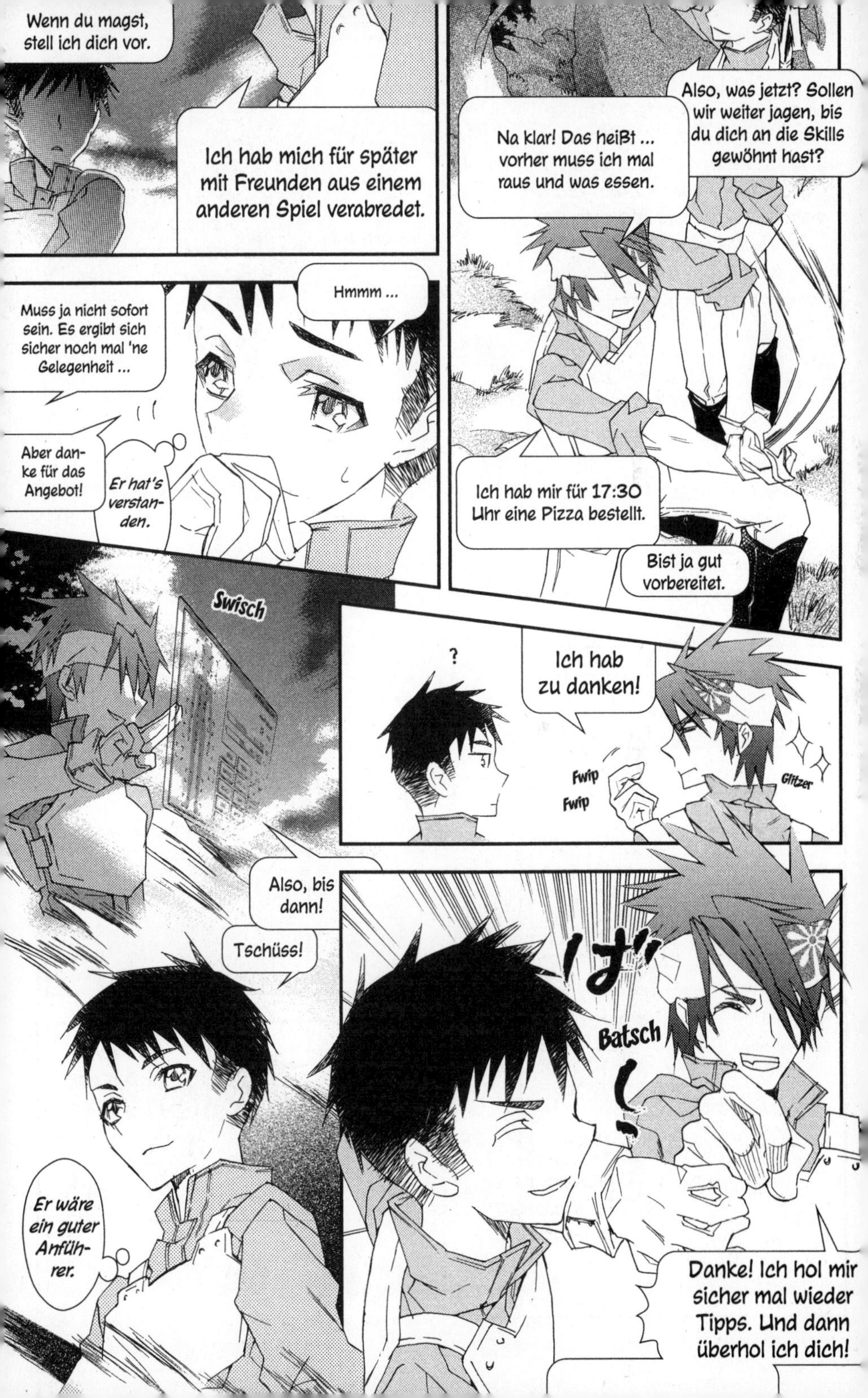

Also, was jetzt? Sollen wir weiter jagen, bis du dich an die Skills gewöhnt hast?
Na klar! Das heißt ... vorher muss ich mal raus und was essen.
Ich hab mir für 17:30 Uhr eine Pizza bestellt.
Bist ja gut vorbereitet.
Wenn du magst, stell ich dich vor.
Ich hab mich für später mit Freunden aus einem anderen Spiel verabredet.
Hmmm ...
Muss ja nicht sofort sein. Es ergibt sich sicher noch mal 'ne Gelegenheit ...
Aber danke für das Angebot!
Er hat's verstanden.
?
Ich hab zu danken!
Fwip
Fwip
Glitzer
Batsch
Danke! Ich hol mir sicher mal wieder Tipps. Und dann überhol ich dich!
Swisch
Also, bis dann!
Tschüss!
Er wäre ein guter Anführer.

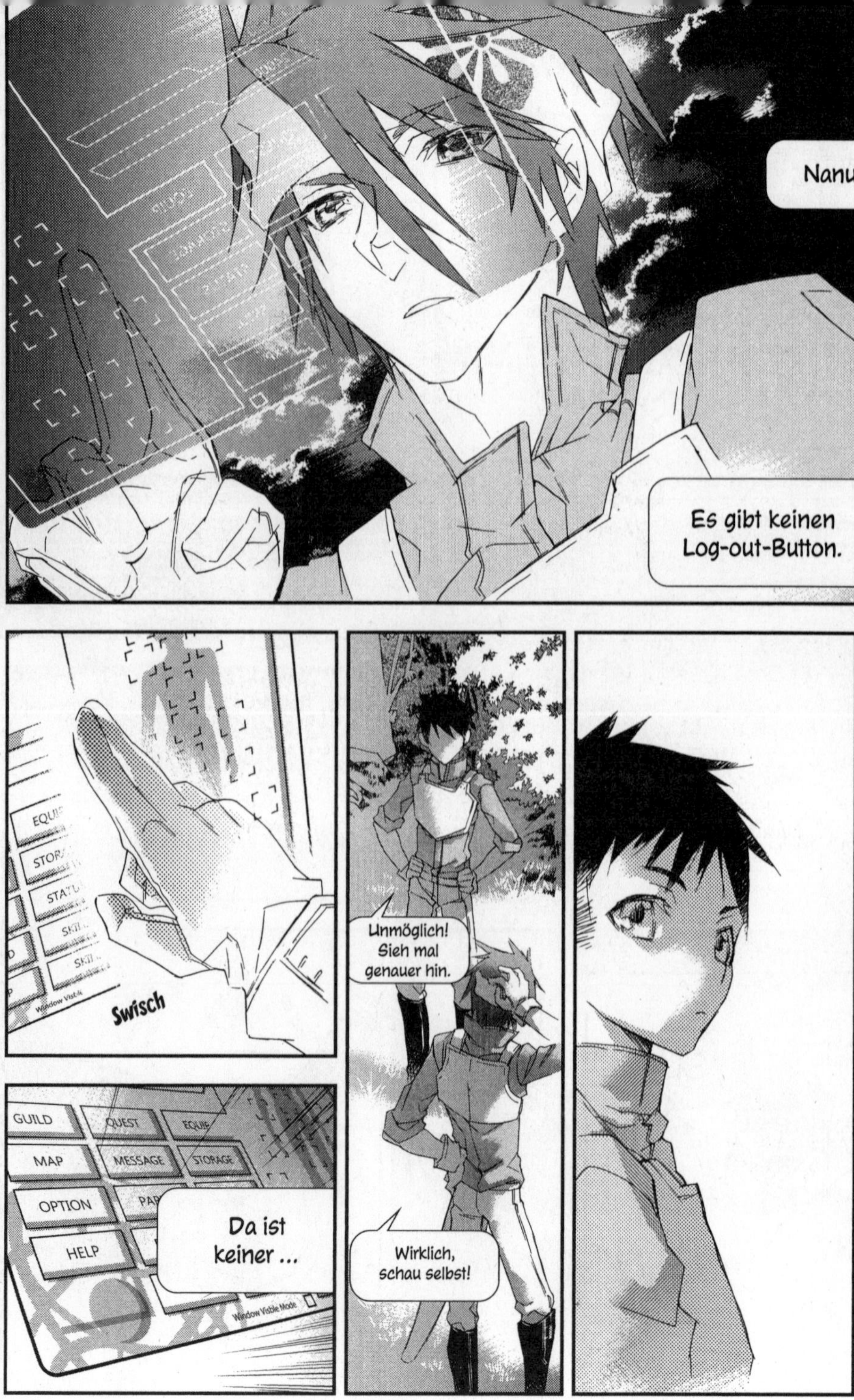
Nanu?
Es gibt keinen Log-out-Button.
Unmöglich! Sieh mal genauer hin.
Wirklich, schau selbst!
Swisch
Da ist keiner ...

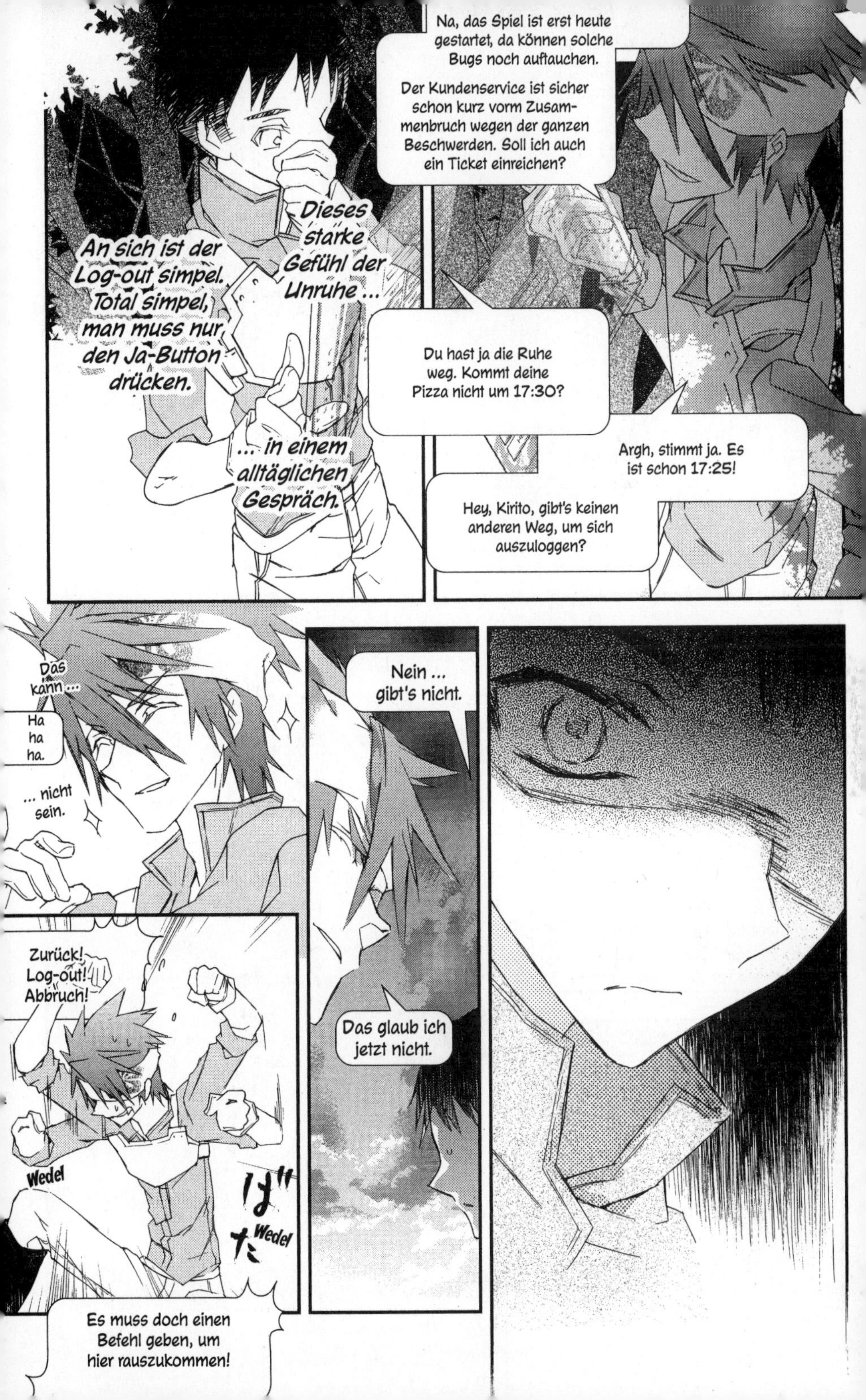

Na, das Spiel ist erst heute gestartet, da können solche Bugs noch auftauchen.
Der Kundenservice ist sicher schon kurz vorm Zusammenbruch wegen der ganzen Beschwerden. Soll ich auch ein Ticket einreichen?
Du hast ja die Ruhe weg. Kommt deine Pizza nicht um 17:30?
Argh, stimmt ja. Es ist schon 17:25!
Hey, Kirito, gibt's keinen anderen Weg, um sich auszuloggen?
Dieses starke Gefühl der Unruhe ...
An sich ist der Log-out simpel. Total simpel, man muss nur den Ja-Button drücken.
... in einem alltäglichen Gespräch.
Nein ... gibt's nicht.
Das glaub ich jetzt nicht.
Das kann ...
Ha ha ha.
... nicht sein.
Zurück! Log-out! Abbruch!
Wedel
ばた
Wedel
Es muss doch einen Befehl geben, um hier rauszukommen!

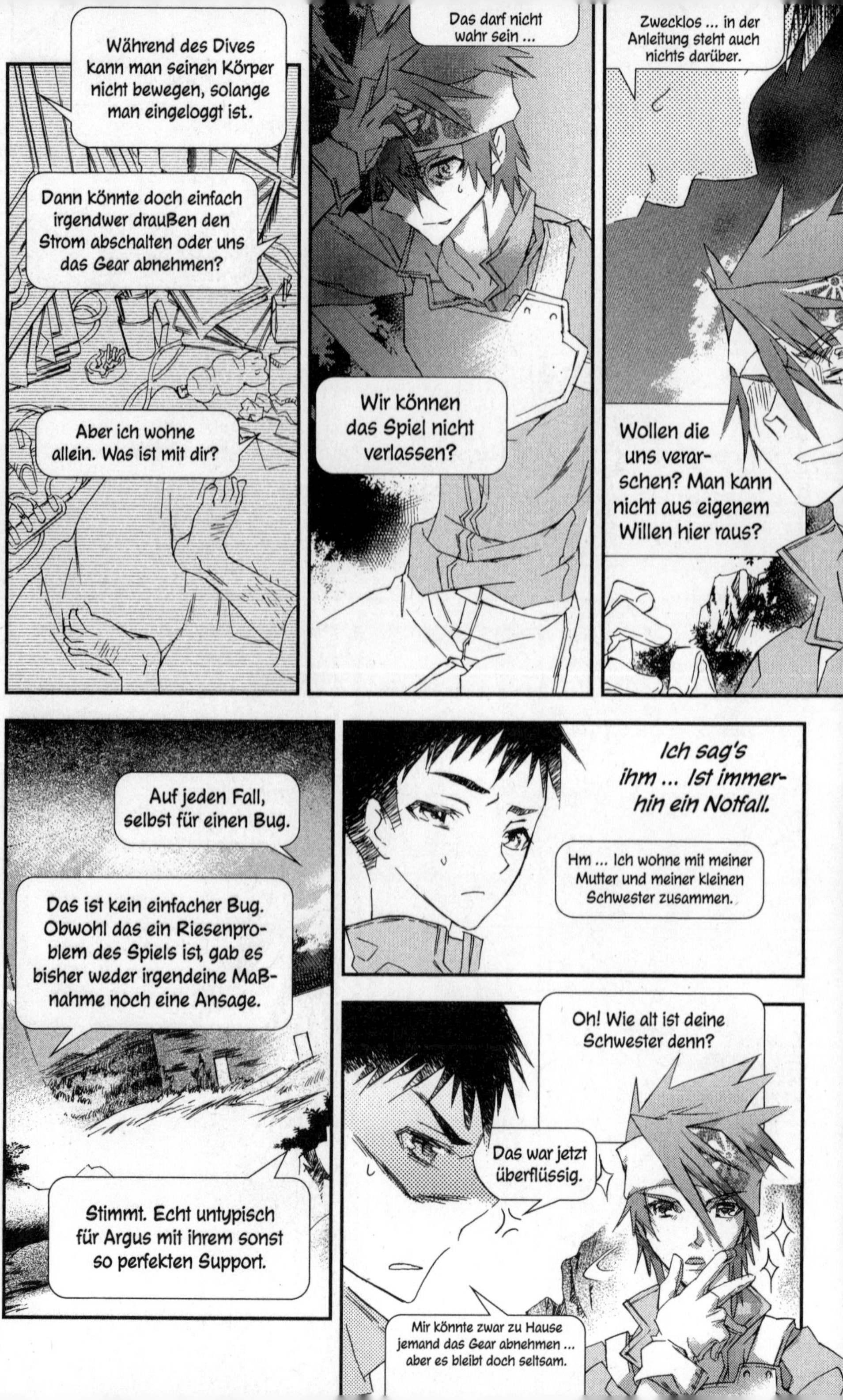

Zwecklos ... in der Anleitung steht auch nichts darüber.
Wollen die uns verarschen? Man kann nicht aus eigenem Willen hier raus?
Das darf nicht wahr sein ...
Wir können das Spiel nicht verlassen?
Während des Dives kann man seinen Körper nicht bewegen, solange man eingeloggt ist.
Dann könnte doch einfach irgendwer draußen den Strom abschalten oder uns das Gear abnehmen?
Aber ich wohne allein. Was ist mit dir?
Ich sag's ihm ... Ist immerhin ein Notfall.
Hm ... Ich wohne mit meiner Mutter und meiner kleinen Schwester zusammen.
Oh! Wie alt ist deine Schwester denn?
Das war jetzt überflüssig.
Mir könnte zwar zu Hause jemand das Gear abnehmen ... aber es bleibt doch seltsam.
Auf jeden Fall, selbst für einen Bug.
Das ist kein einfacher Bug. Obwohl das ein Riesenproblem des Spiels ist, gab es bisher weder irgendeine Maßnahme noch eine Ansage.
Stimmt. Echt untypisch für Argus mit ihrem sonst so perfekten Support.

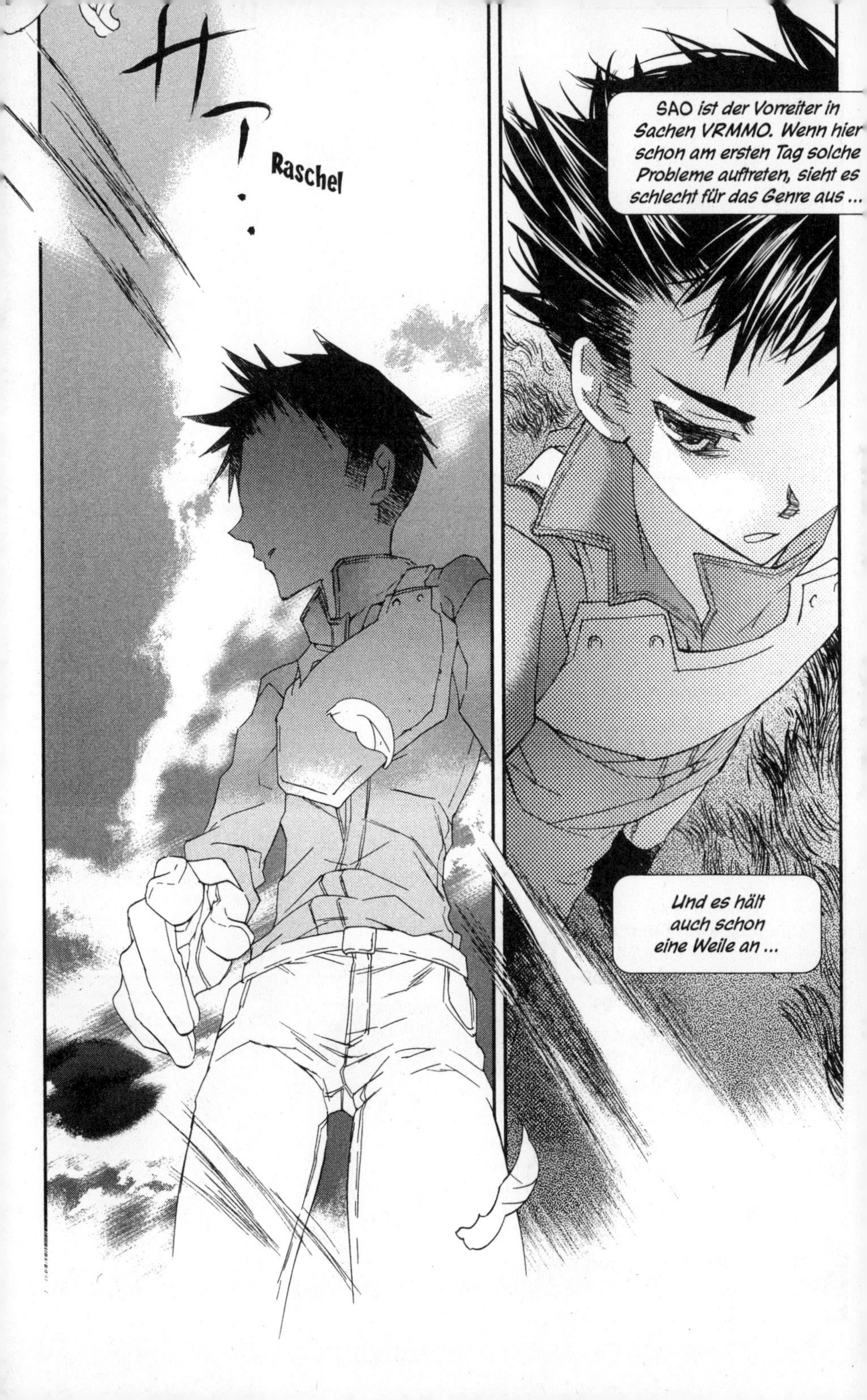
SAO ist der Vorreiter in Sachen VRMMO. Wenn hier schon am ersten Tag solche Probleme auftreten, sieht es schlecht für das Genre aus …
Und es hält auch schon eine Weile an …
Raschel

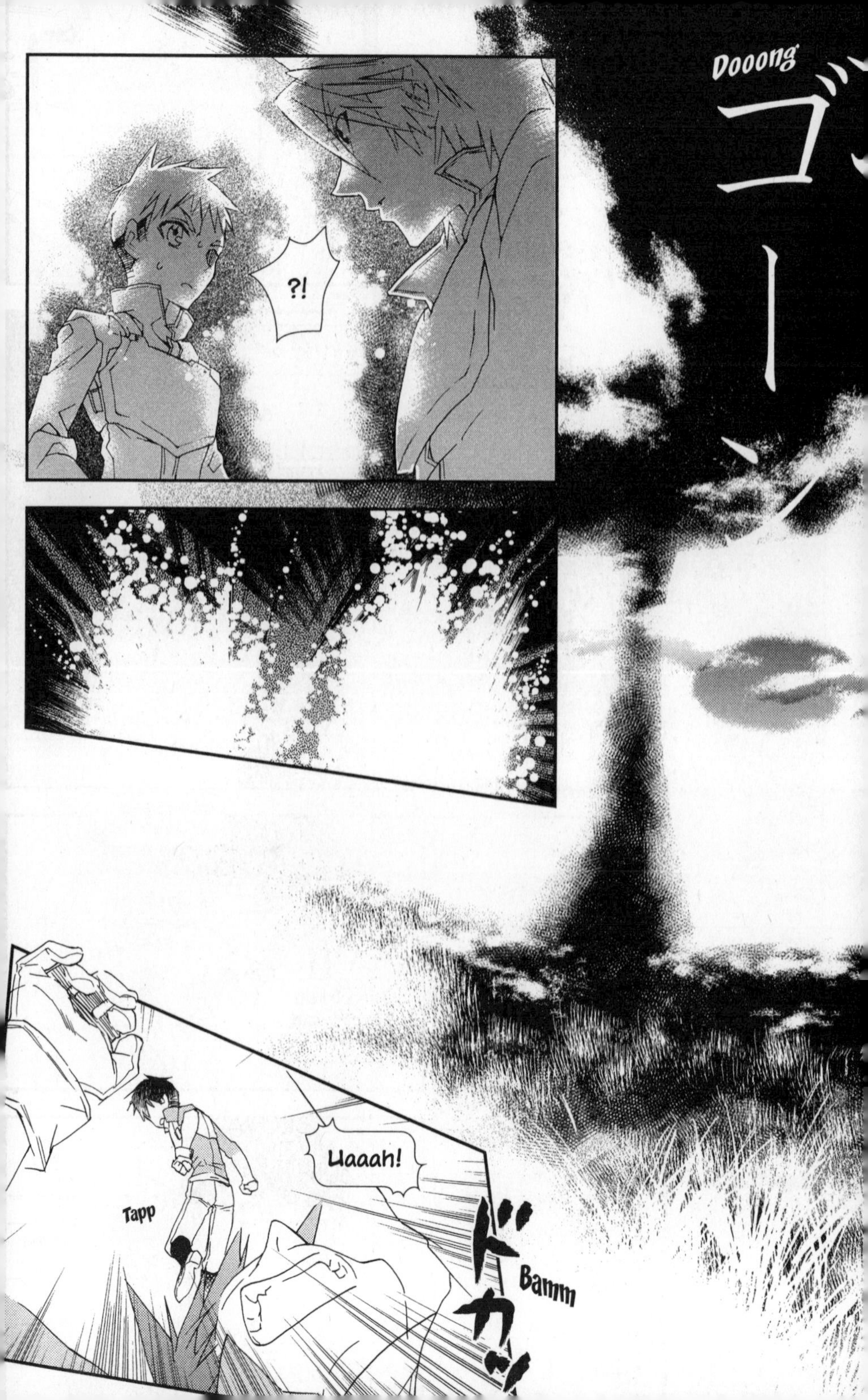
Dooong
ゴーン
?!
Uaaah!
ドガッ
Bamm
Tapp

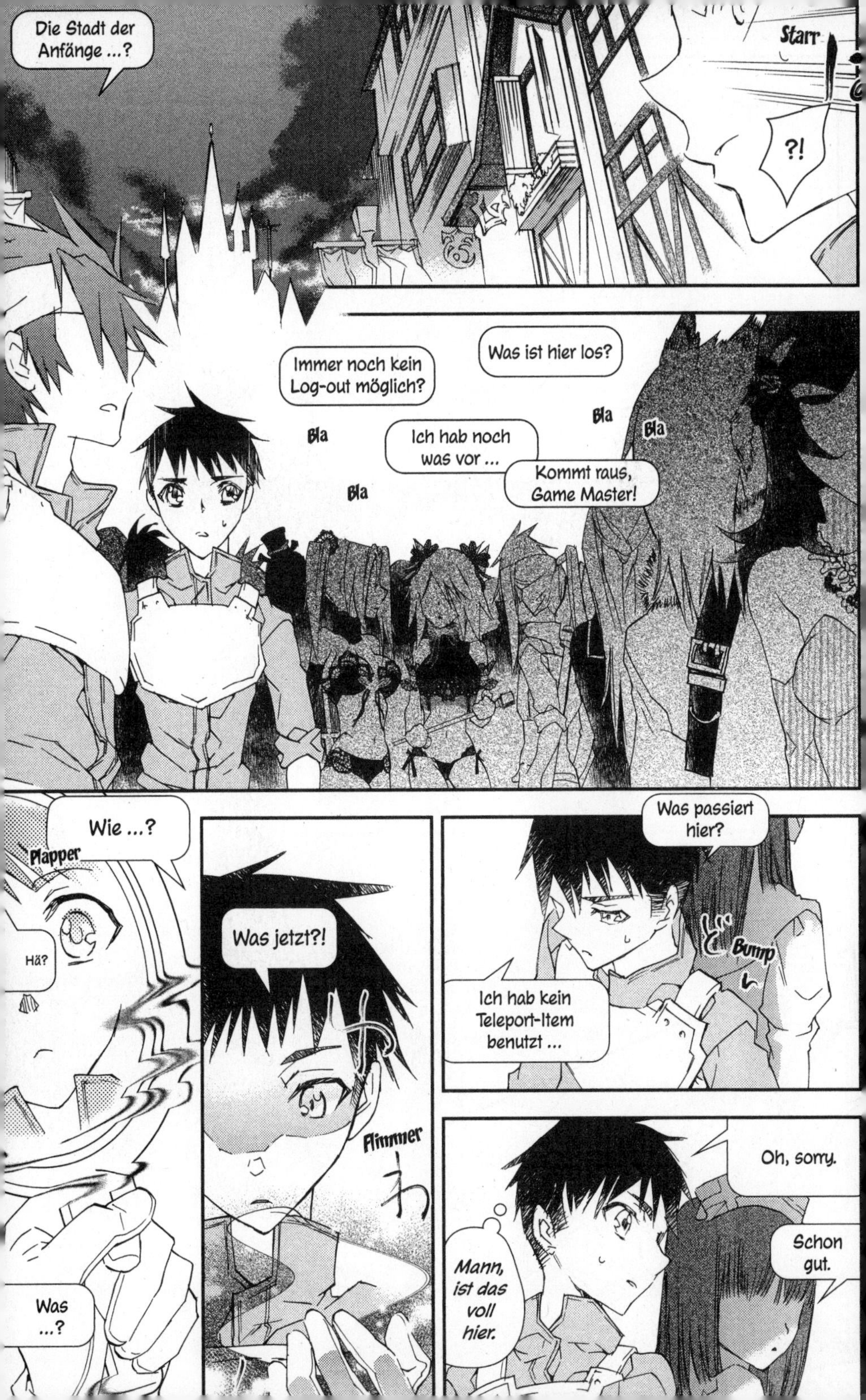

Starr
?!
Die Stadt der Anfänge ...?
Was ist hier los?
Immer noch kein Log-out möglich?
Bla
Bla
Kommt raus, Game Master!
Ich hab noch was vor ...
Bla
Bla
Was passiert hier?
Bump
Ich hab kein Teleport-Item benutzt ...
Oh, sorry.
Schon gut.
Mann, ist das voll hier.
Was jetzt?!
Flimmer
Wie ...?
Plapper
Hä?
Was ...?

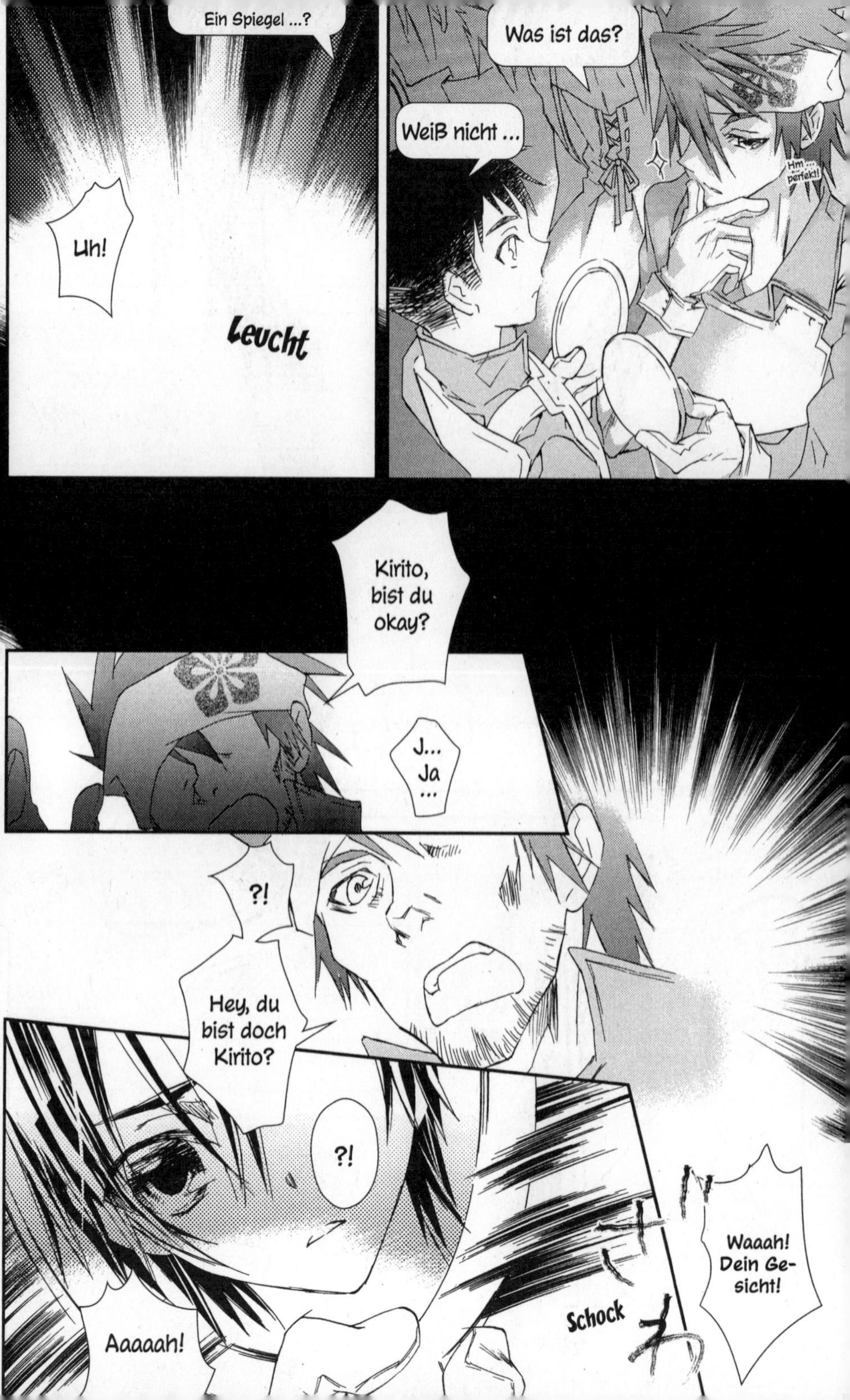
Was ist das?
Weiß nicht ...
Hm ... perfekt!
Ein Spiegel ...?
Uh!
Leucht
Kirito, bist du okay?
J... Ja ...
?!
Hey, du bist doch Kirito?
?!
Waaah! Dein Gesicht!
Schock
Aaaaah!

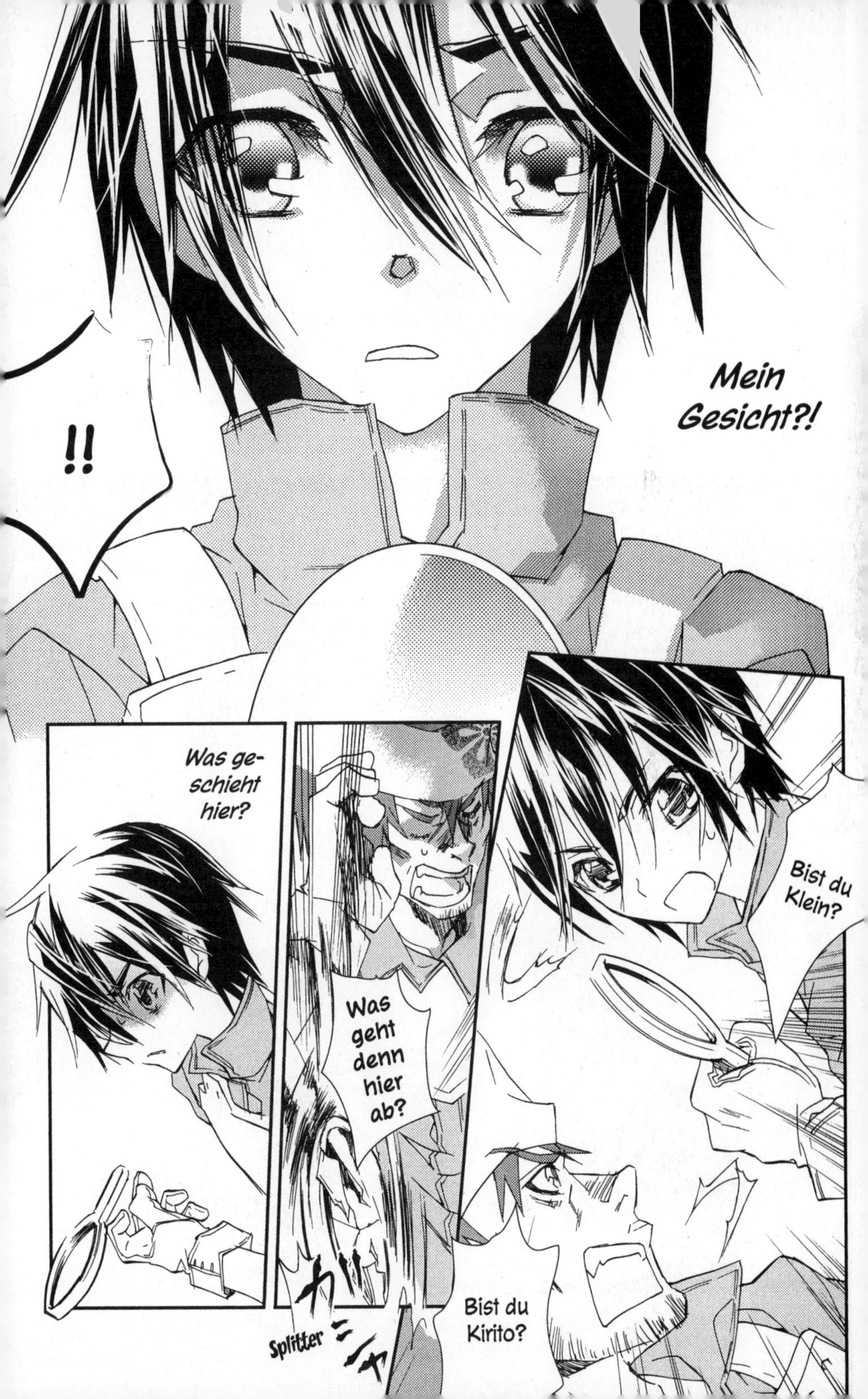
Mein Gesicht?!
!!
Bist du Klein?
Bist du Kirito?
Was geht denn hier ab?
Was ge- schieht hier?
Splitter

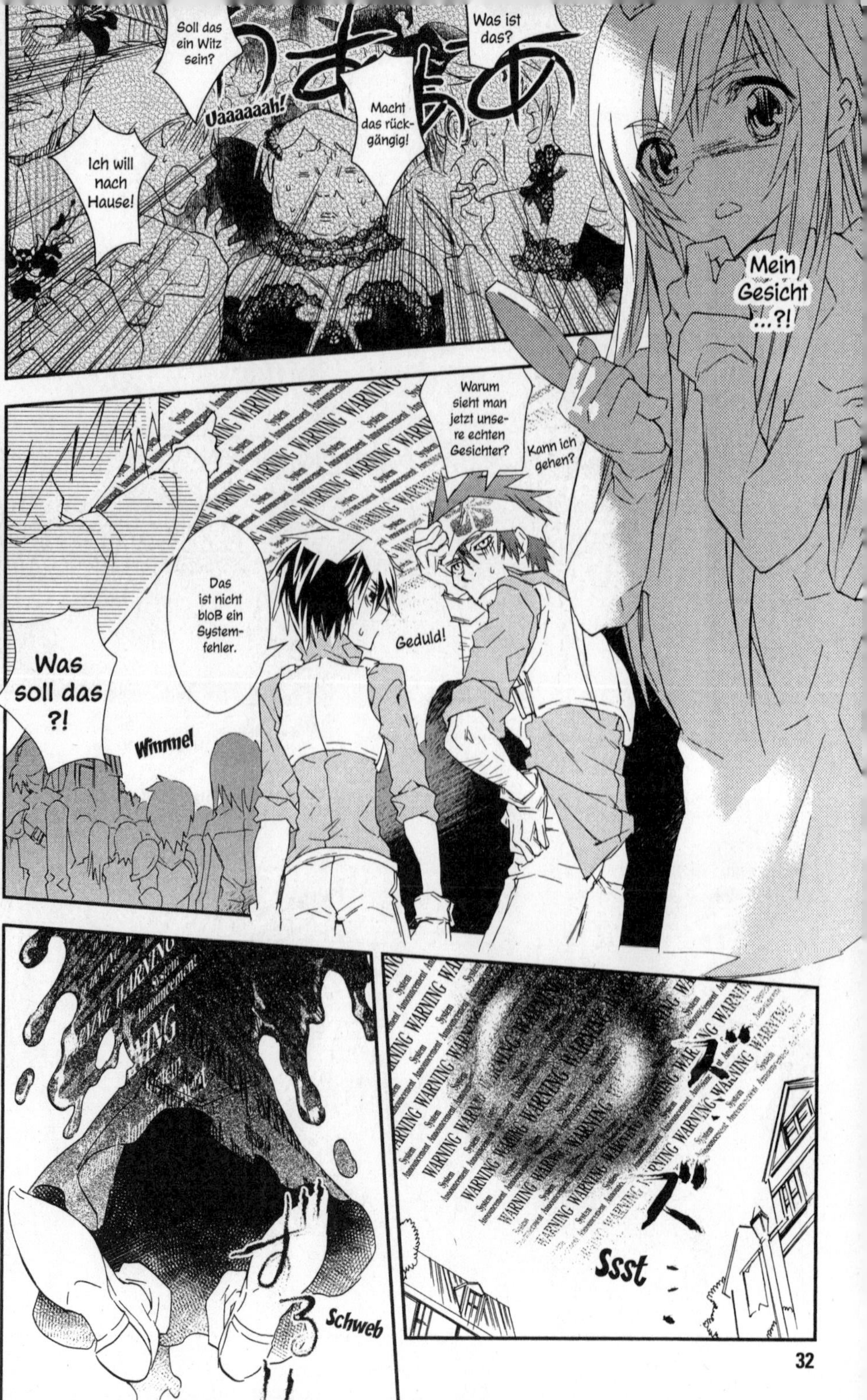
Was ist das?
Soll das ein Witz sein?
Uaaaaaah!
Macht das rückgängig!
Ich will nach Hause!
Mein Gesicht ...?!
Warum sieht man jetzt unsere echten Gesichter?
Kann ich gehen?
Das ist nicht bloß ein Systemfehler.
Geduld!
Was soll das ?!
Wimmel
Ssst
Schweb

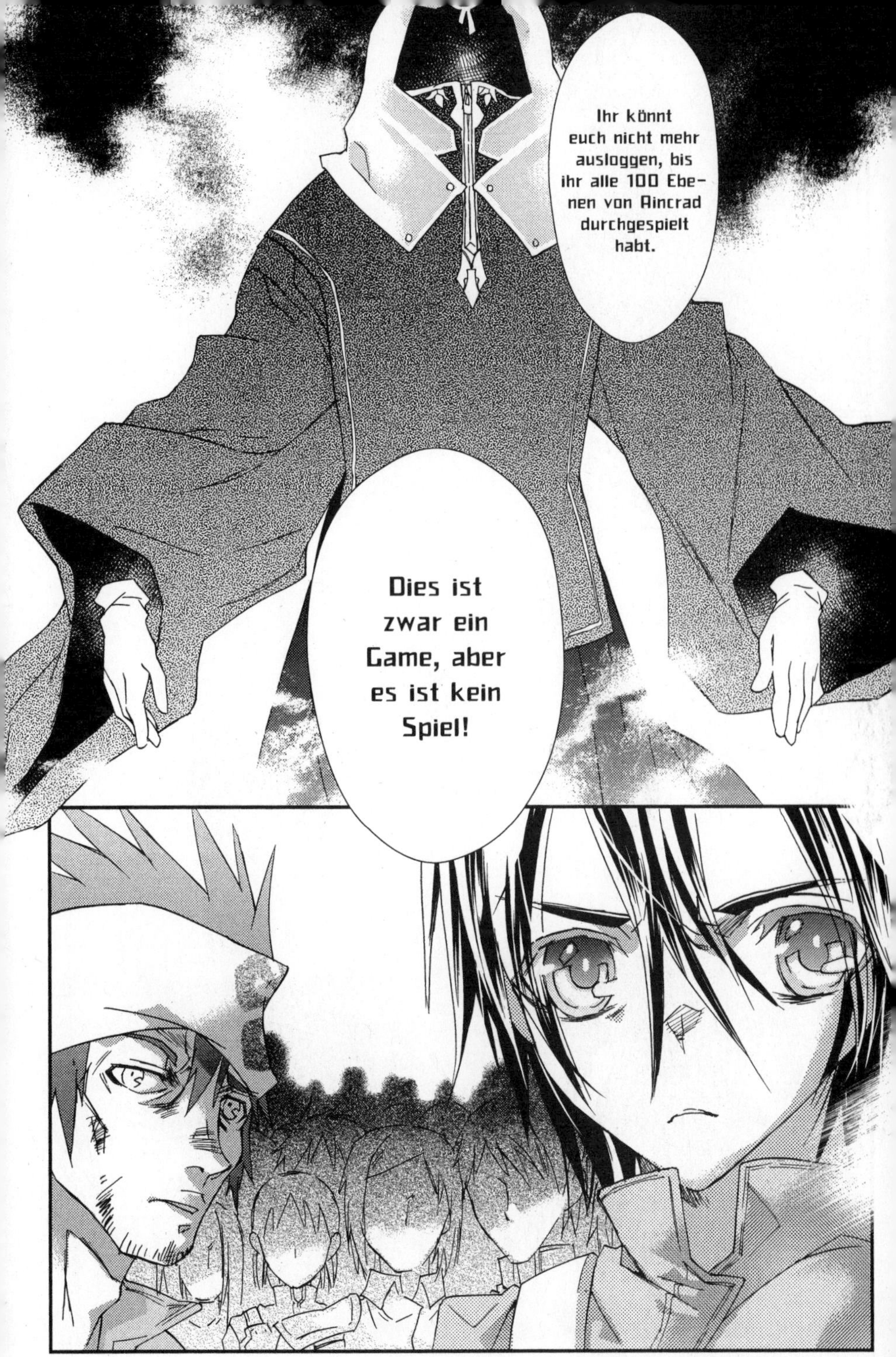
Ihr könnt euch nicht mehr ausloggen, bis ihr alle 100 Ebenen von Aincrad durchgespielt habt.
Dies ist zwar ein Game, aber es ist kein Spiel!

Charakter

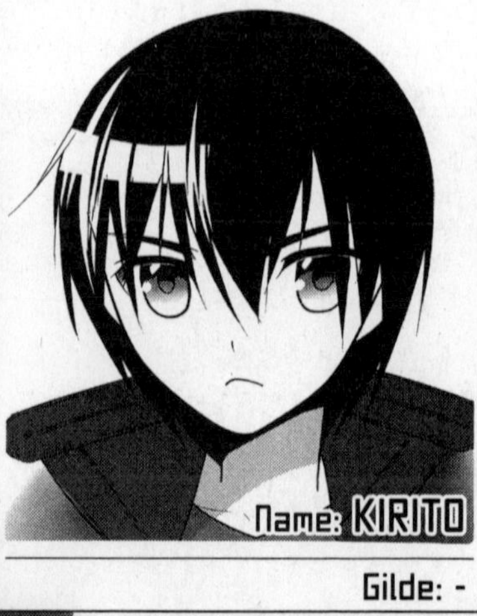

Name: KIRITO

Gilde: -

Sword Art Online 001
Aincrad

Stage.002

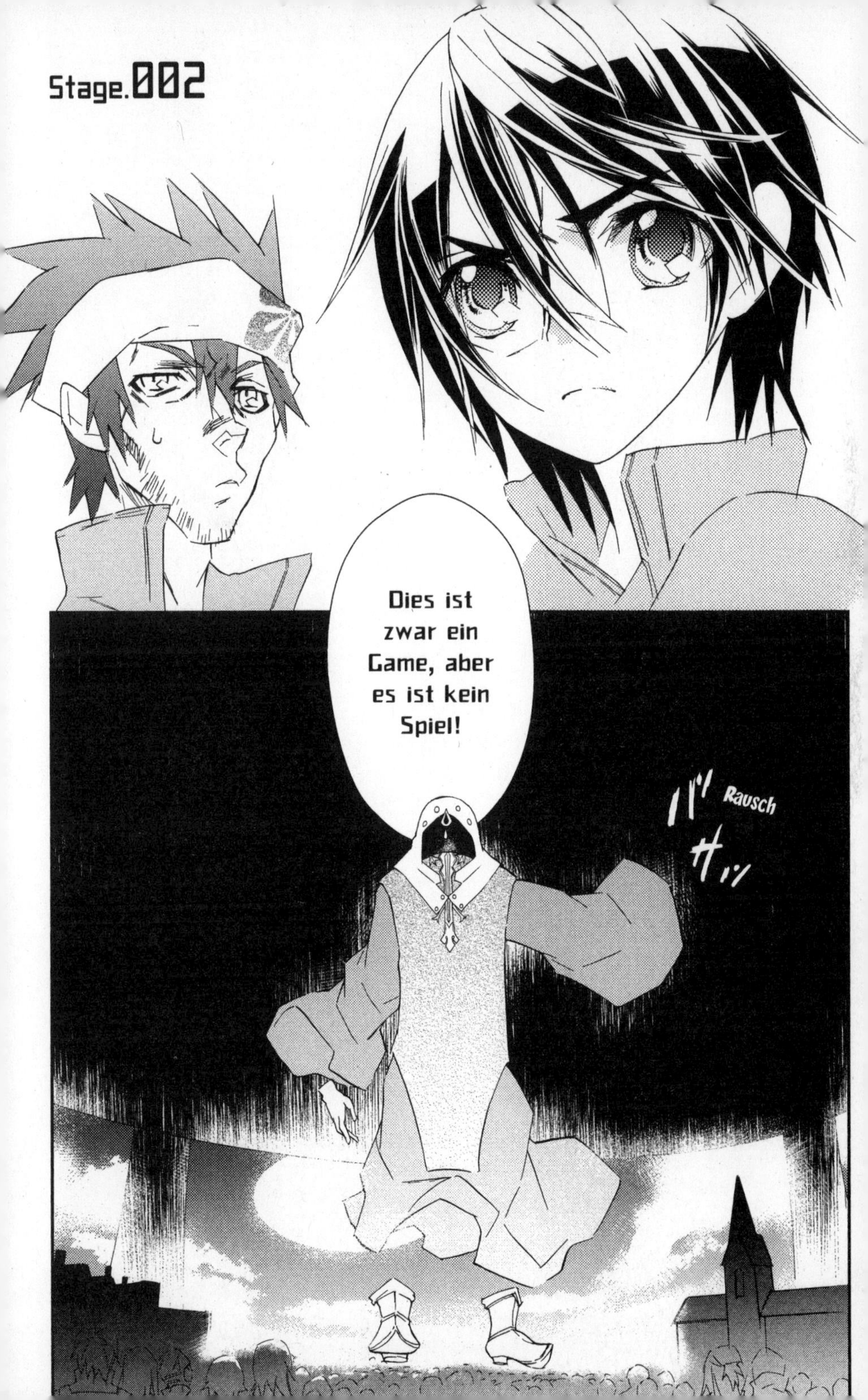

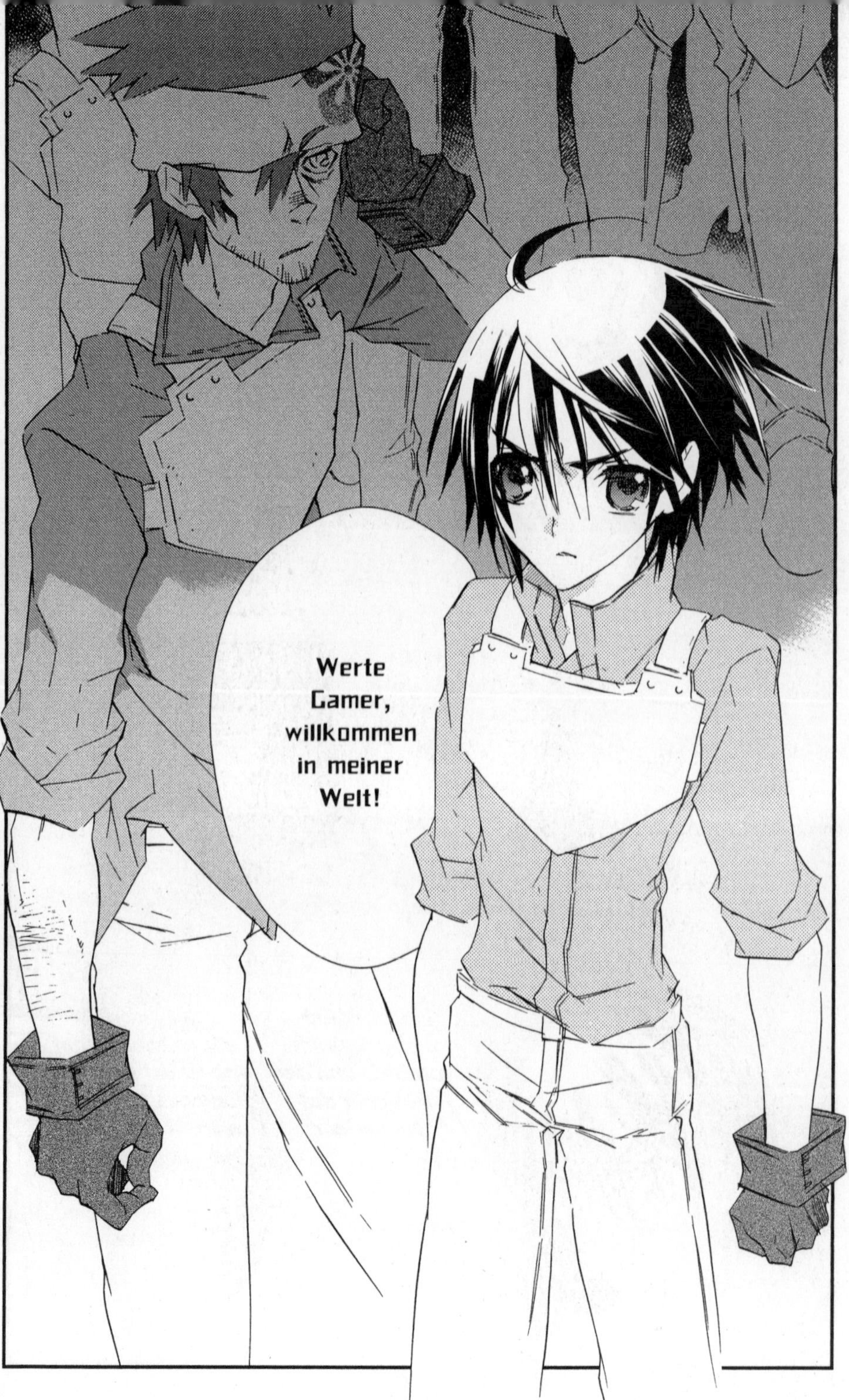
Werte Gamer, willkommen in meiner Welt!

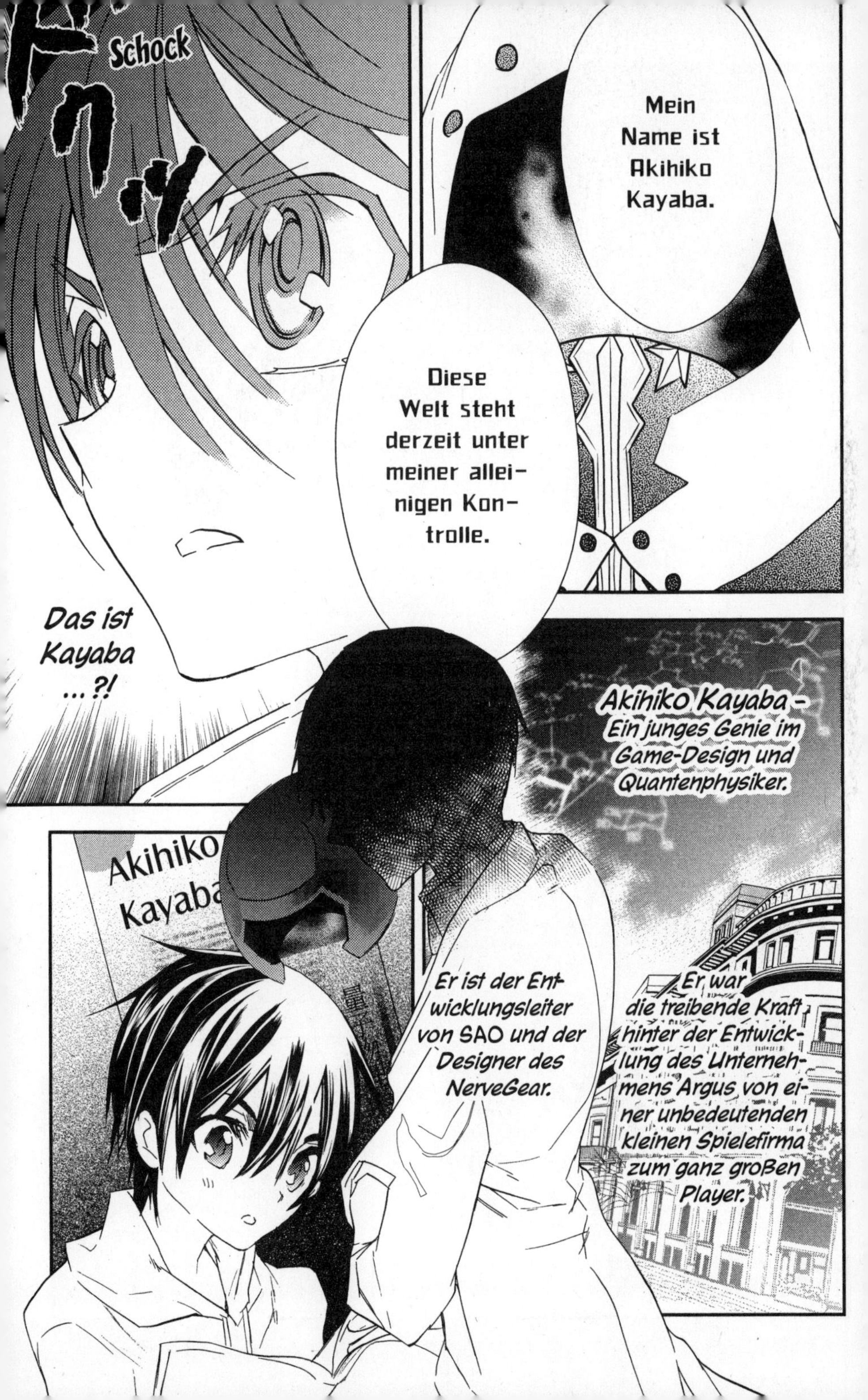
Schock
Mein Name ist Akihiko Kayaba.
Diese Welt steht derzeit unter meiner alleinigen Kontrolle.
Das ist Kayaba …?!
Akihiko Kayaba – Ein junges Genie im Game-Design und Quantenphysiker.
Akihiko Kayaba
Er ist der Entwicklungsleiter von SAO und der Designer des NerveGear.
Er war die treibende Kraft hinter der Entwicklung des Unternehmens Argus von einer unbedeutenden kleinen Spielefirma zum ganz großen Player.

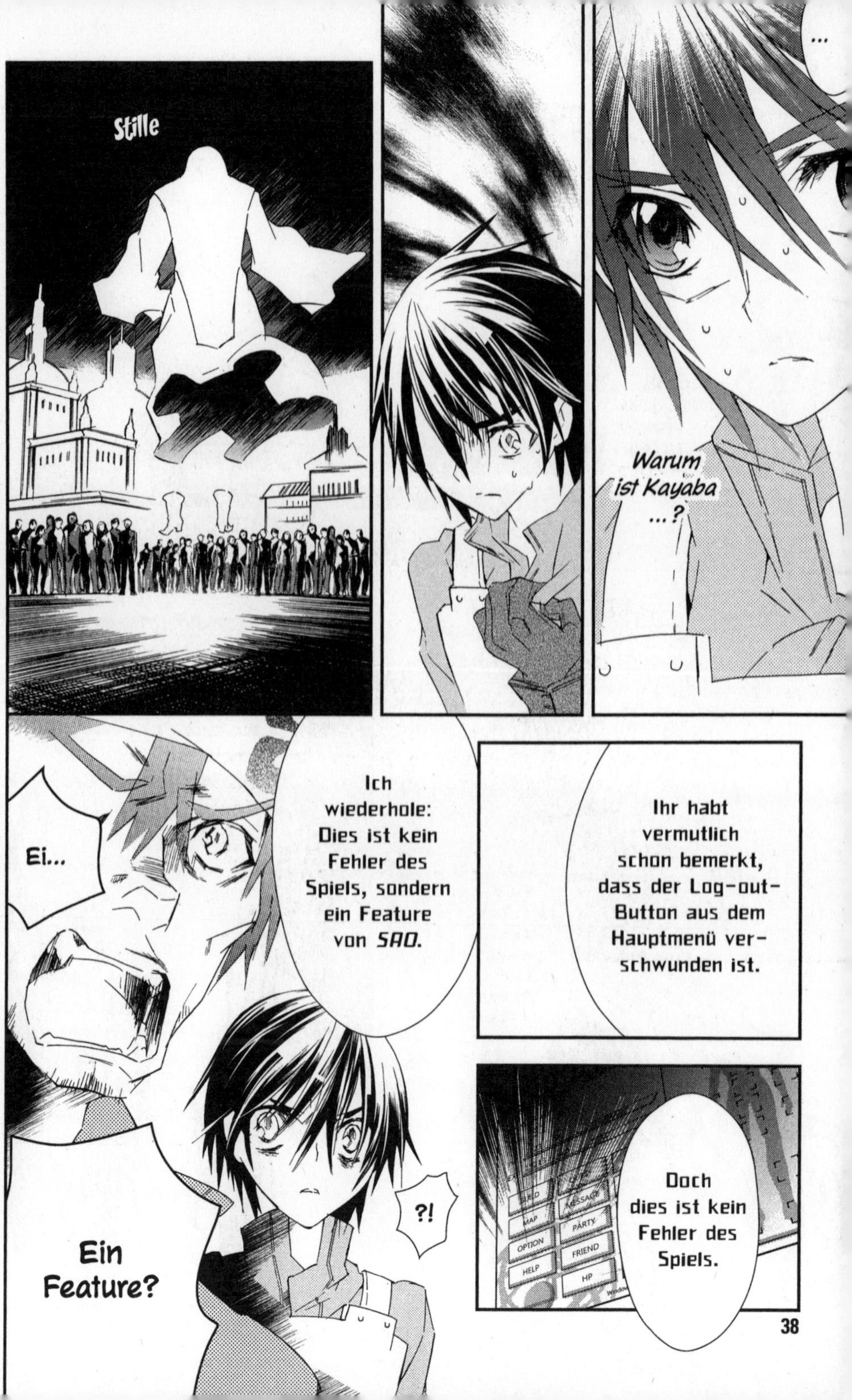
...
Warum ist Kayaba ...?
Stille
Ihr habt vermutlich schon bemerkt, dass der Log-out-Button aus dem Hauptmenü verschwunden ist.
Doch dies ist kein Fehler des Spiels.
Ich wiederhole: Dies ist kein Fehler des Spiels, sondern ein Feature von SAO.
?!
Ei...
Ein Feature?

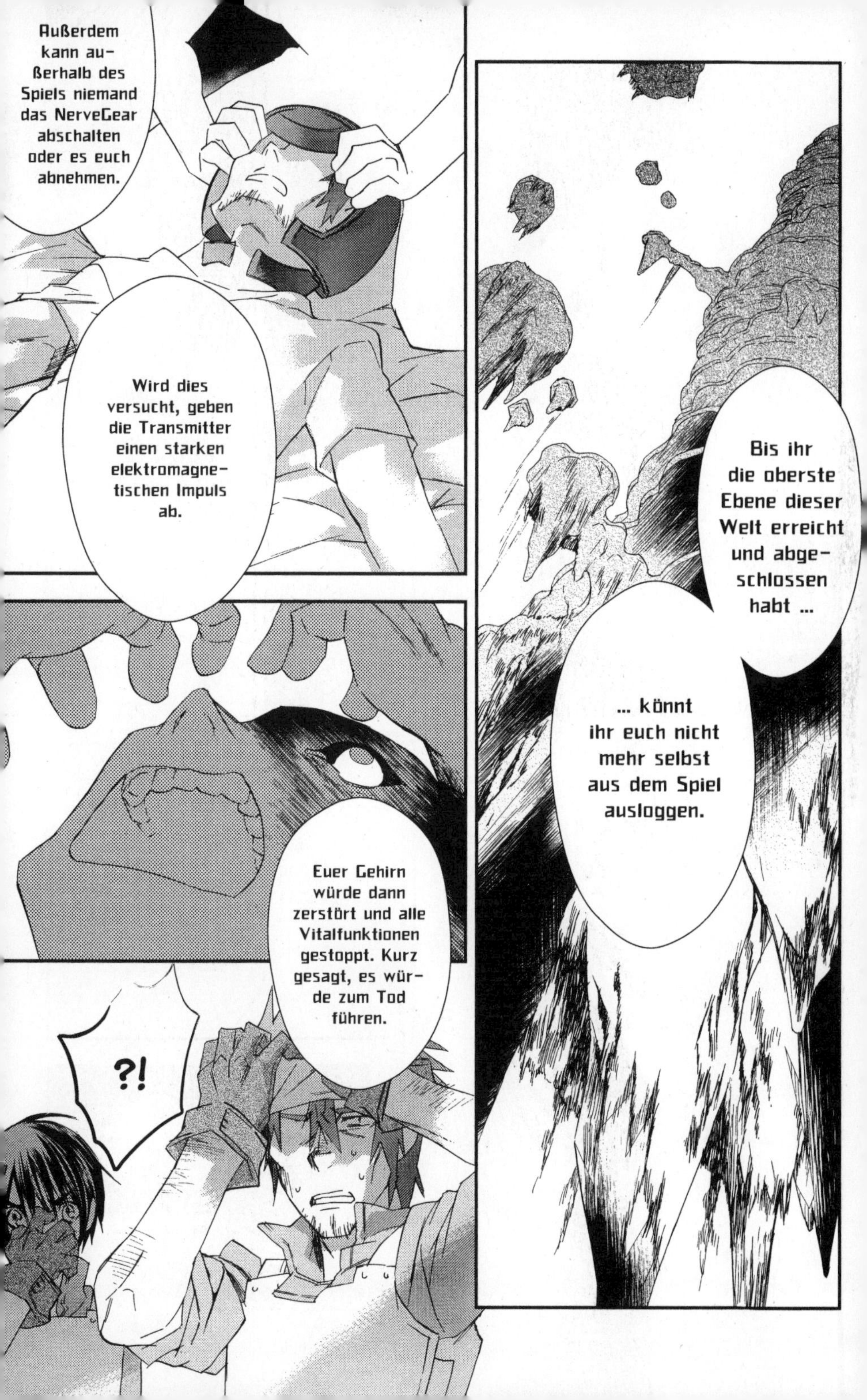
Bis ihr die oberste Ebene dieser Welt erreicht und abgeschlossen habt ...
... könnt ihr euch nicht mehr selbst aus dem Spiel ausloggen.
Außerdem kann außerhalb des Spiels niemand das NerveGear abschalten oder es euch abnehmen.
Wird dies versucht, geben die Transmitter einen starken elektromagnetischen Impuls ab.
Euer Gehirn würde dann zerstört und alle Vitalfunktionen gestoppt. Kurz gesagt, es würde zum Tod führen.
?!

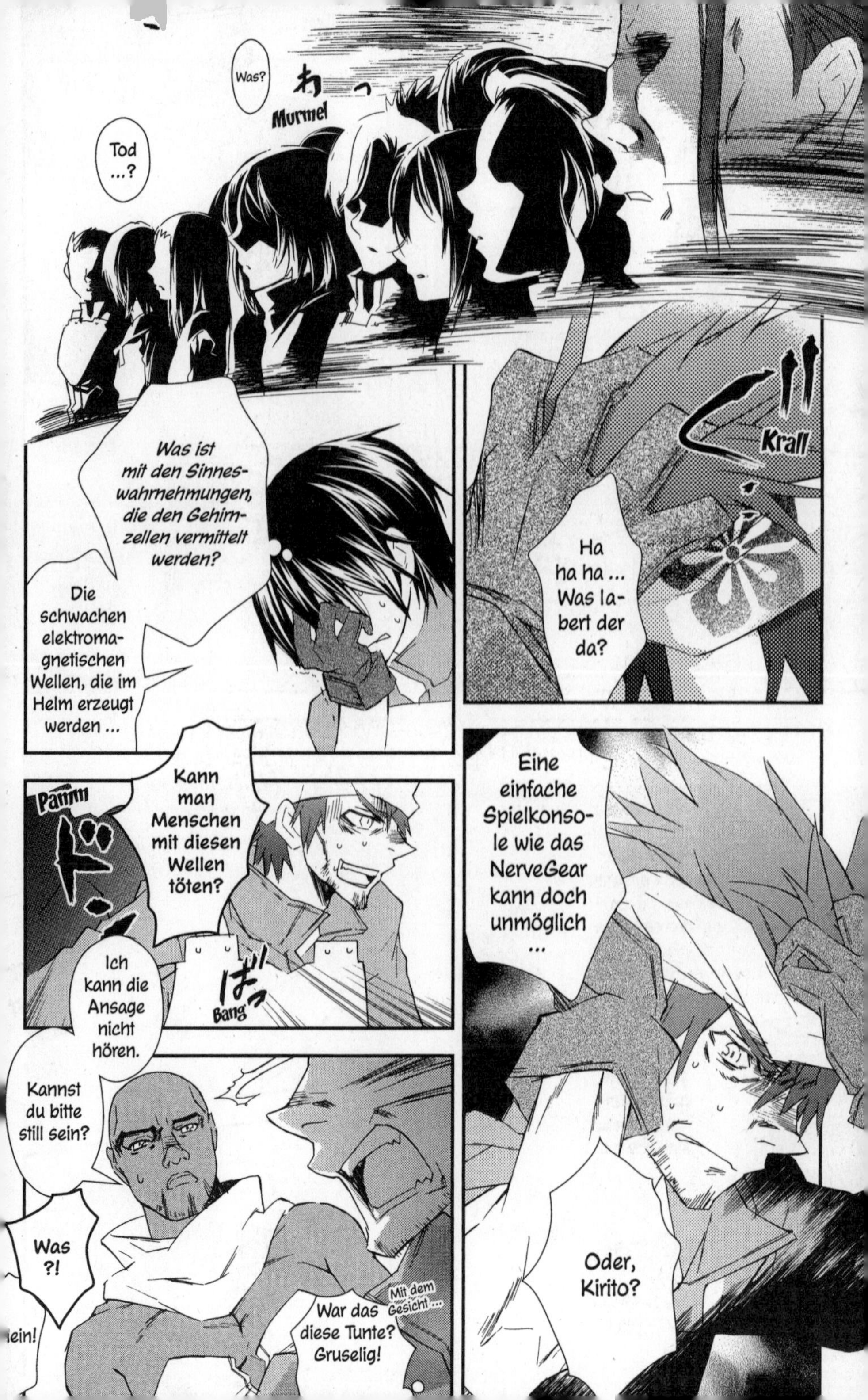

Was?
わっ
Murmel
Tod ...?
Krall
Ha ha ha ... Was labert der da?
Was ist mit den Sinneswahrnehmungen, die den Gehirnzellen vermittelt werden?
Die schwachen elektromagnetischen Wellen, die im Helm erzeugt werden ...
Eine einfache Spielkonsole wie das NerveGear kann doch unmöglich ...
Kann man Menschen mit diesen Wellen töten?
ド
Pamm
ばっ
Bang
Ich kann die Ansage nicht hören.
Oder, Kirito?
Kannst du bitte still sein?
Mit dem Gesicht ...
War das diese Tunte? Gruselig!
Was ?!
ein!

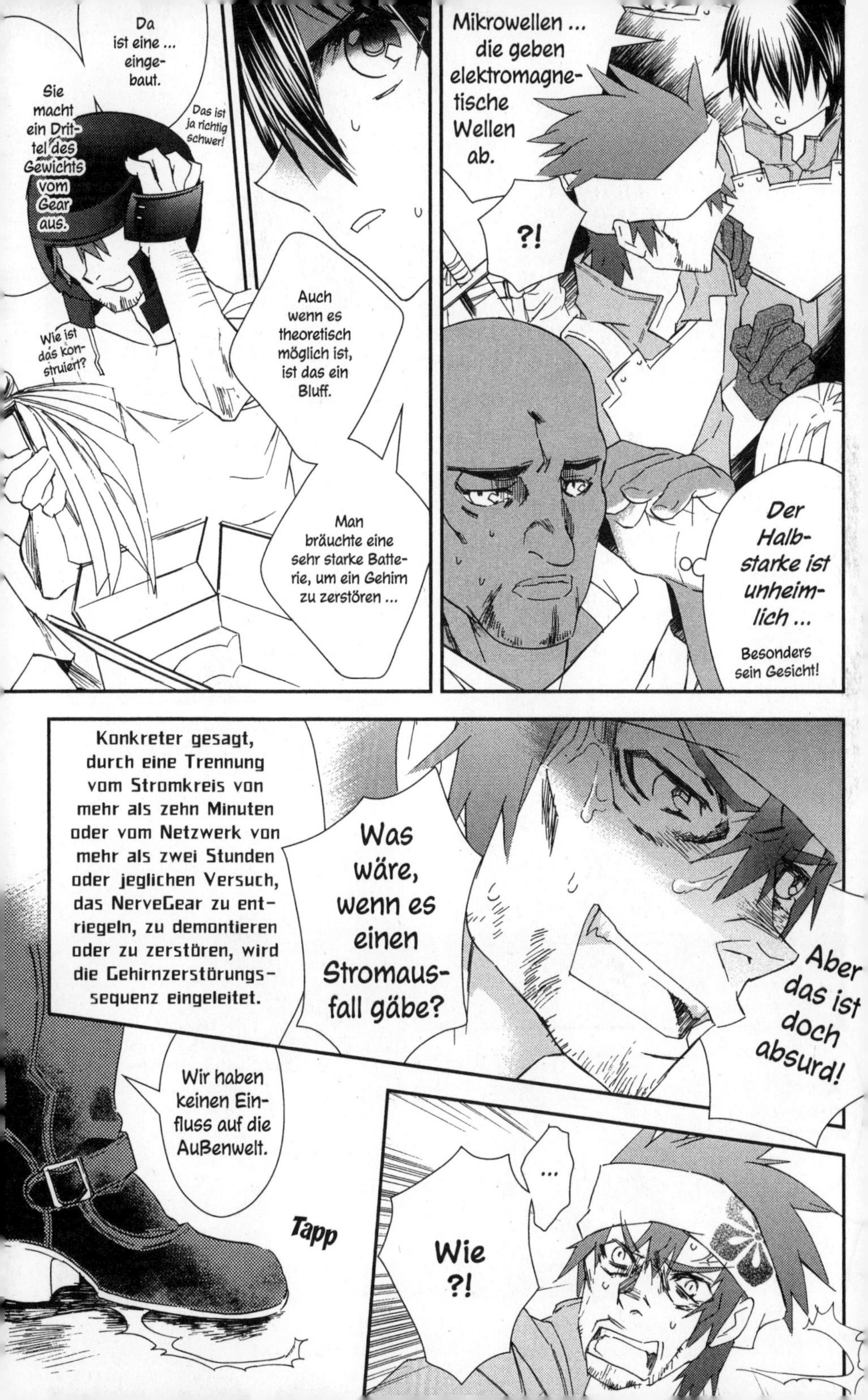

Mikrowellen ... die geben elektromagnetische Wellen ab.
?!
Der Halbstarke ist unheimlich ...
Besonders sein Gesicht!
Da ist eine ... eingebaut.
Sie macht ein Drittel des Gewichts vom Gear aus.
Das ist ja richtig schwer!
Wie ist das konstruiert?
Auch wenn es theoretisch möglich ist, ist das ein Bluff.
Man bräuchte eine sehr starke Batterie, um ein Gehirn zu zerstören ...
Aber das ist doch absurd!
Was wäre, wenn es einen Stromausfall gäbe?
Konkreter gesagt, durch eine Trennung vom Stromkreis von mehr als zehn Minuten oder vom Netzwerk von mehr als zwei Stunden oder jeglichen Versuch, das NerveGear zu entriegeln, zu demontieren oder zu zerstören, wird die Gehirnzerstörungssequenz eingeleitet.
...
Wir haben keinen Einfluss auf die Außenwelt.
Wie ?!
Tapp

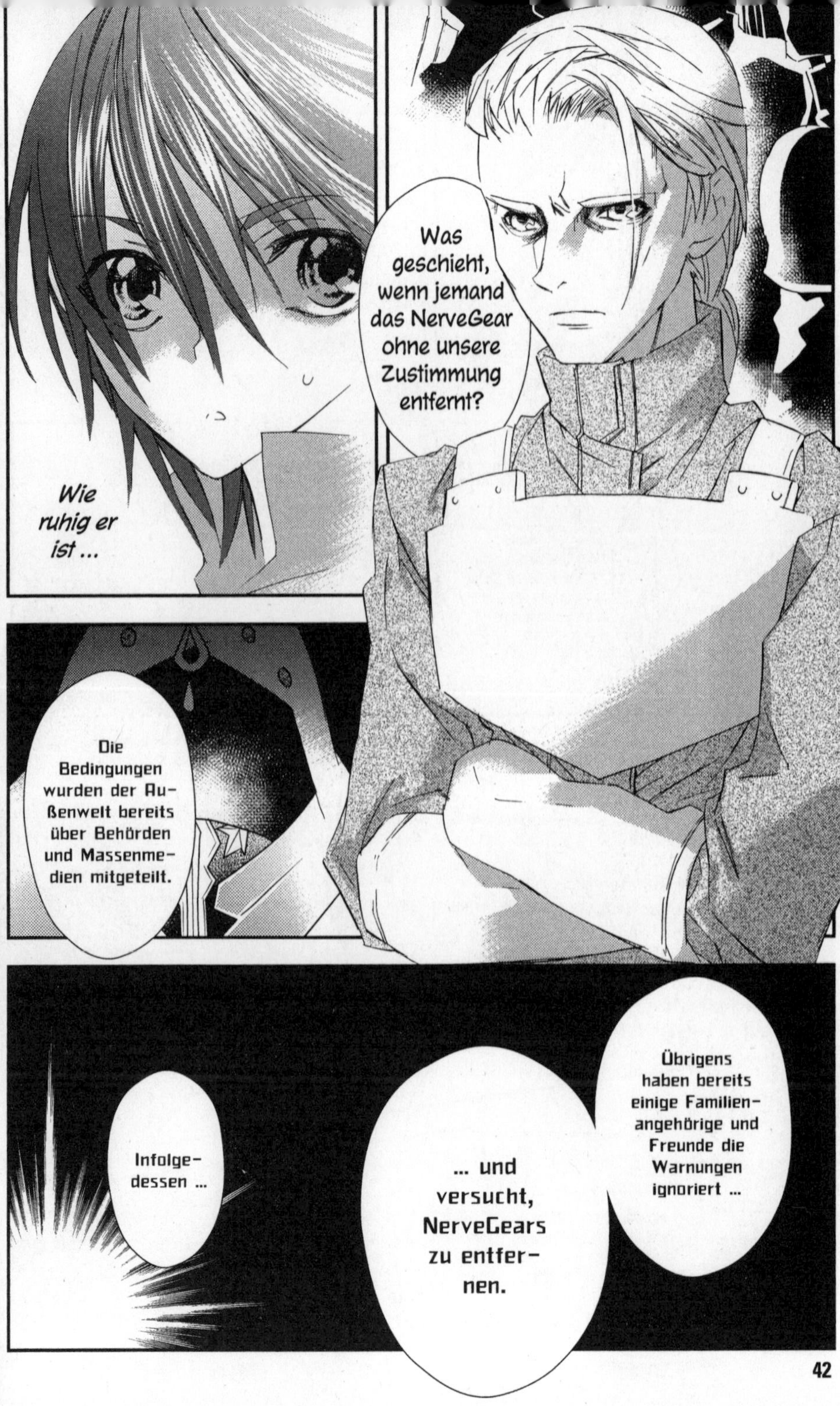
Was geschieht, wenn jemand das NerveGear ohne unsere Zustimmung entfernt?
Wie ruhig er ist ...
Die Bedingungen wurden der Außenwelt bereits über Behörden und Massenmedien mitgeteilt.
Übrigens haben bereits einige Familienangehörige und Freunde die Warnungen ignoriert ...
... und versucht, NerveGears zu entfernen.
Infolgedessen ...

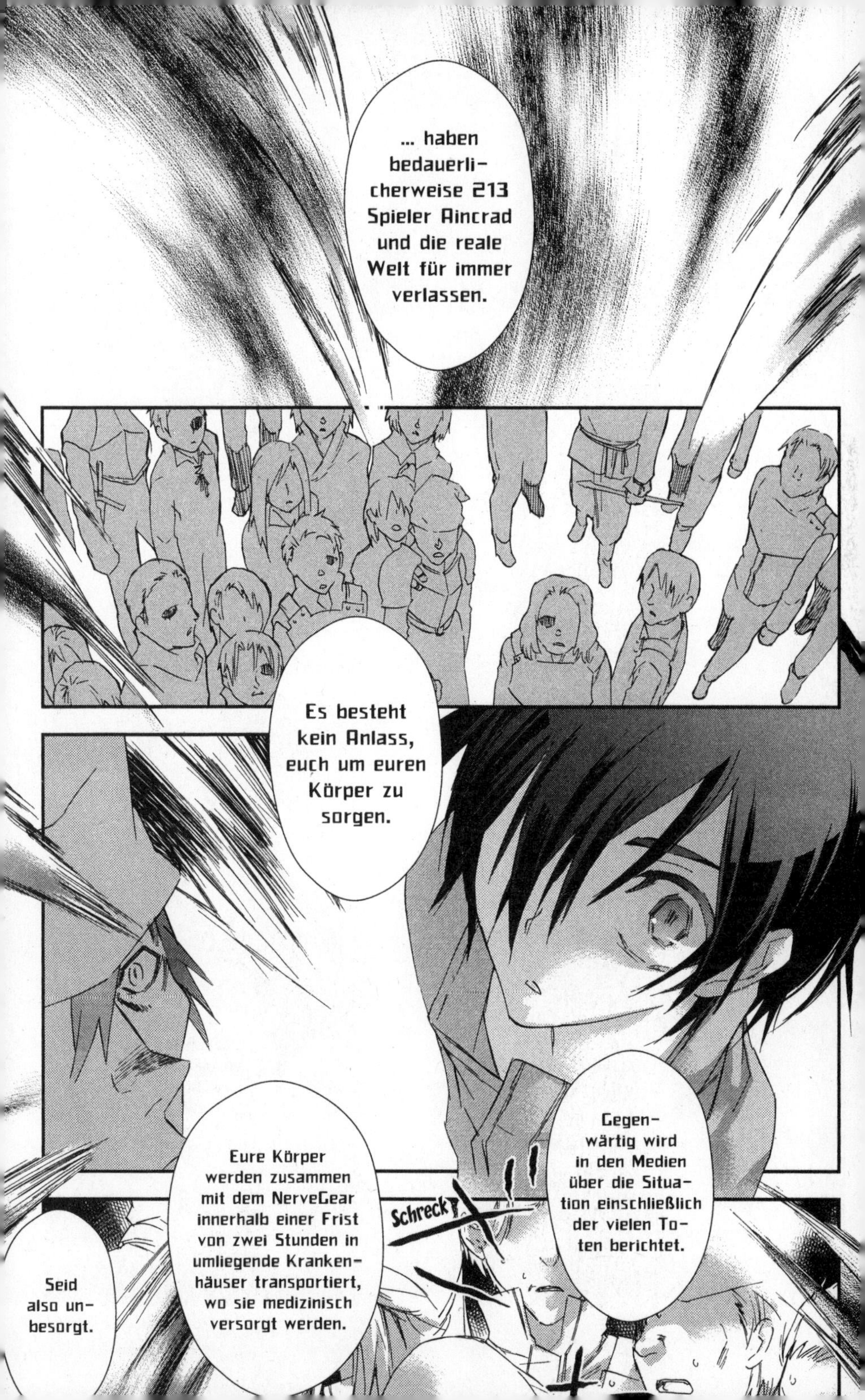
… haben bedauerlicherweise 213 Spieler Aincrad und die reale Welt für immer verlassen.
Es besteht kein Anlass, euch um euren Körper zu sorgen.
Gegenwärtig wird in den Medien über die Situation einschließlich der vielen Toten berichtet.
Schreck
Eure Körper werden zusammen mit dem NerveGear innerhalb einer Frist von zwei Stunden in umliegende Krankenhäuser transportiert, wo sie medizinisch versorgt werden.
Seid also unbesorgt.

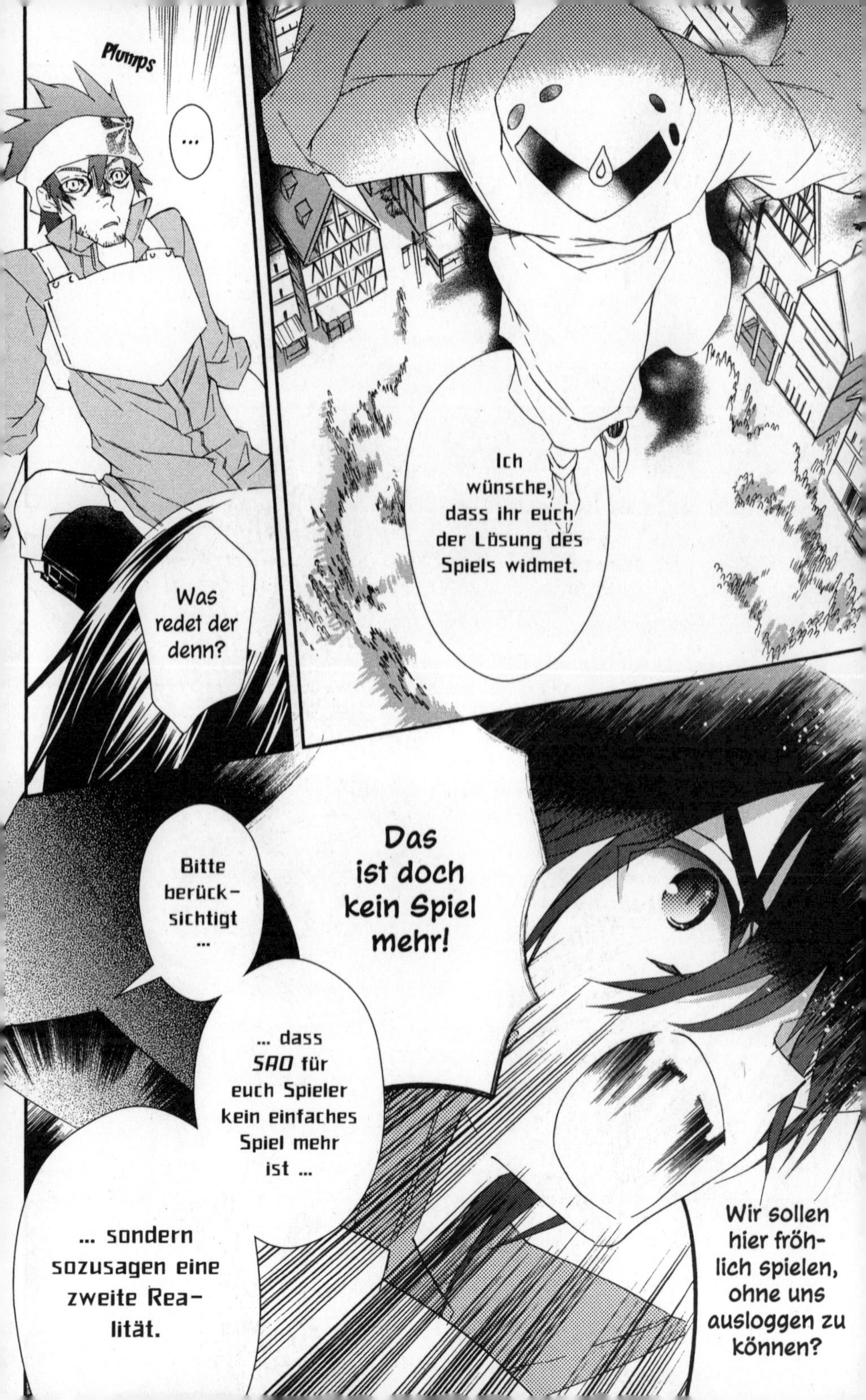
Ich wünsche, dass ihr euch der Lösung des Spiels widmet.
Plumps
...
Was redet der denn?
Wir sollen hier fröhlich spielen, ohne uns ausloggen zu können?
Das ist doch kein Spiel mehr!
Bitte berücksichtigt ...
... dass SAO für euch Spieler kein einfaches Spiel mehr ist ...
... sondern sozusagen eine zweite Realität.

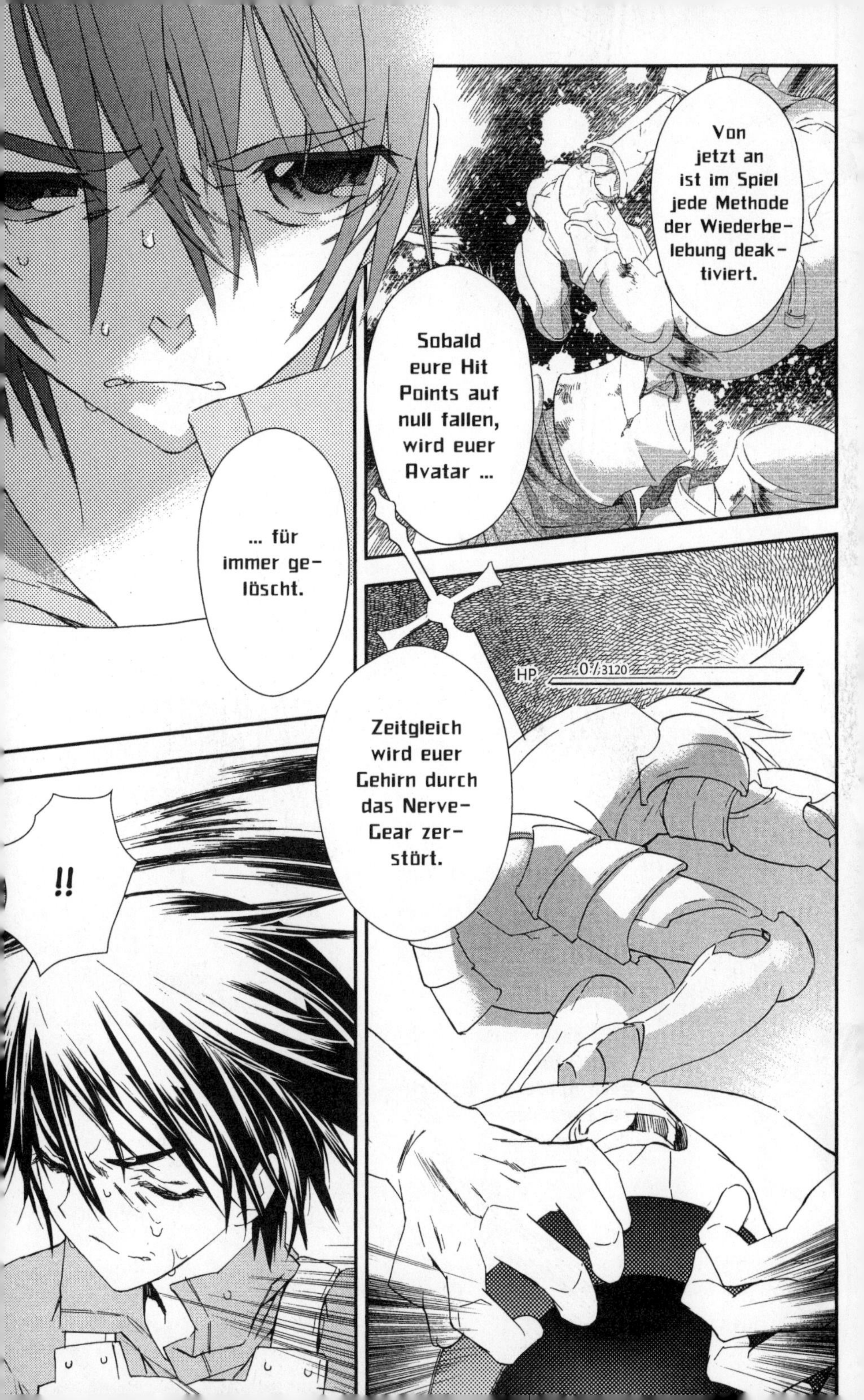
Von jetzt an ist im Spiel jede Methode der Wiederbelebung deaktiviert.
Sobald eure Hit Points auf null fallen, wird euer Avatar ...
... für immer gelöscht.
HP 0/3120
Zeitgleich wird euer Gehirn durch das NerveGear zerstört.
!!

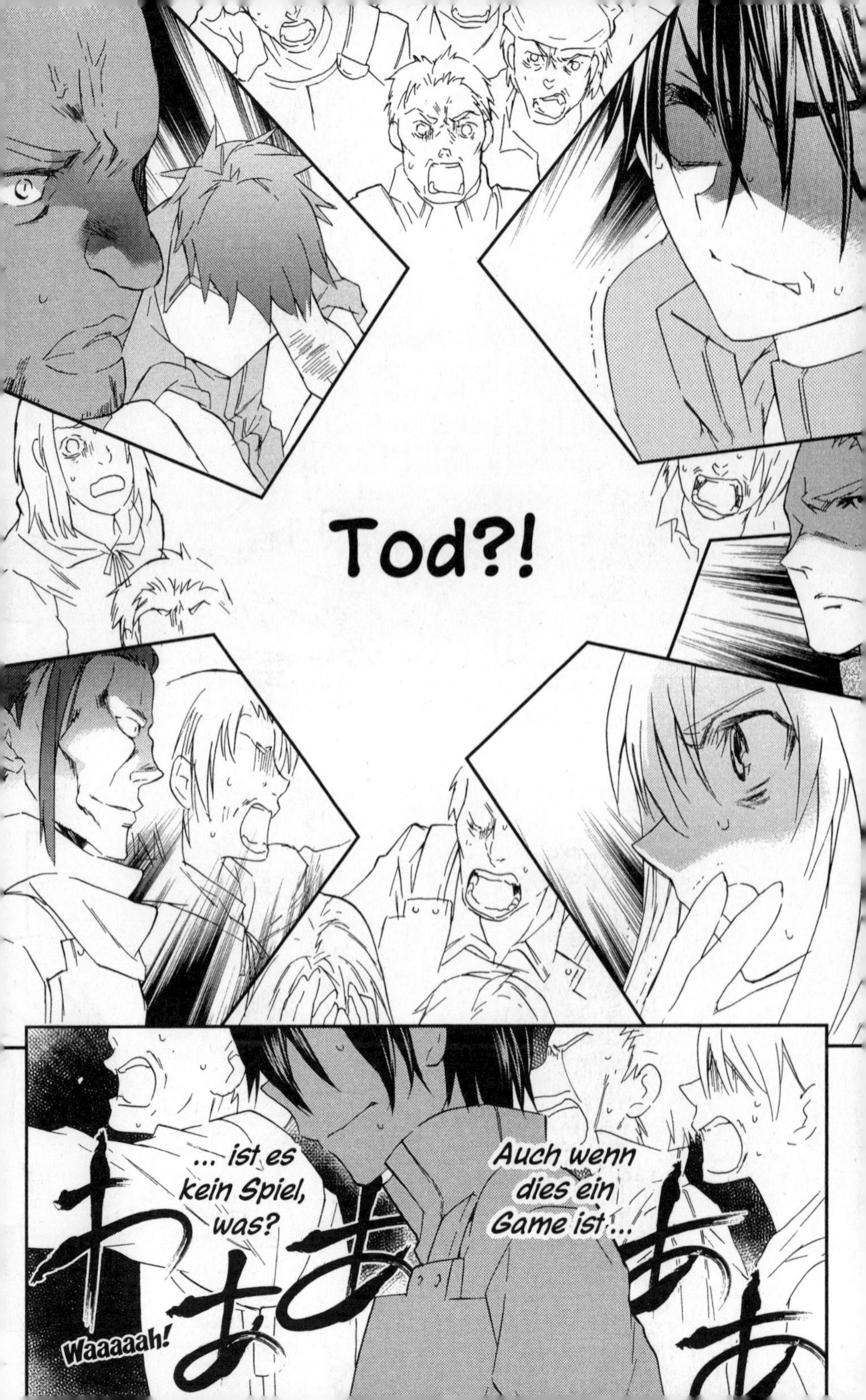
Tod?!
Auch wenn dies ein Game ist ...
... ist es kein Spiel, was?
Waaaaah!

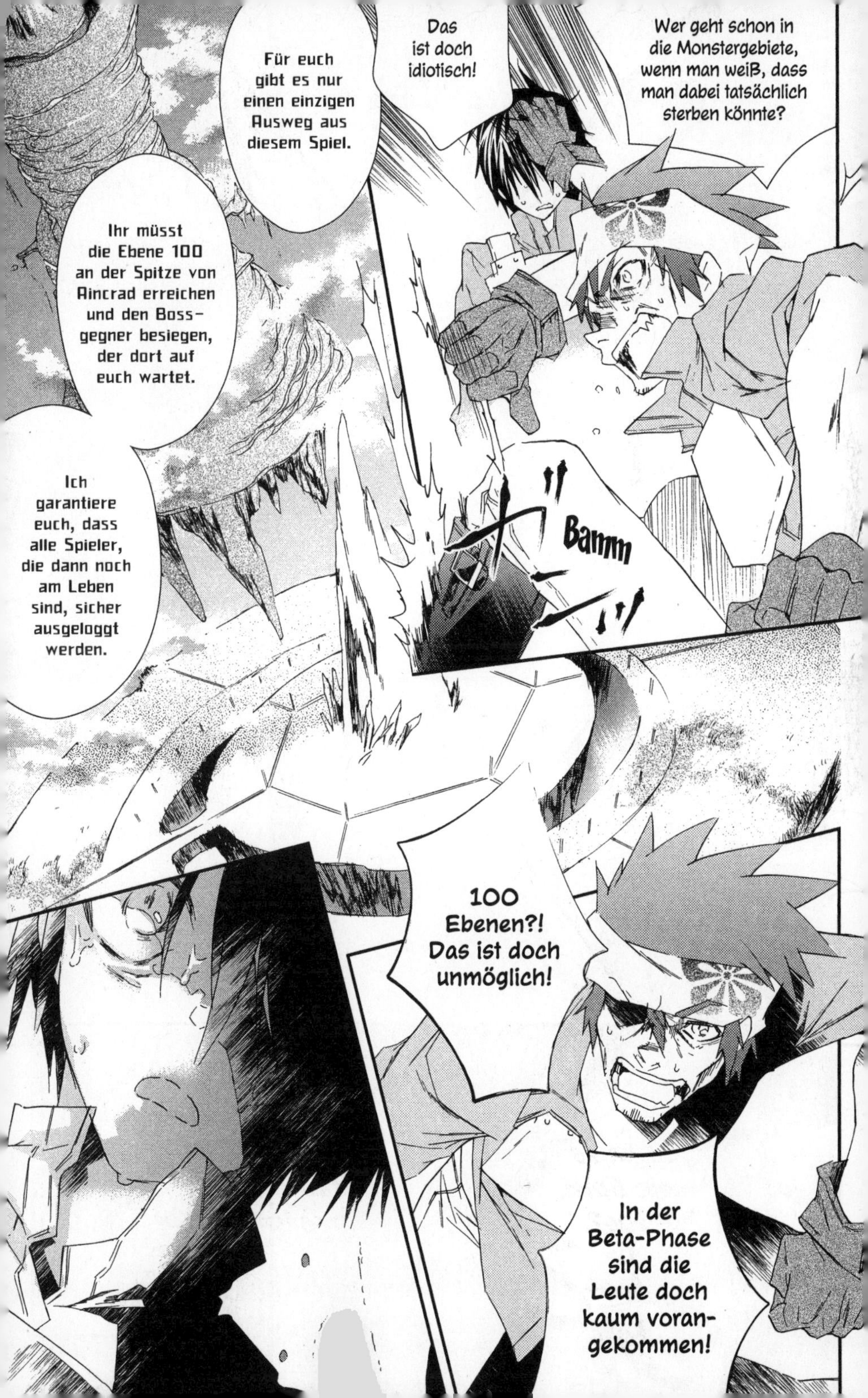
Wer geht schon in die Monstergebiete, wenn man weiß, dass man dabei tatsächlich sterben könnte?
Das ist doch idiotisch!
Für euch gibt es nur einen einzigen Ausweg aus diesem Spiel.
Ihr müsst die Ebene 100 an der Spitze von Aincrad erreichen und den Bossgegner besiegen, der dort auf euch wartet.
Ich garantiere euch, dass alle Spieler, die dann noch am Leben sind, sicher ausgeloggt werden.
Bamm
100 Ebenen?! Das ist doch unmöglich!
In der Beta-Phase sind die Leute doch kaum vorangekommen!

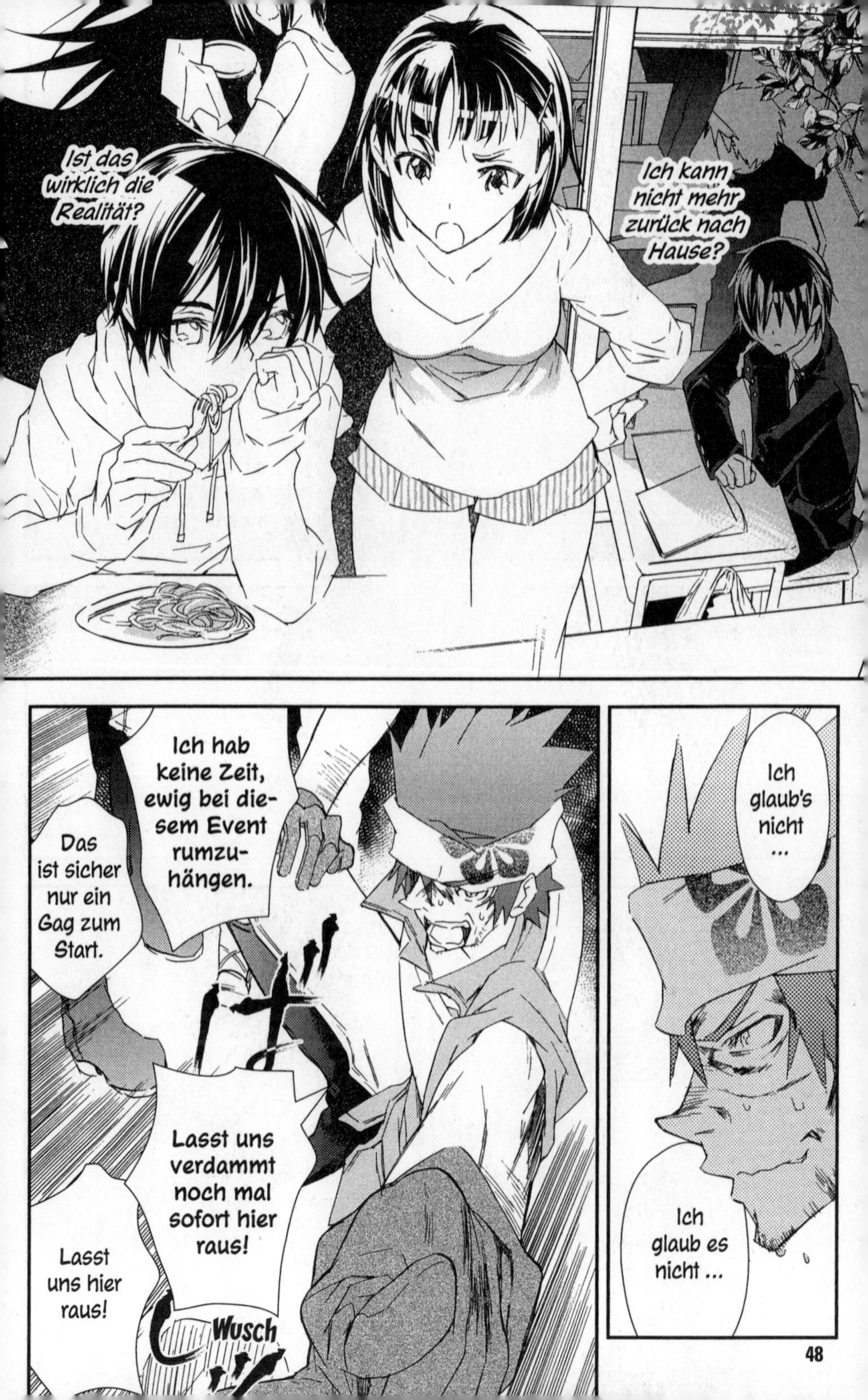
Ich kann nicht mehr zurück nach Hause?
Ist das wirklich die Realität?
Ich glaub's nicht ...
Ich glaub es nicht ...
Ich hab keine Zeit, ewig bei diesem Event rumzuhängen.
Das ist sicher nur ein Gag zum Start.
Lasst uns verdammt noch mal sofort hier raus!
Lasst uns hier raus!
Wusch

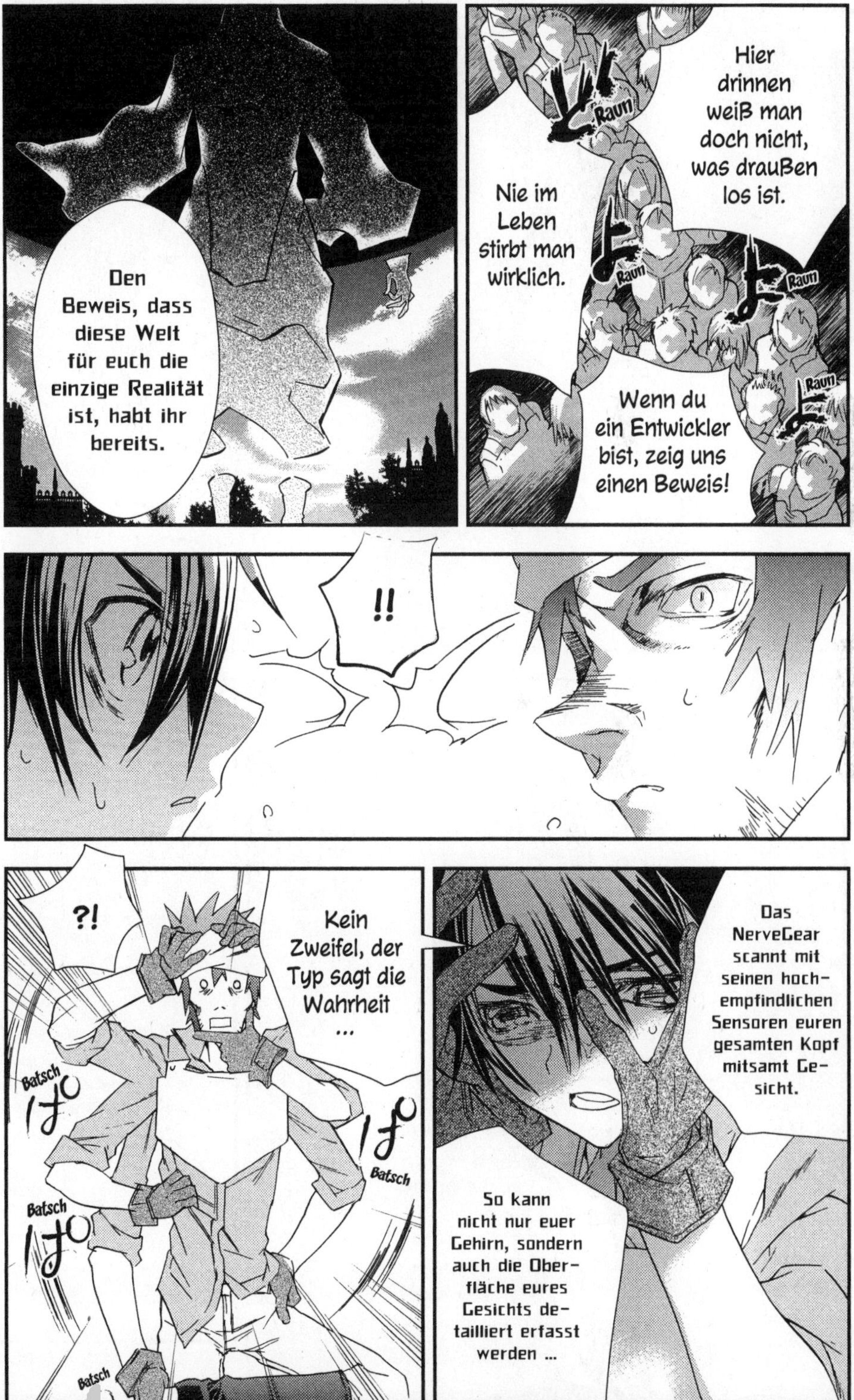
Raun
Hier drinnen weiß man doch nicht, was draußen los ist.
Nie im Leben stirbt man wirklich.
Raun
Raun
Raun
Wenn du ein Entwickler bist, zeig uns einen Beweis!
Den Beweis, dass diese Welt für euch die einzige Realität ist, habt ihr bereits.
!!
Das NerveGear scannt mit seinen hoch-empfindlichen Sensoren euren gesamten Kopf mitsamt Gesicht.
So kann nicht nur euer Gehirn, sondern auch die Oberfläche eures Gesichts detailliert erfasst werden ...
?!
Kein Zweifel, der Typ sagt die Wahrheit ...
Batsch
Batsch
Batsch
Batsch

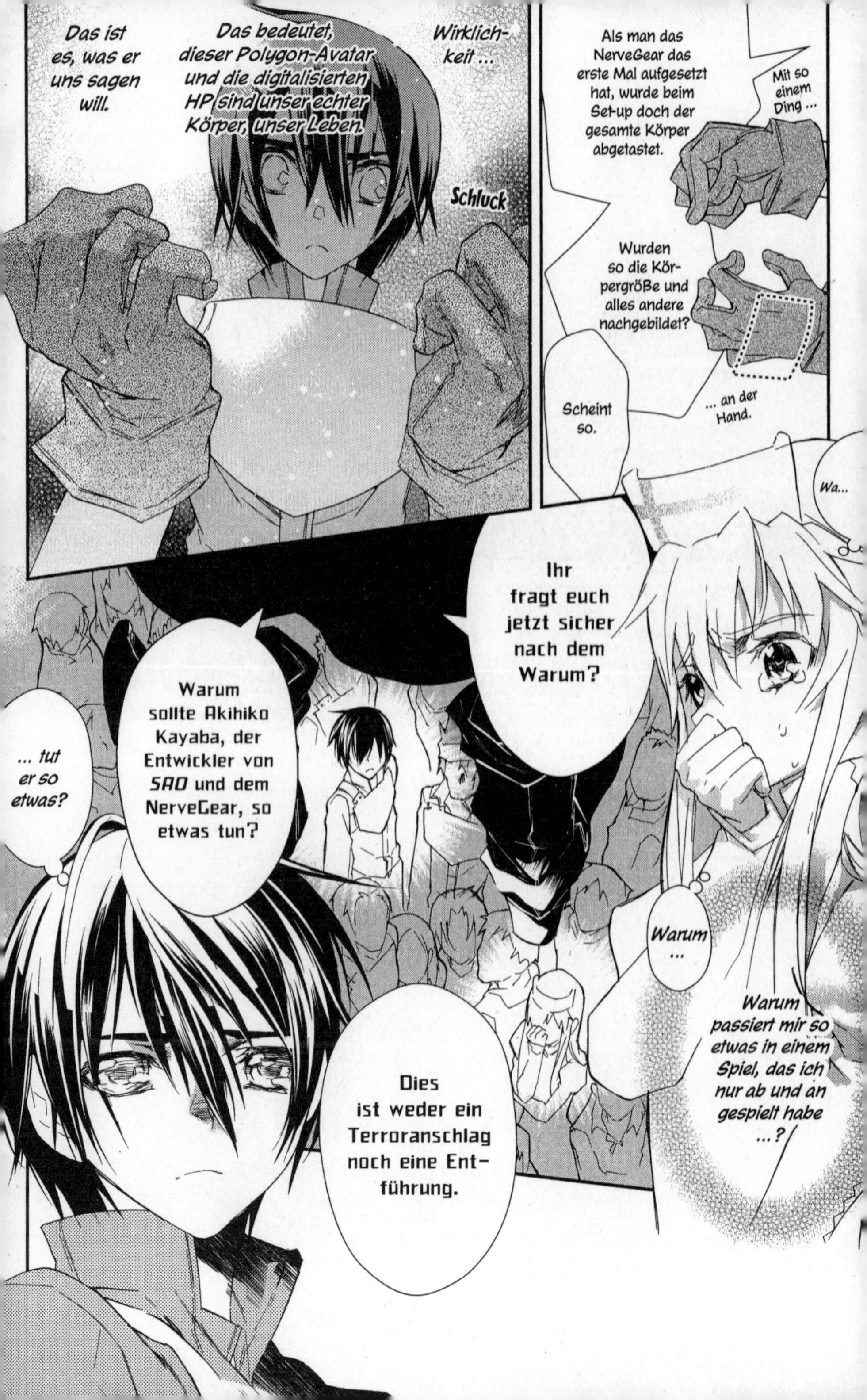
Als man das NerveGear das erste Mal aufgesetzt hat, wurde beim Set-up doch der gesamte Körper abgetastet.
Mit so einem Ding ...
Wurden so die Körpergröße und alles andere nachgebildet?
... an der Hand.
Scheint so.
Wirklichkeit ...
Das bedeutet, dieser Polygon-Avatar und die digitalisierten HP sind unser echter Körper, unser Leben.
Das ist es, was er uns sagen will.
Schluck
Wa...
Ihr fragt euch jetzt sicher nach dem Warum?
Warum sollte Akihiko Kayaba, der Entwickler von SAO und dem NerveGear, so etwas tun?
... tut er so etwas?
Warum ...
Warum passiert mir so etwas in einem Spiel, das ich nur ab und an gespielt habe ...?
Dies ist weder ein Terroranschlag noch eine Entführung.

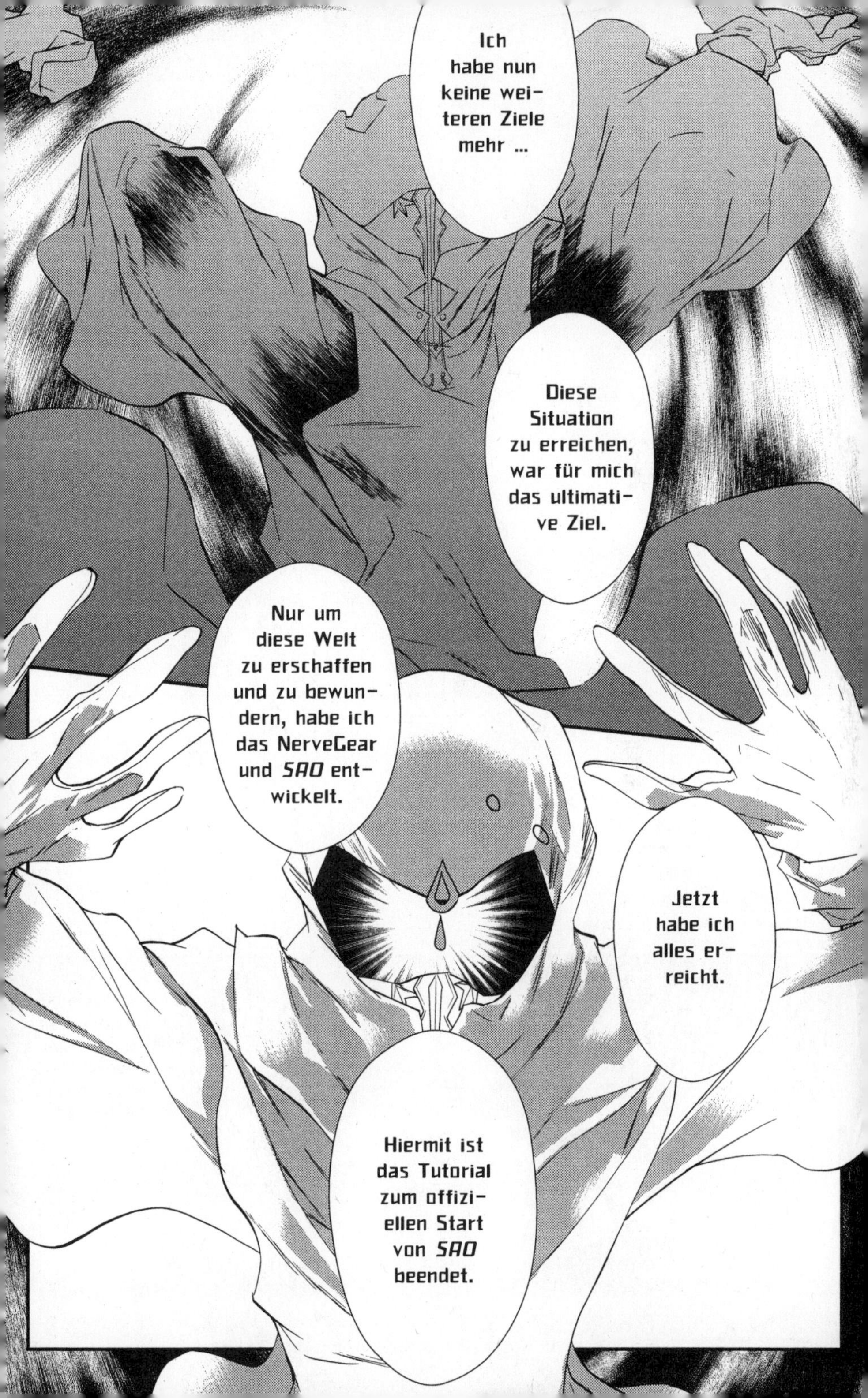
Ich habe nun keine weiteren Ziele mehr ...
Diese Situation zu erreichen, war für mich das ultimative Ziel.
Nur um diese Welt zu erschaffen und zu bewundern, habe ich das NerveGear und *SAO* entwickelt.
Jetzt habe ich alles erreicht.
Hiermit ist das Tutorial zum offiziellen Start von *SAO* beendet.

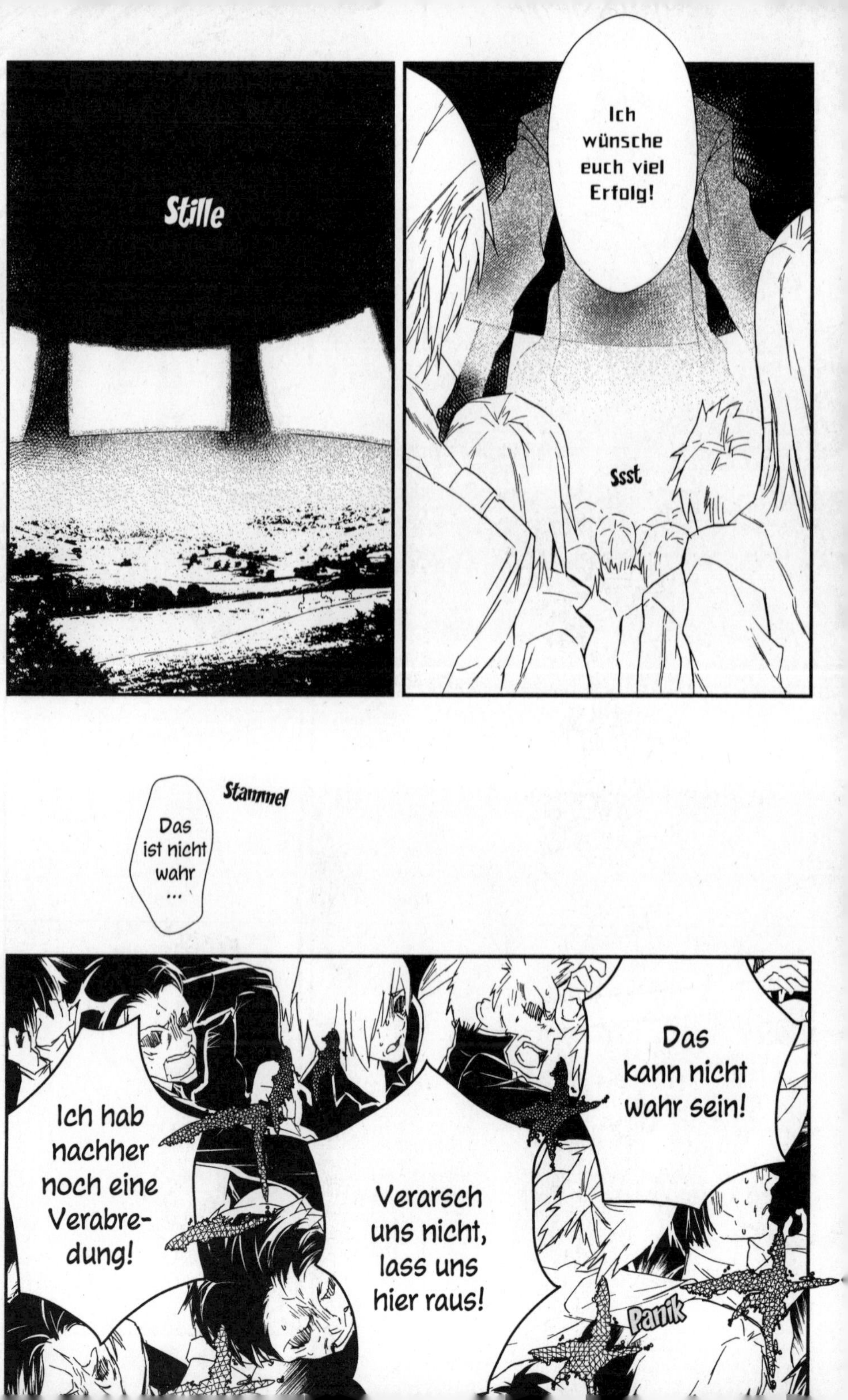
Ich wünsche euch viel Erfolg!
Ssst
Stille
Stammel
Das ist nicht wahr ...
Das kann nicht wahr sein!
Verarsch uns nicht, lass uns hier raus!
Ich hab nachher noch eine Verabre-dung!
Panik

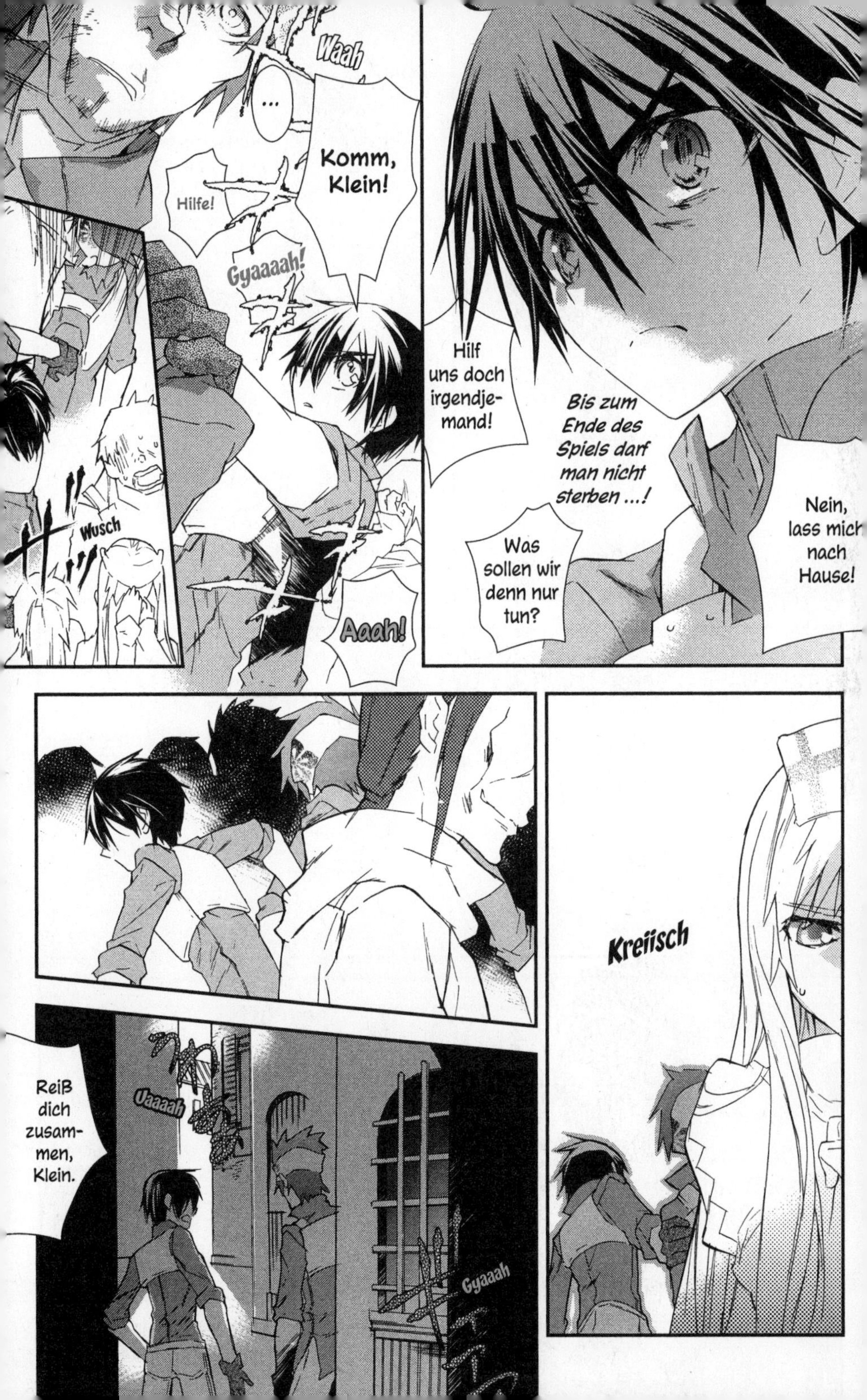
Nein, lass mich nach Hause!
Bis zum Ende des Spiels darf man nicht sterben …!
Was sollen wir denn nur tun?
Hilf uns doch irgendje-mand!
Waah
…
Komm, Klein!
Hilfe!
Gyaaaah!
Wusch
Aaah!
Kreiisch
Uaaaah
Gyaaah
Reiß dich zusam-men, Klein.

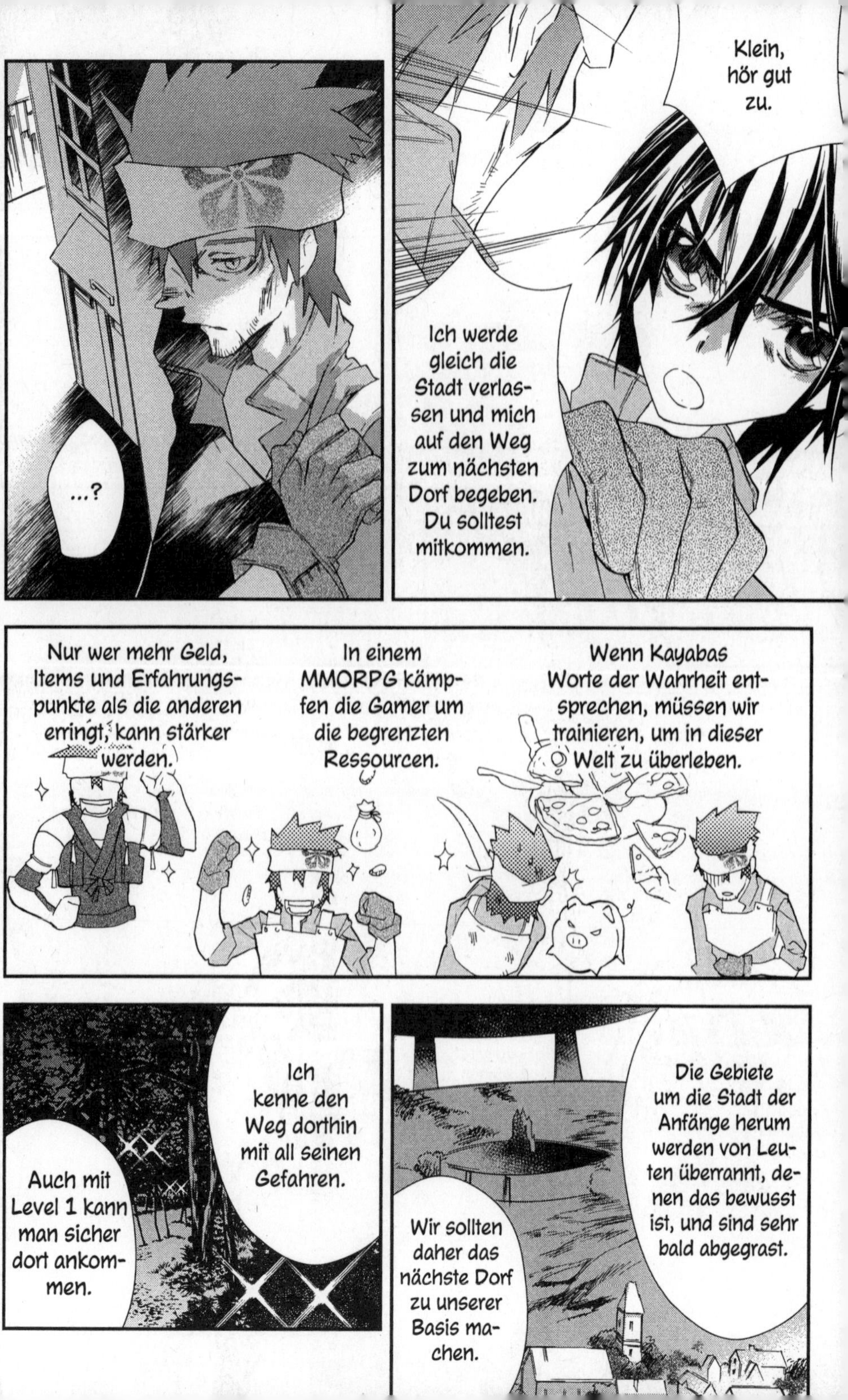
Klein, hör gut zu.
Ich werde gleich die Stadt verlassen und mich auf den Weg zum nächsten Dorf begeben. Du solltest mitkommen.
...?
Wenn Kayabas Worte der Wahrheit entsprechen, müssen wir trainieren, um in dieser Welt zu überleben.
In einem MMORPG kämpfen die Gamer um die begrenzten Ressourcen.
Nur wer mehr Geld, Items und Erfahrungspunkte als die anderen erringt, kann stärker werden.
Die Gebiete um die Stadt der Anfänge herum werden von Leuten überrannt, denen das bewusst ist, und sind sehr bald abgegrast.
Wir sollten daher das nächste Dorf zu unserer Basis machen.
Ich kenne den Weg dorthin mit all seinen Gefahren.
Auch mit Level 1 kann man sicher dort ankommen.

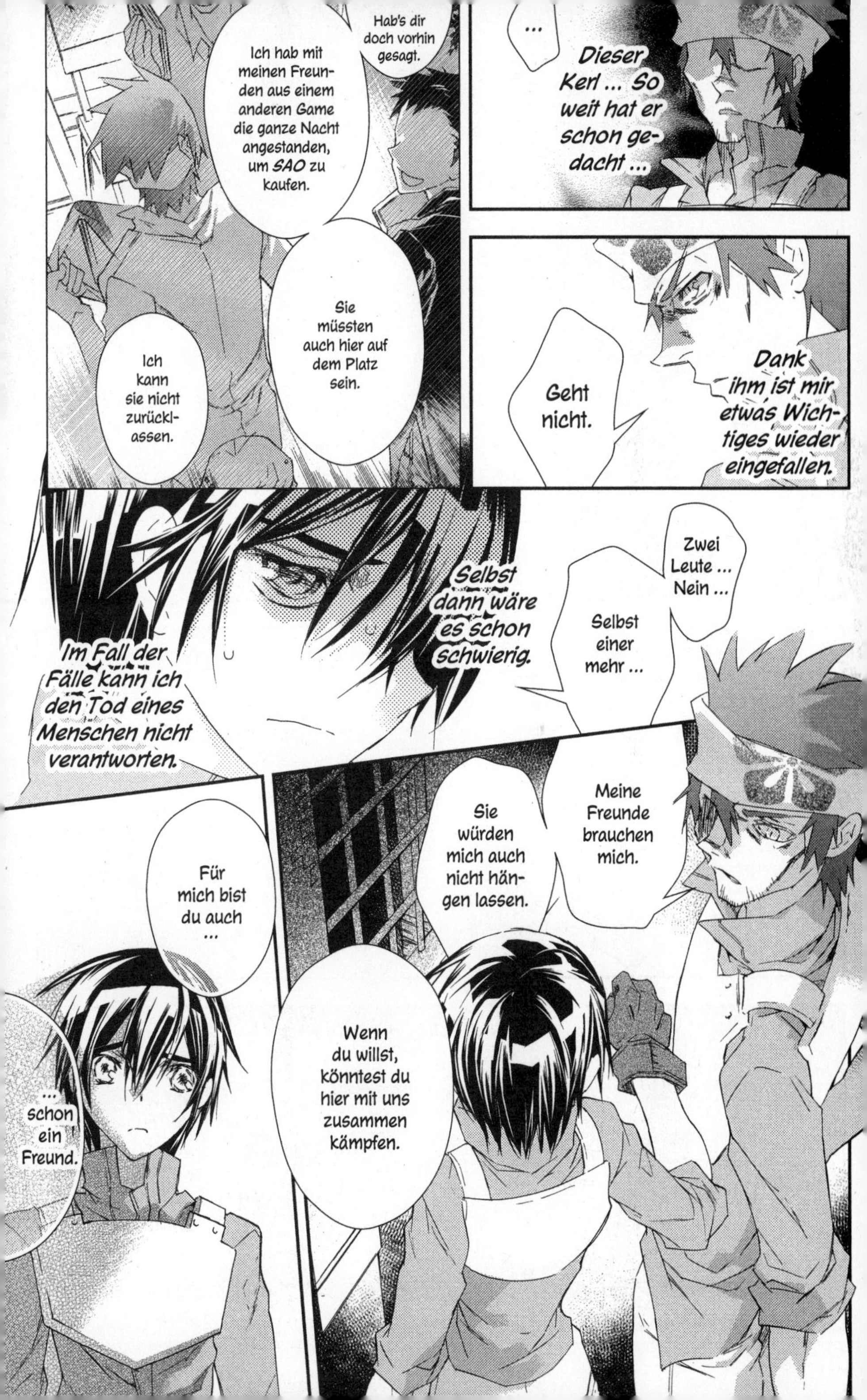
...
Dieser Kerl ... So weit hat er schon gedacht ...
Geht nicht.
Dank ihm ist mir etwas Wichtiges wieder eingefallen.
Hab's dir doch vorhin gesagt.
Ich hab mit meinen Freunden aus einem anderen Game die ganze Nacht angestanden, um SAO zu kaufen.
Sie müssten auch hier auf dem Platz sein.
Ich kann sie nicht zurücklassen.
Zwei Leute ... Nein ...
Selbst einer mehr ...
Selbst dann wäre es schon schwierig.
Im Fall der Fälle kann ich den Tod eines Menschen nicht verantworten.
Meine Freunde brauchen mich.
Sie würden mich auch nicht hängen lassen.
Für mich bist du auch ...
Wenn du willst, könntest du hier mit uns zusammen kämpfen.
... schon ein Freund.

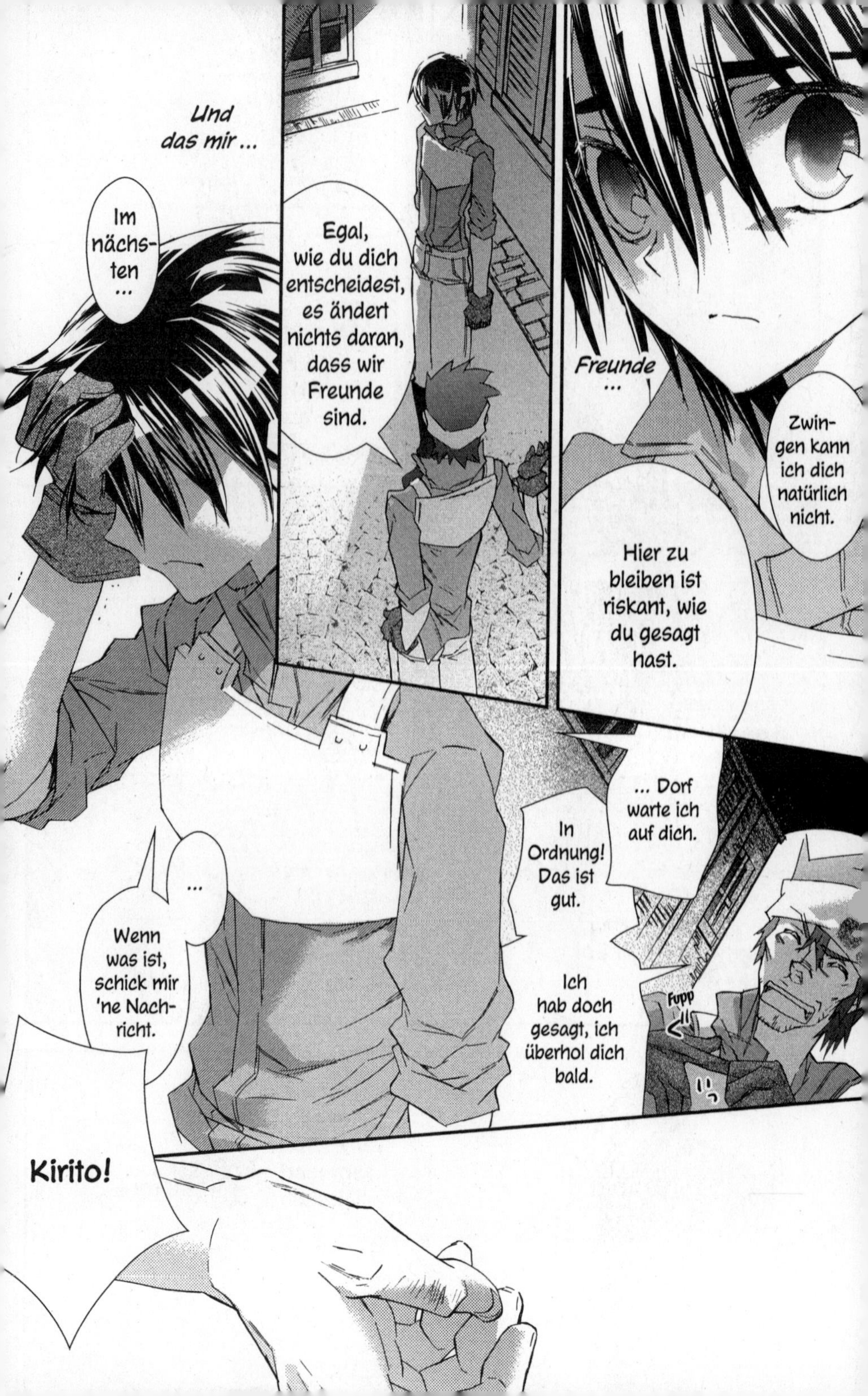

Zwingen kann ich dich natürlich nicht.
Hier zu bleiben ist riskant, wie du gesagt hast.
Freunde ...
Egal, wie du dich entscheidest, es ändert nichts daran, dass wir Freunde sind.
Und das mir ...
Im nächsten ...
... Dorf warte ich auf dich.
In Ordnung! Das ist gut.
Ich hab doch gesagt, ich überhol dich bald.
Fupp
...
Wenn was ist, schick mir 'ne Nachricht.
Kirito!

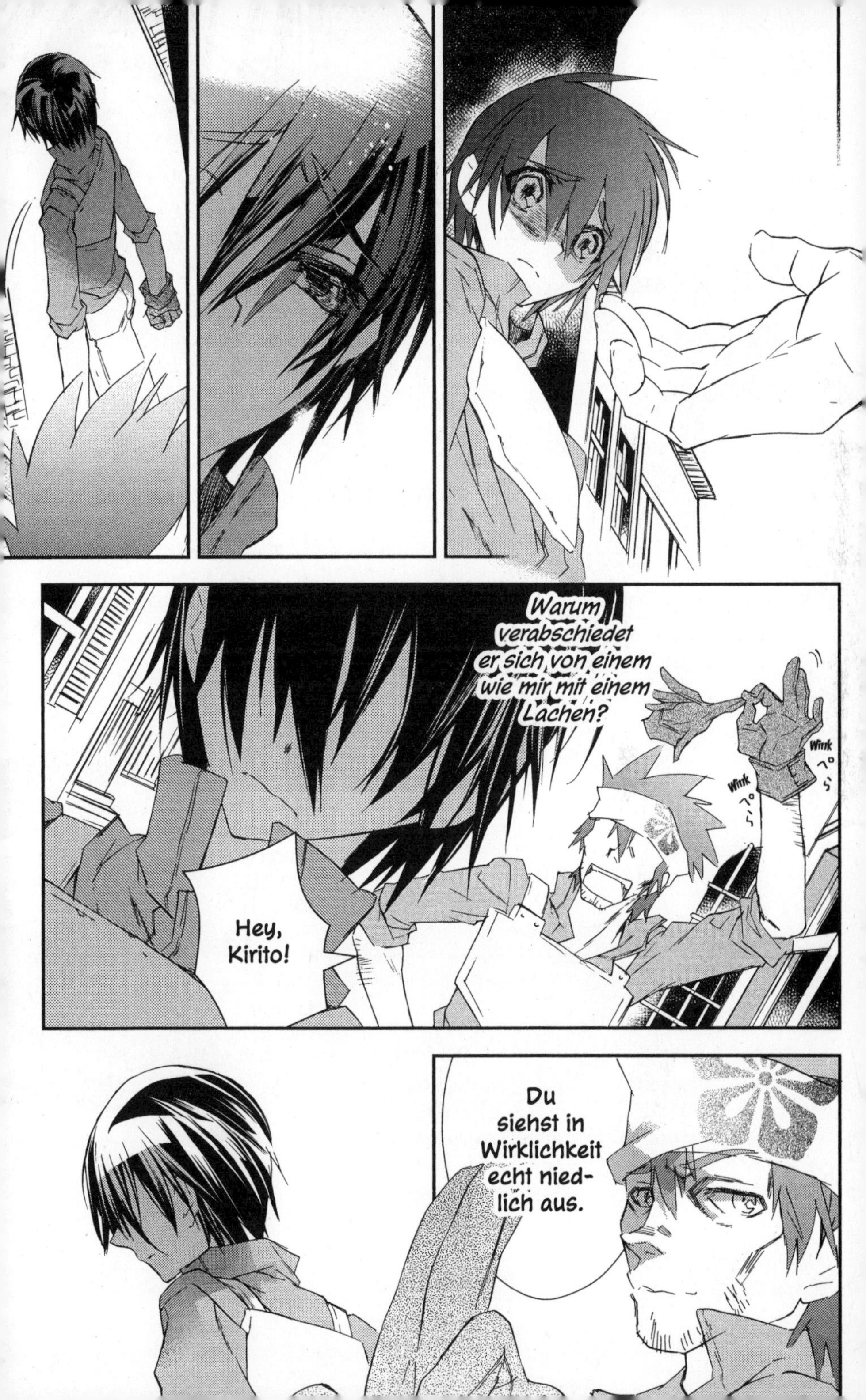
Warum verabschiedet er sich von einem wie mir mit einem Lachen?
Wink ぺら
Wink ぺら
Hey, Kirito!
Du siehst in Wirklichkeit echt nied-lich aus.

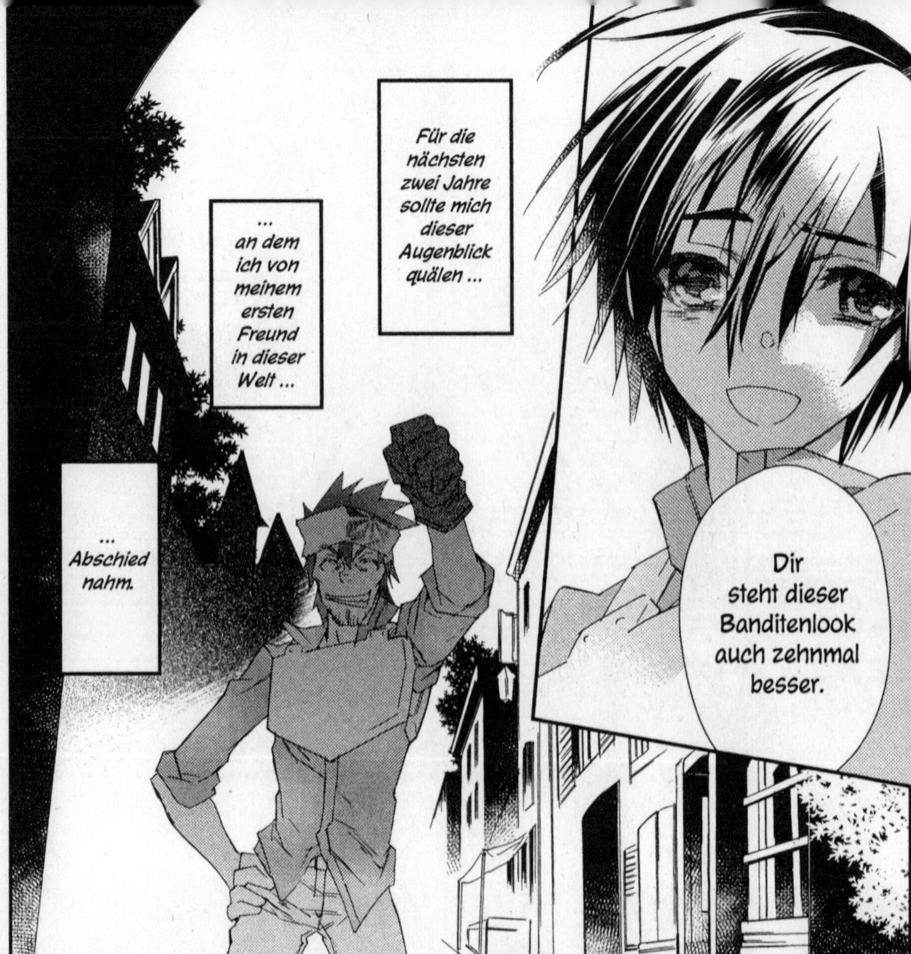

Innerhalb des ersten Monats nach Spielstart starben 2.000 der 10.000 Spieler.

Die Welt außerhalb des Spiels schien uns tatsächlich nicht helfen zu können.

Ich hab es selbst nicht mehr gesehen, aber in der Stadt soll bald darauf die nackte Panik ausgebrochen sein.

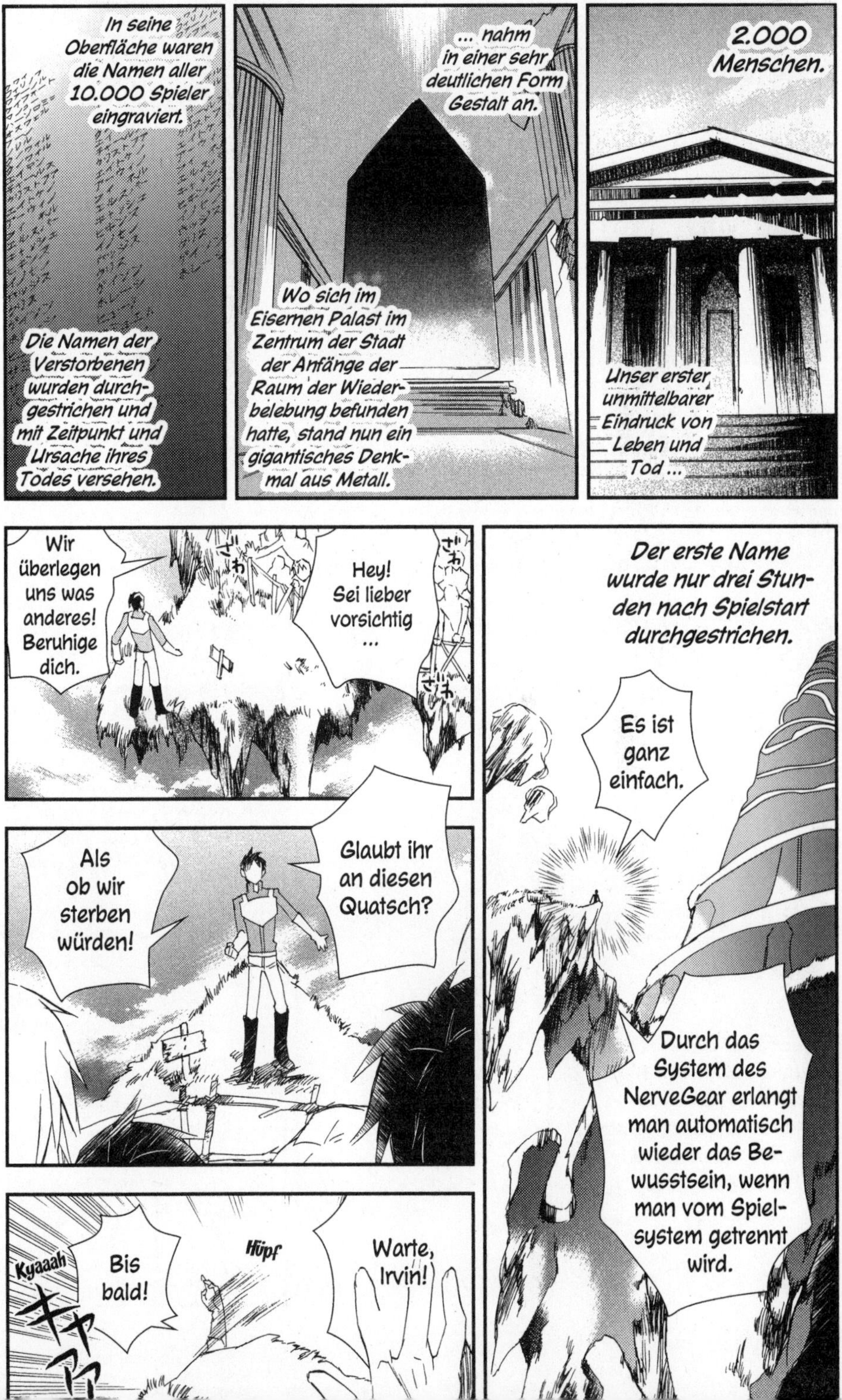
2.000 Menschen.
Unser erster unmittelbarer Eindruck von Leben und Tod ...
... nahm in einer sehr deutlichen Form Gestalt an.
Wo sich im Eisernen Palast im Zentrum der Stadt der Anfänge der Raum der Wiederbelebung befunden hatte, stand nun ein gigantisches Denkmal aus Metall.
In seine Oberfläche waren die Namen aller 10.000 Spieler eingraviert.
Die Namen der Verstorbenen wurden durchgestrichen und mit Zeitpunkt und Ursache ihres Todes versehen.
Der erste Name wurde nur drei Stunden nach Spielstart durchgestrichen.
Es ist ganz einfach.
Durch das System des NerveGear erlangt man automatisch wieder das Bewusstsein, wenn man vom Spielsystem getrennt wird.
Hey! Sei lieber vorsichtig ...
Wir überlegen uns was anderes! Beruhige dich.
Glaubt ihr an diesen Quatsch?
Als ob wir sterben würden!
Warte, Irvin!
Hüpf
Bis bald!
Kyaaah

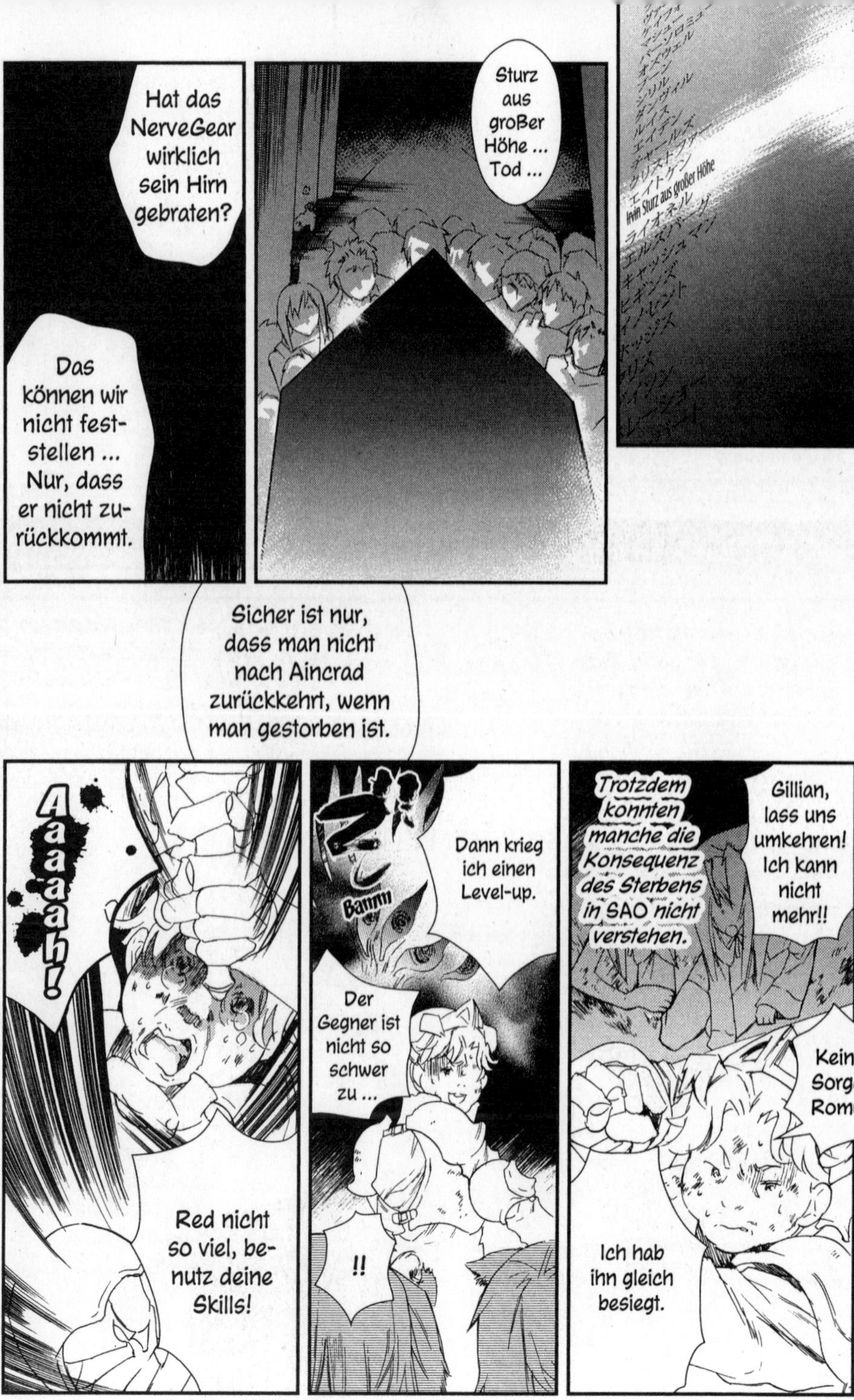

シリル
ルイス
チャールズ
クリストファー
エイトケン
Irvin Sturz aus großer Höhe
ライオネル
Sturz aus großer Höhe ... Tod ...
Hat das NerveGear wirklich sein Hirn gebraten?
Das können wir nicht feststellen ... Nur, dass er nicht zurückkommt.
Sicher ist nur, dass man nicht nach Aincrad zurückkehrt, wenn man gestorben ist.
Trotzdem konnten manche die Konsequenz des Sterbens in SAO nicht verstehen.
Gillian, lass uns umkehren! Ich kann nicht mehr!!
Keine Sorge, Romy!
Ich hab ihn gleich besiegt.
Dann krieg ich einen Level-up.
Bamm
Der Gegner ist nicht so schwer zu ...
!!
Aaaaah!
Red nicht so viel, benutz deine Skills!

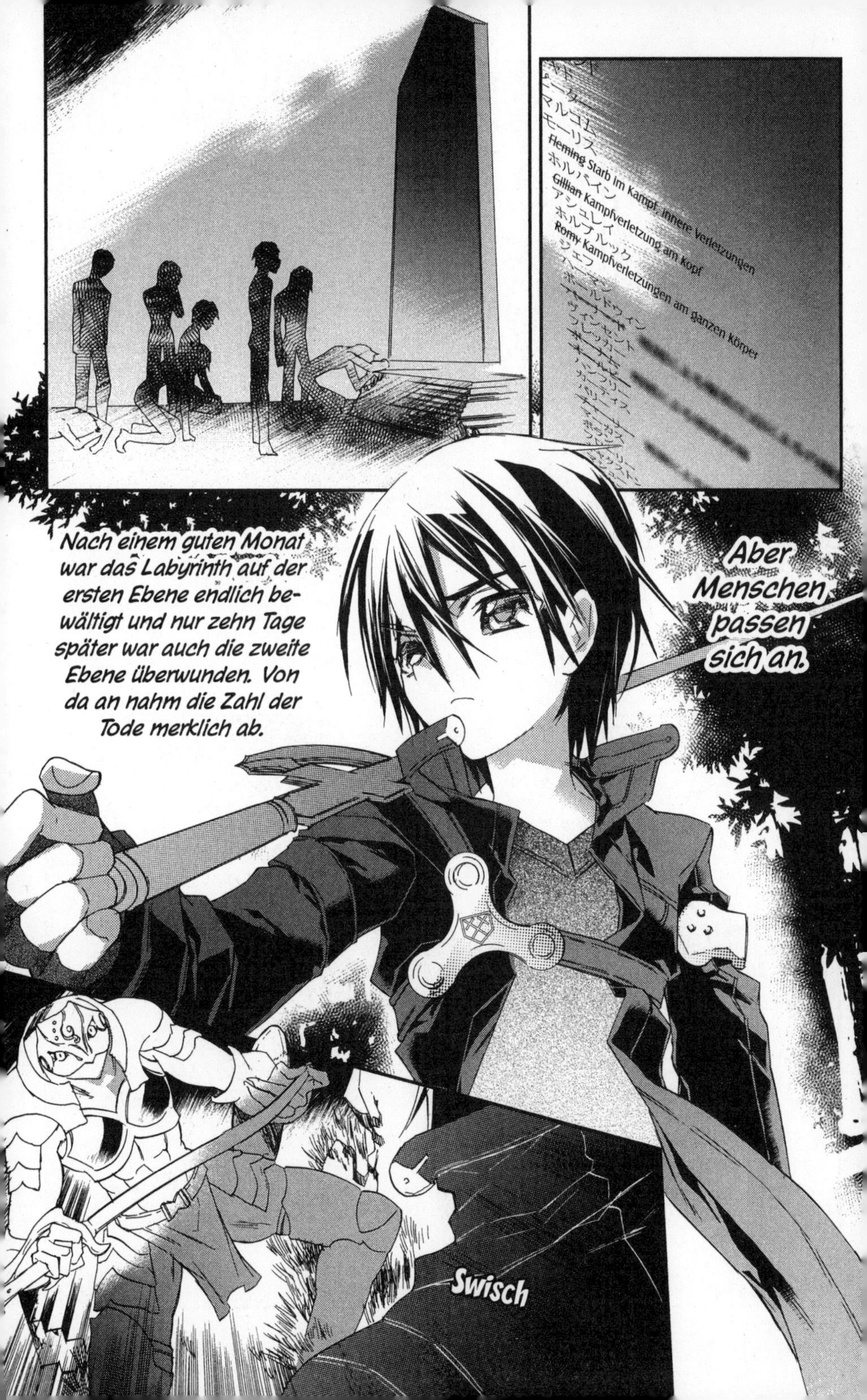
マルコム
モーリス
Fleming Starb im Kampf, innere Verletzungen
ホルバイン
Gillian Kampfverletzung am Kopf
アシュレイ
ホルブルック
Romy Kampfverletzungen am ganzen Körper
ジェフ
Aber Menschen passen sich an.
Nach einem guten Monat war das Labyrinth auf der ersten Ebene endlich bewältigt und nur zehn Tage später war auch die zweite Ebene überwunden. Von da an nahm die Zahl der Tode merklich ab.
Swisch

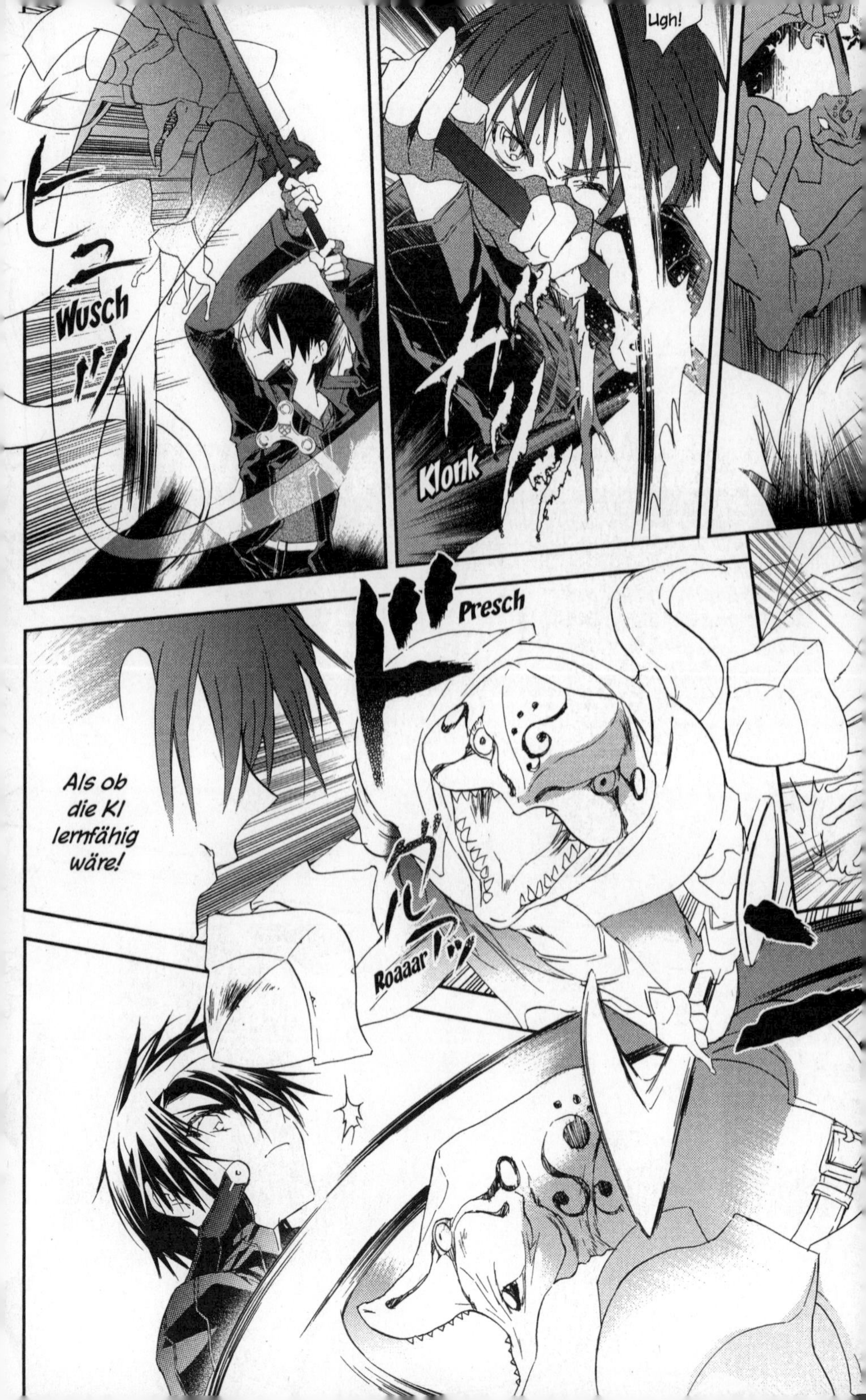
Ugh!
Klonk
Wusch
Presch
Als ob die KI lernfähig wäre!
Roaaar

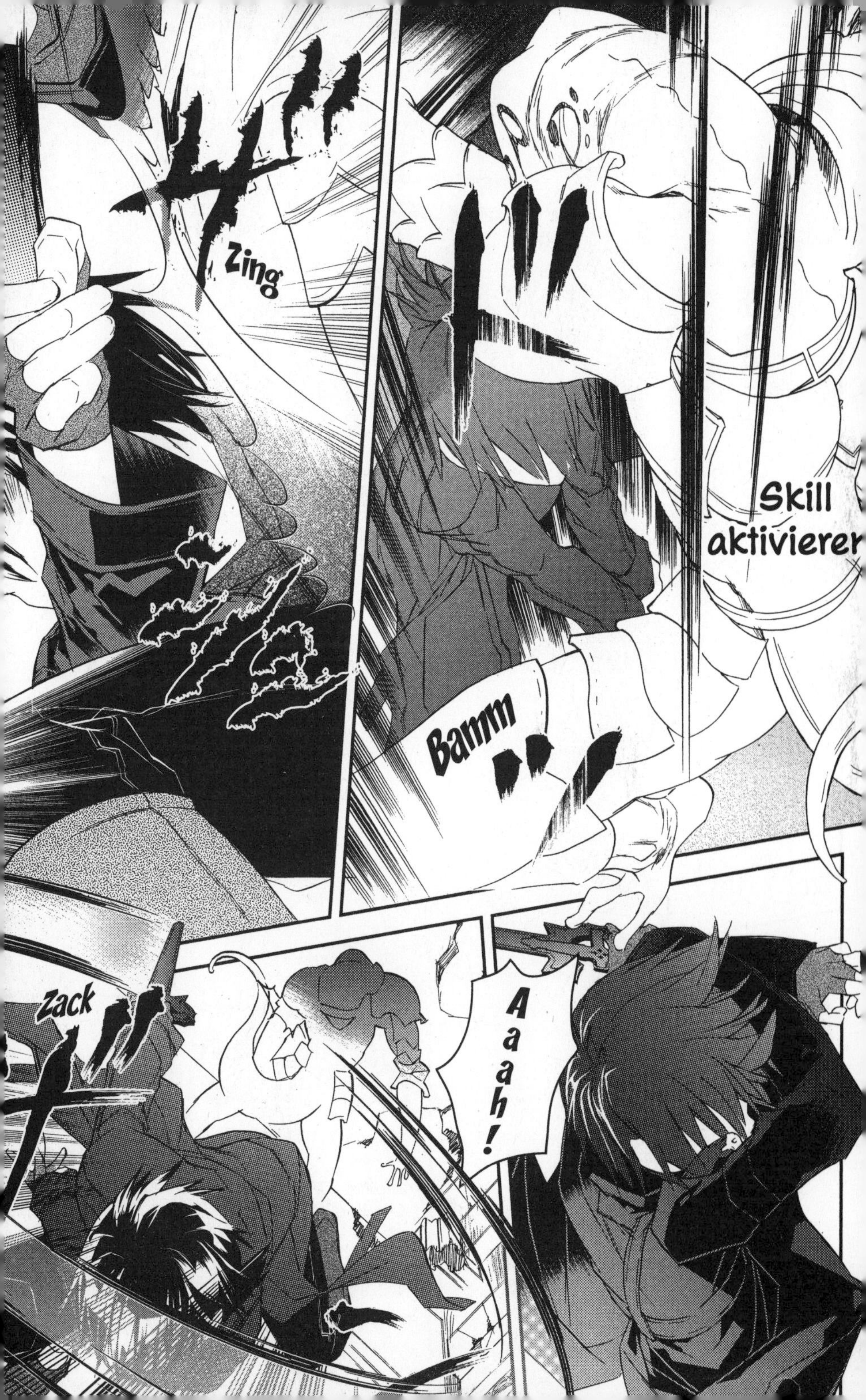
Zing
Skill aktivieren
Bamm
Aaaah!
Zack

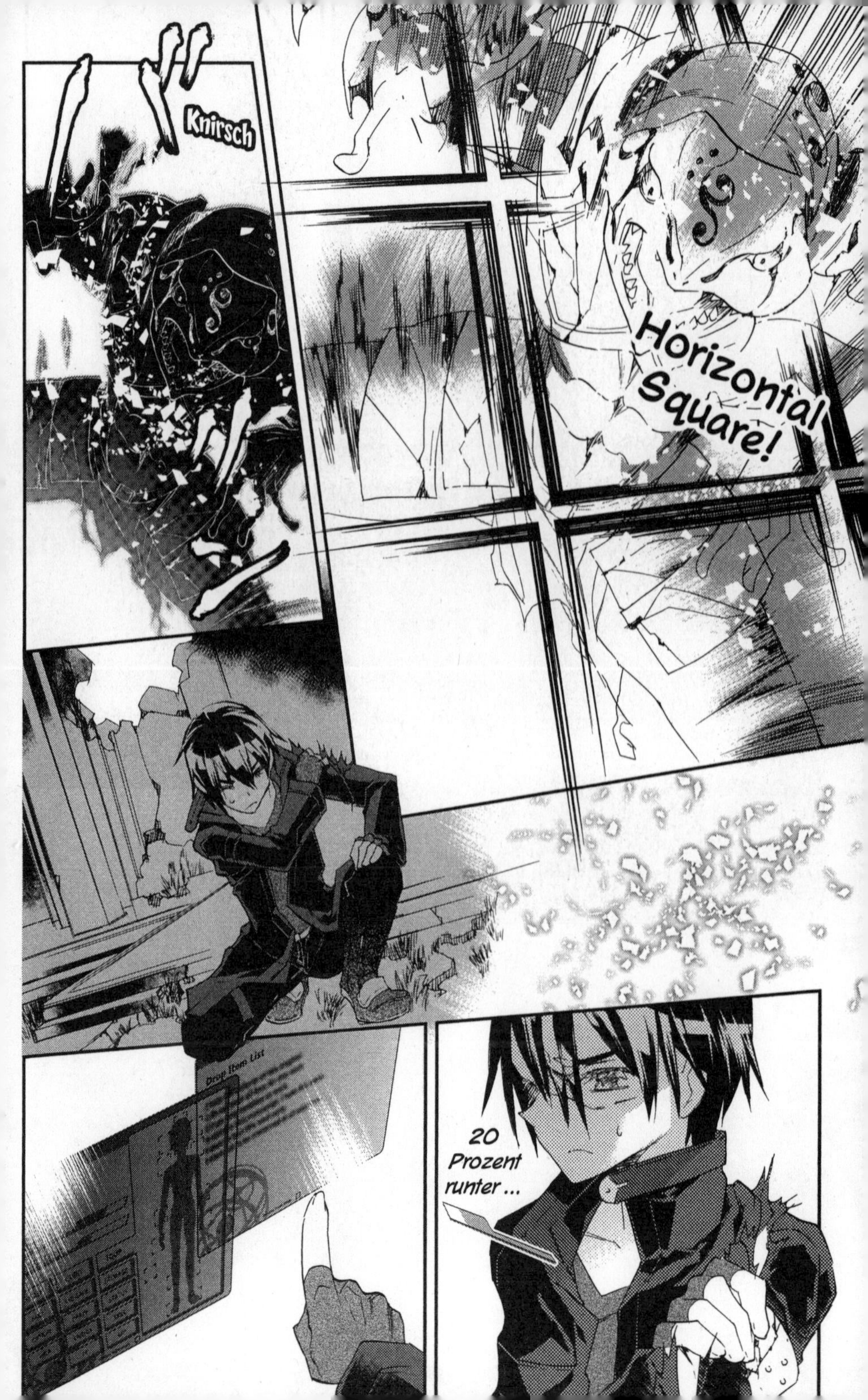
Horizontal Square!
Knirsch
20 Prozent runter ...
Drop Item List

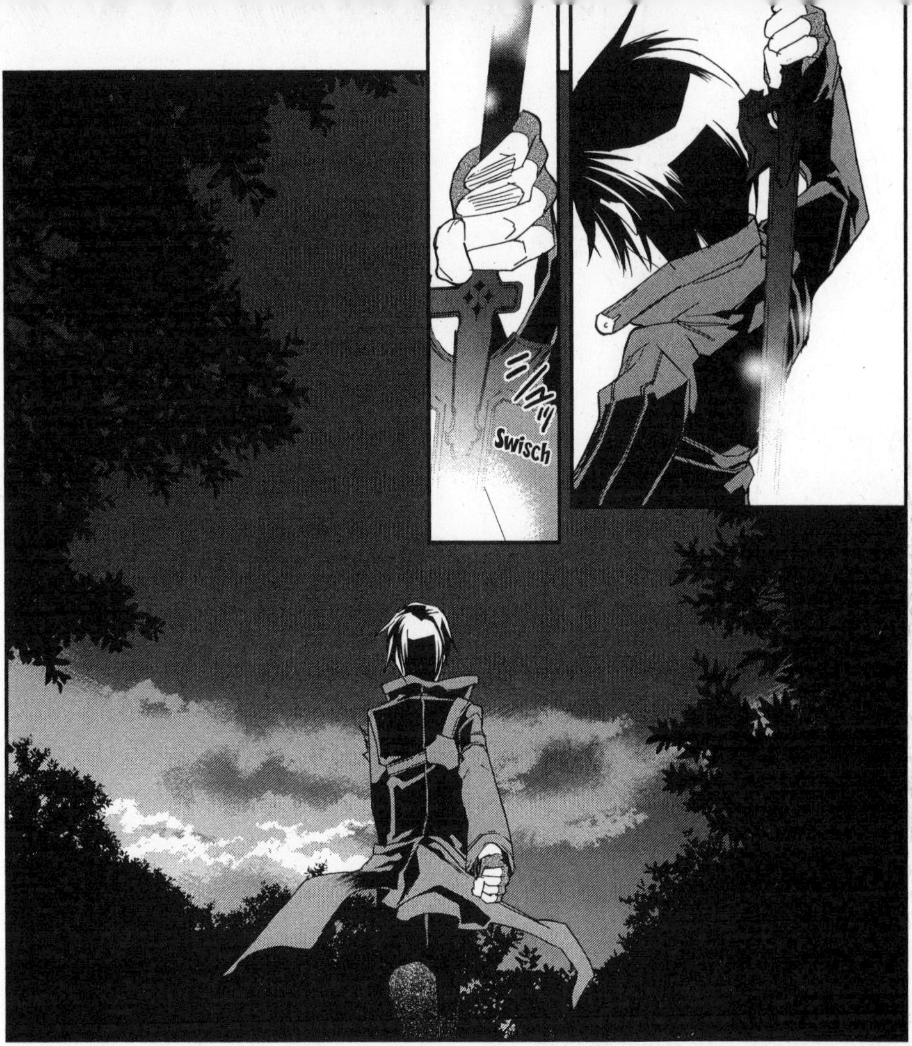

Zwei Jahre später … 26 Ebenen und 6.000 Spieler sind noch übrig.

Das ist die aktuelle Lage in Aincrad.

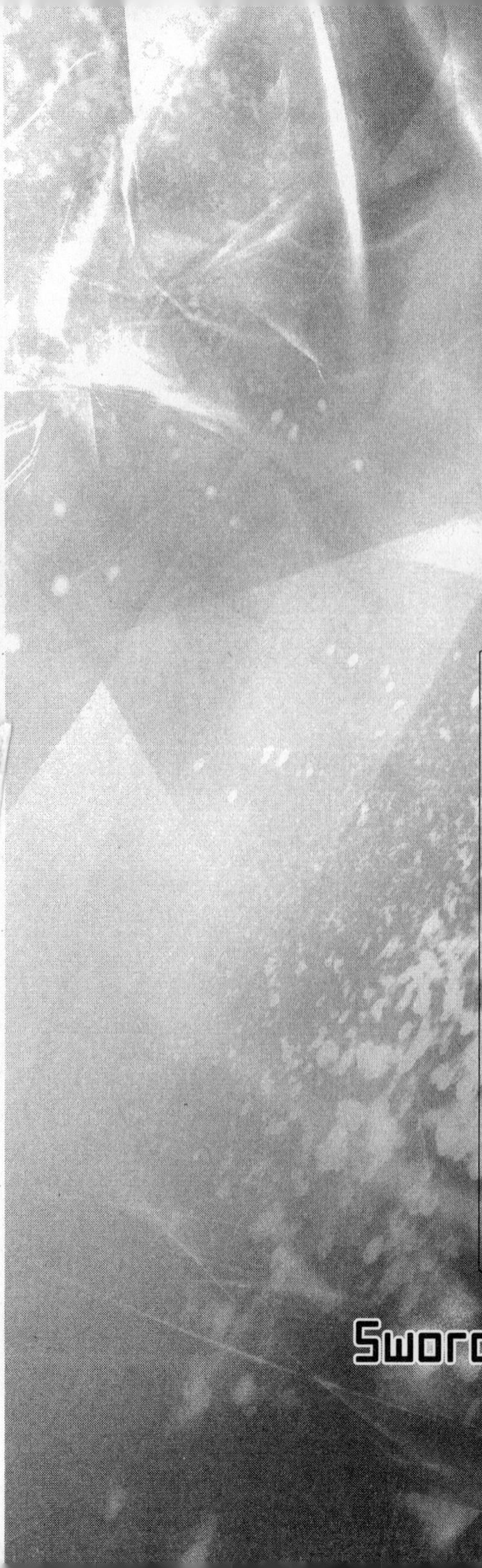

Charakter

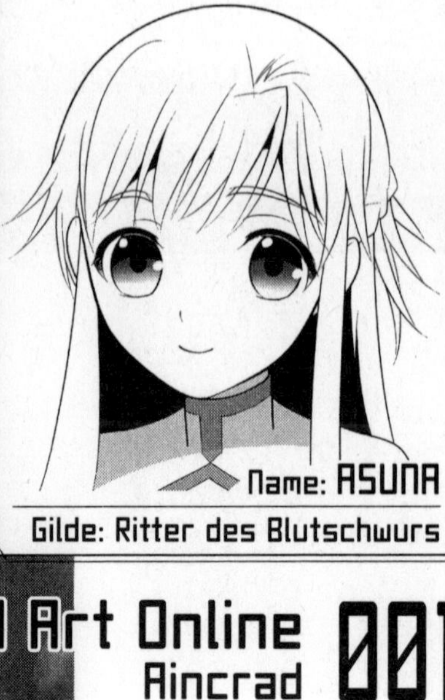

Name: ASUNA

Gilde: Ritter des Blutschwurs

Sword Art Online 001
Aincrad

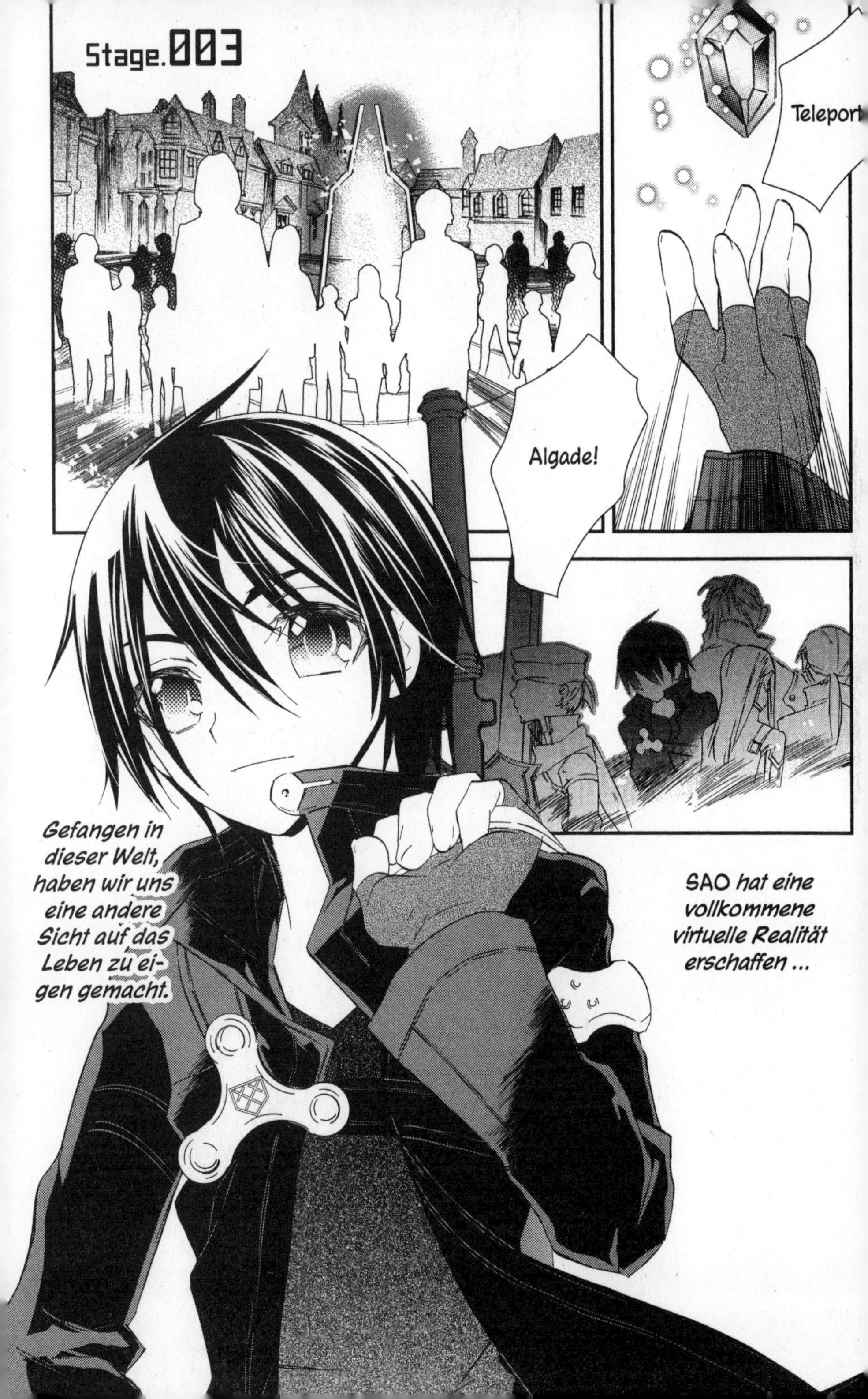
Stage.003
Teleport
Algade!
SAO hat eine vollkommene virtuelle Realität erschaffen ...
Gefangen in dieser Welt, haben wir uns eine andere Sicht auf das Leben zu eigen gemacht.

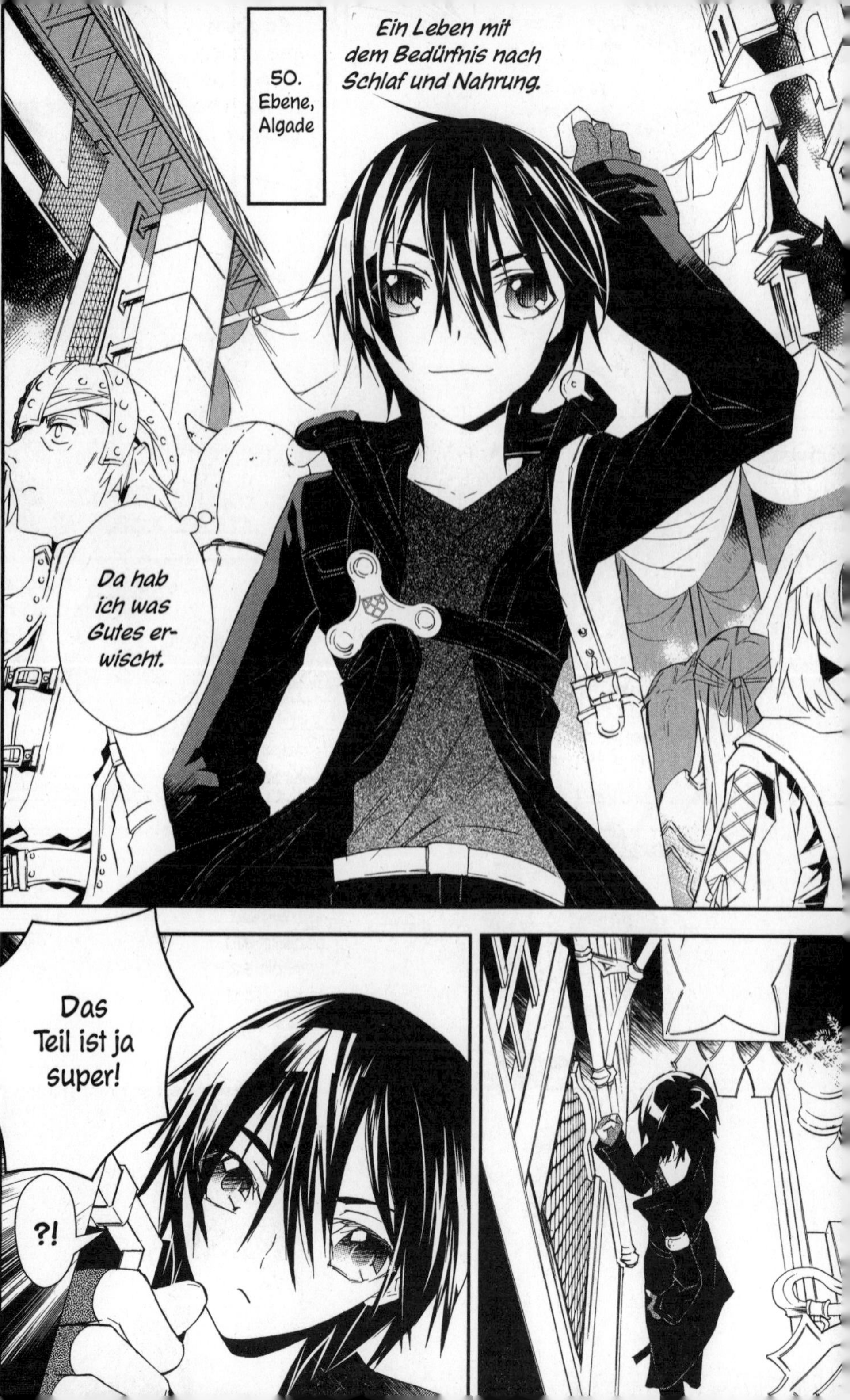

50. Ebene, Algade
Ein Leben mit dem Bedürfnis nach Schlaf und Nahrung.
Da hab ich was Gutes erwischt.
Das Teil ist ja super!
?!

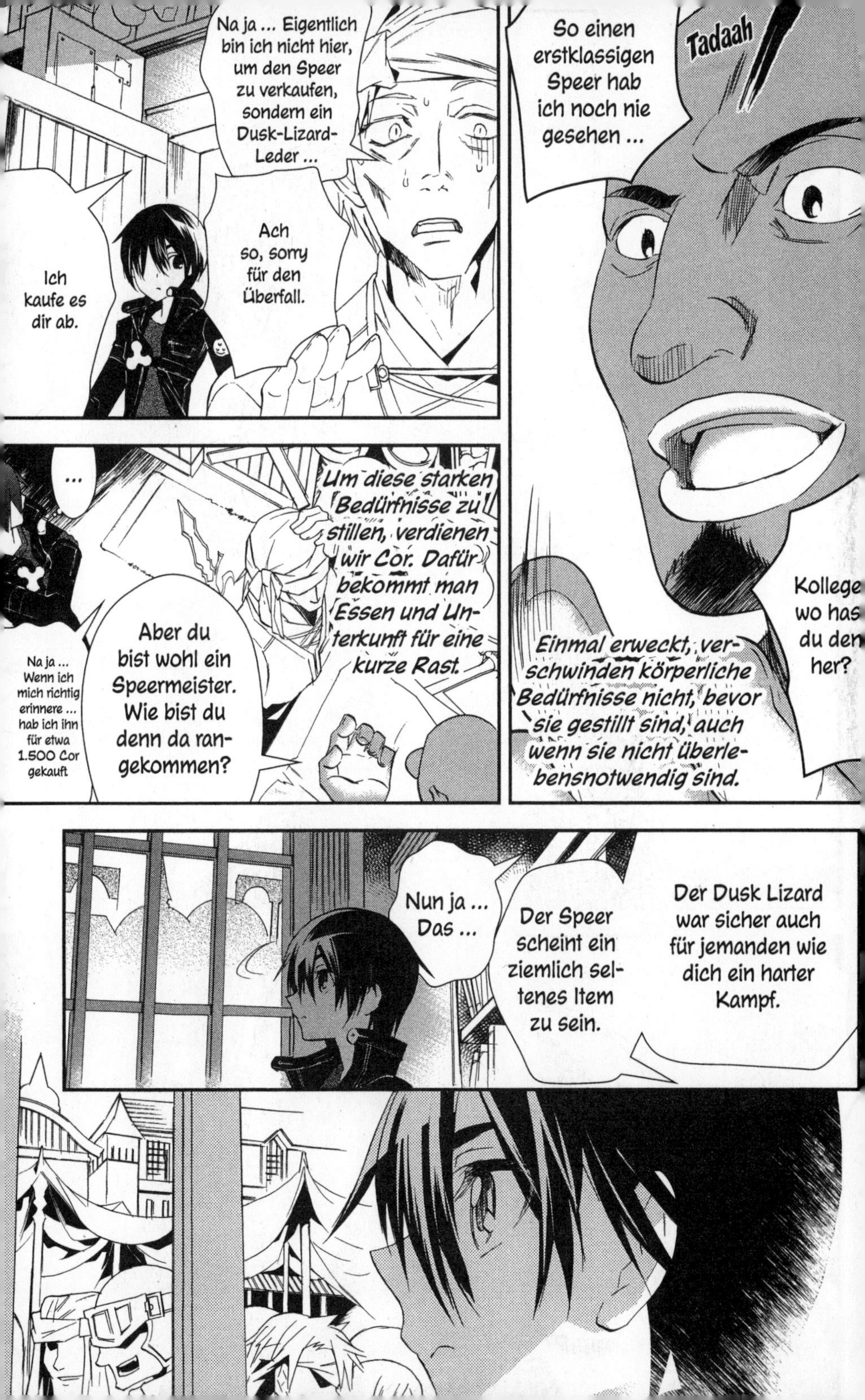
Tadaah
So einen erstklassigen Speer hab ich noch nie gesehen ...
Kollege wo has du den her?
Einmal erweckt, verschwinden körperliche Bedürfnisse nicht, bevor sie gestillt sind, auch wenn sie nicht überlebensnotwendig sind.
Na ja ... Eigentlich bin ich nicht hier, um den Speer zu verkaufen, sondern ein Dusk-Lizard-Leder ...
Ach so, sorry für den Überfall.
Ich kaufe es dir ab.
Um diese starken Bedürfnisse zu stillen, verdienen wir Cor. Dafür bekommt man Essen und Unterkunft für eine kurze Rast.
Aber du bist wohl ein Speermeister. Wie bist du denn da rangekommen?
...
Na ja ... Wenn ich mich richtig erinnere ... hab ich ihn für etwa 1.500 Cor gekauft
Der Dusk Lizard war sicher auch für jemanden wie dich ein harter Kampf.
Der Speer scheint ein ziemlich seltenes Item zu sein.
Nun ja ... Das ...

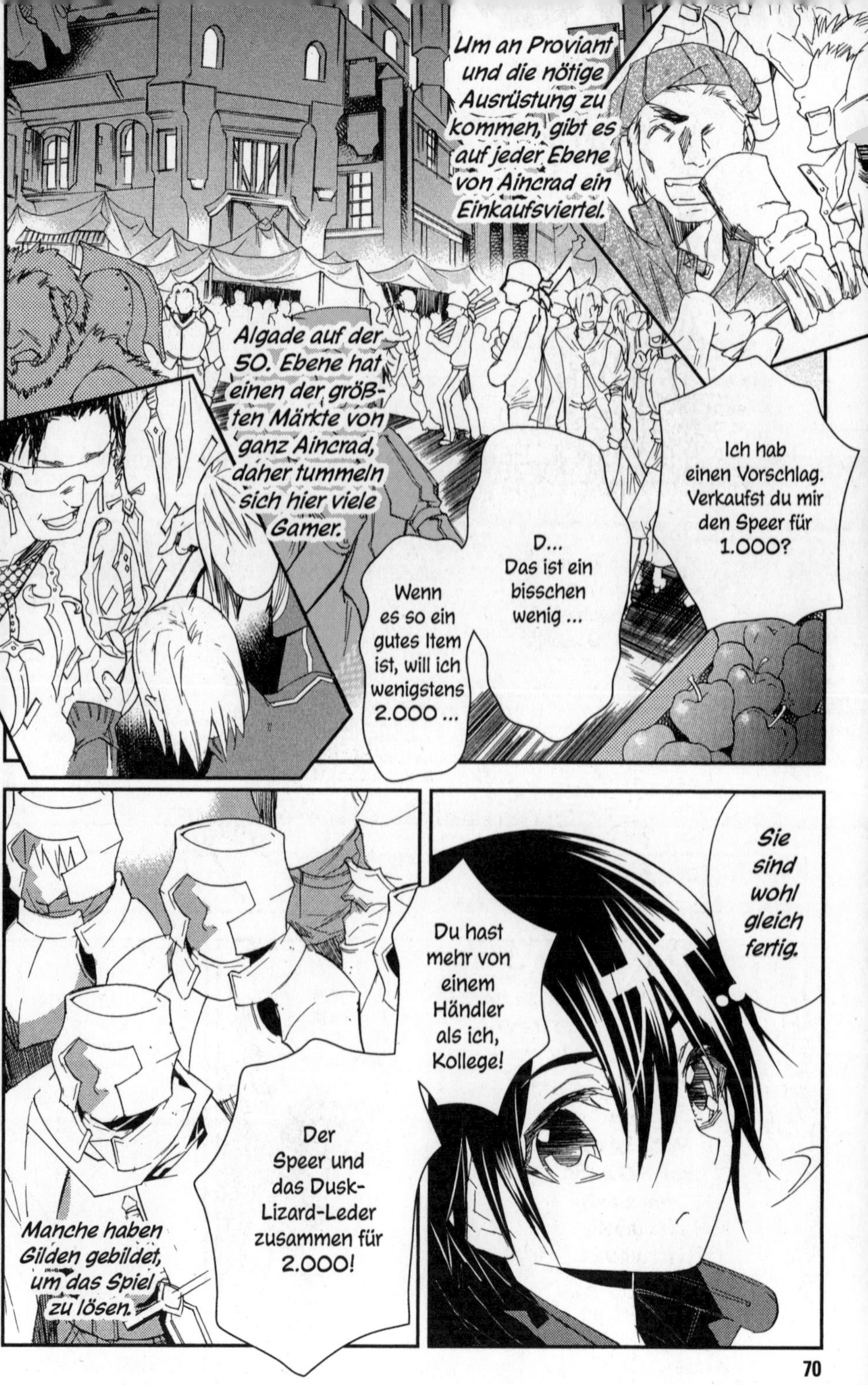
Um an Proviant und die nötige Ausrüstung zu kommen, gibt es auf jeder Ebene von Aincrad ein Einkaufsviertel.
Algade auf der 50. Ebene hat einen der größ-ten Märkte von ganz Aincrad, daher tummeln sich hier viele Gamer.
Ich hab einen Vorschlag. Verkaufst du mir den Speer für 1.000?
D... Das ist ein bisschen wenig ...
Wenn es so ein gutes Item ist, will ich wenigstens 2.000 ...
Sie sind wohl gleich fertig.
Du hast mehr von einem Händler als ich, Kollege!
Der Speer und das Dusk-Lizard-Leder zusammen für 2.000!
Manche haben Gilden gebildet, um das Spiel zu lösen.

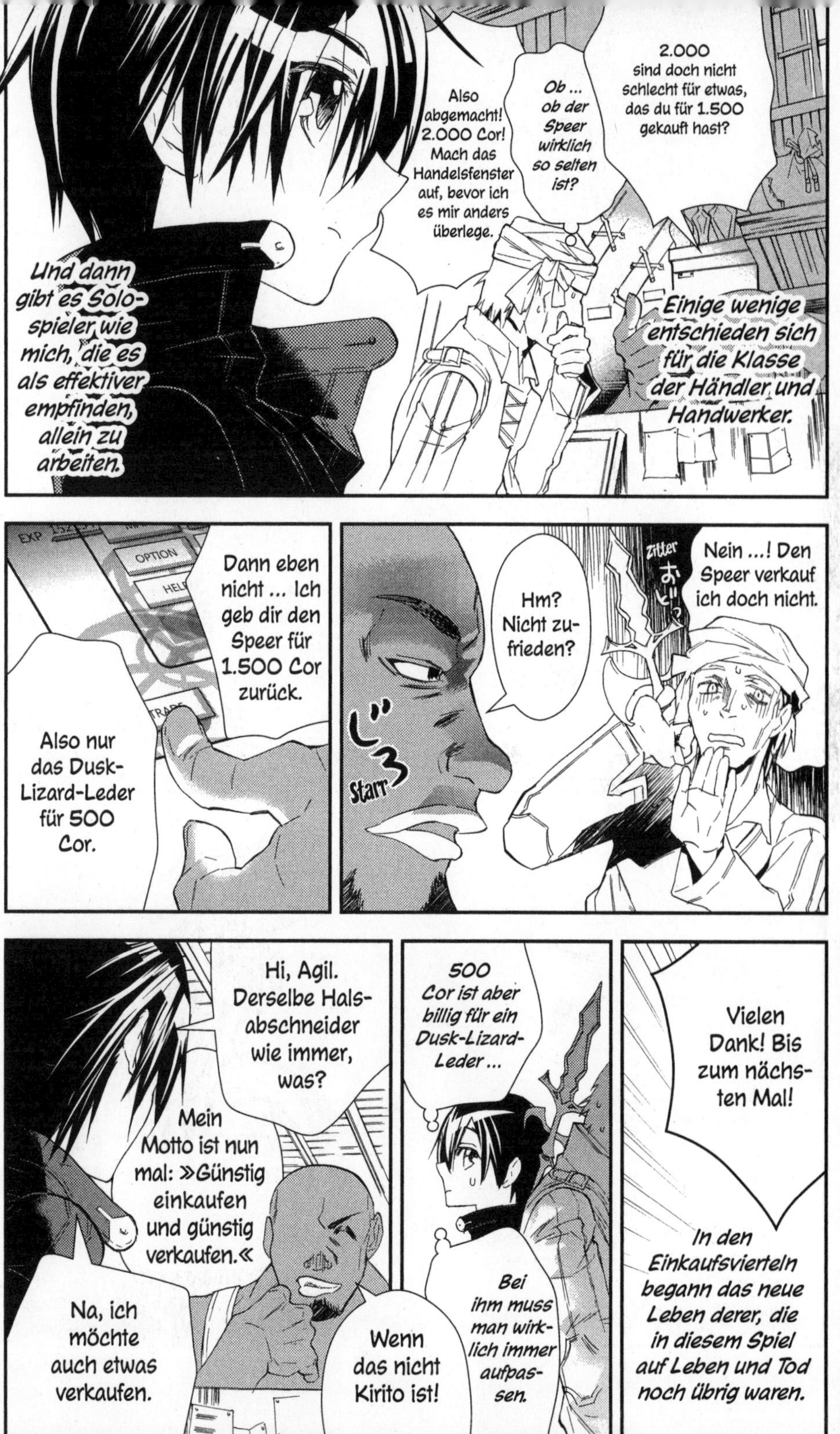
2.000 sind doch nicht schlecht für etwas, das du für 1.500 gekauft hast?
Ob ... ob der Speer wirklich so selten ist?
Also abgemacht! 2.000 Cor! Mach das Handelsfenster auf, bevor ich es mir anders überlege.
Einige wenige entschieden sich für die Klasse der Händler und Handwerker.
Und dann gibt es Solospieler wie mich, die es als effektiver empfinden, allein zu arbeiten.
Nein ...! Den Speer verkauf ich doch nicht.
Zitter
Hm? Nicht zufrieden?
Starr
Dann eben nicht ... Ich geb dir den Speer für 1.500 Cor zurück.
Also nur das Dusk-Lizard-Leder für 500 Cor.
Vielen Dank! Bis zum nächsten Mal!
In den Einkaufsvierteln begann das neue Leben derer, die in diesem Spiel auf Leben und Tod noch übrig waren.
500 Cor ist aber billig für ein Dusk-Lizard-Leder ...
Bei ihm muss man wirklich immer aufpassen.
Hi, Agil. Derselbe Halsabschneider wie immer, was?
Mein Motto ist nun mal: »Günstig einkaufen und günstig verkaufen.«
Wenn das nicht Kirito ist!
Na, ich möchte auch etwas verkaufen.

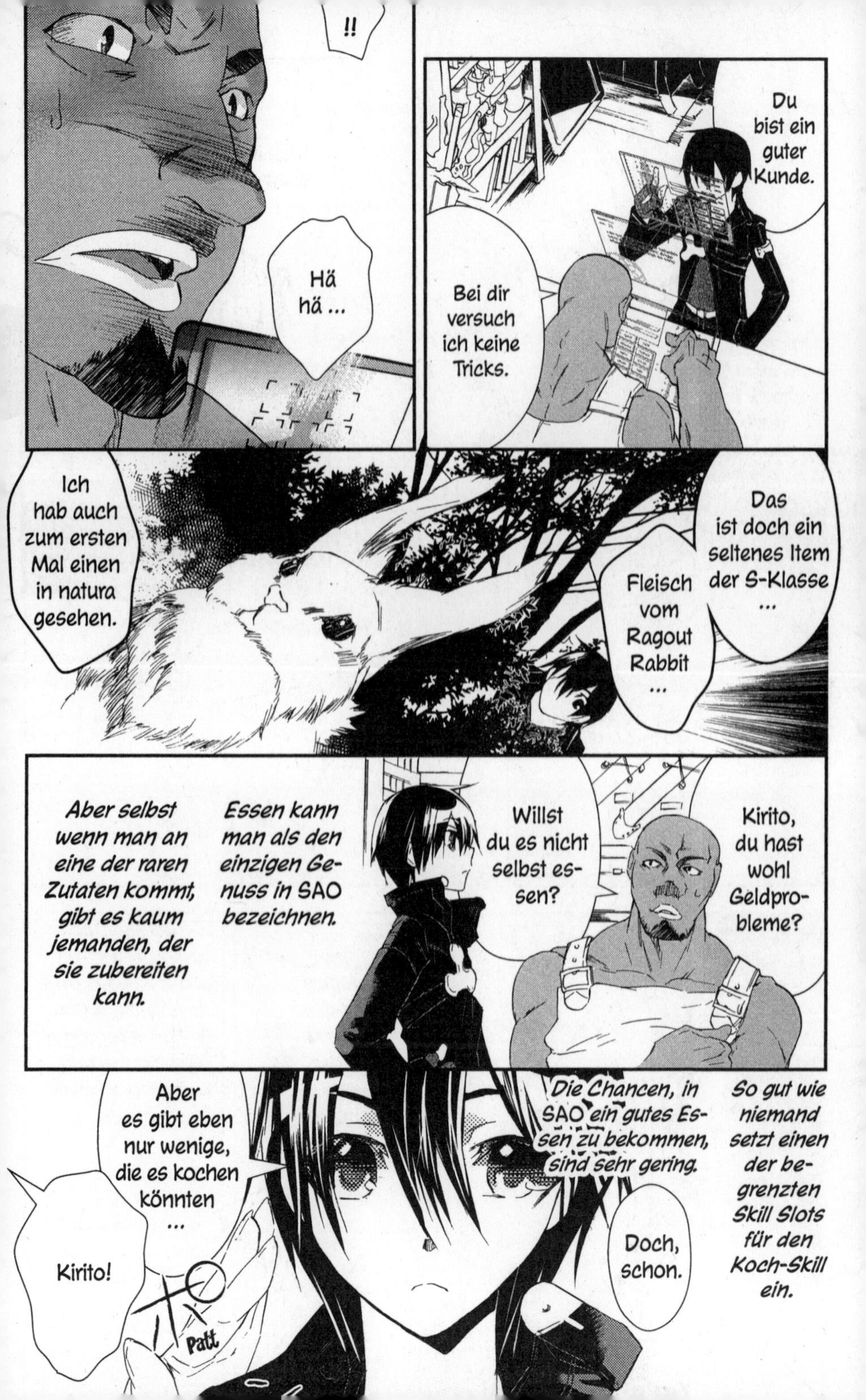
Du bist ein guter Kunde.
Bei dir versuch ich keine Tricks.
!!
Hä hä ...
Das ist doch ein seltenes Item der S-Klasse ...
Fleisch vom Ragout Rabbit ...
Ich hab auch zum ersten Mal einen in natura gesehen.
Kirito, du hast wohl Geldprobleme?
Willst du es nicht selbst essen?
Essen kann man als den einzigen Genuss in SAO bezeichnen.
Aber selbst wenn man an eine der raren Zutaten kommt, gibt es kaum jemanden, der sie zubereiten kann.
So gut wie niemand setzt einen der begrenzten Skill Slots für den Koch-Skill ein.
Die Chancen, in SAO ein gutes Essen zu bekommen, sind sehr gering.
Doch, schon.
Aber es gibt eben nur wenige, die es kochen könnten ...
Kirito!
Patt

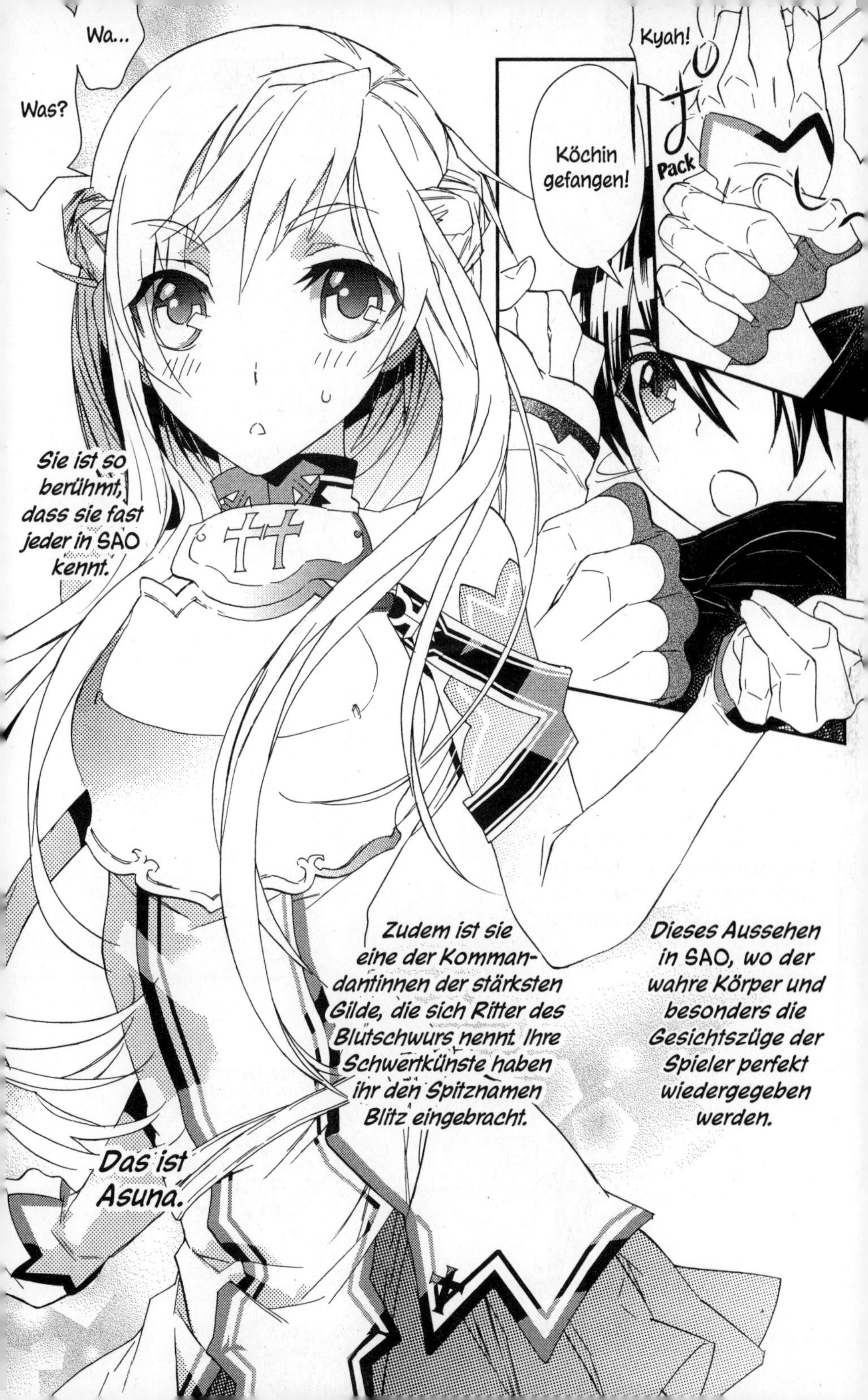
Kyah!
Pack
Köchin gefangen!
Wa...
Was?
Sie ist so berühmt, dass sie fast jeder in SAO kennt.
Dieses Aussehen in SAO, wo der wahre Körper und besonders die Gesichtszüge der Spieler perfekt wiedergegeben werden.
Zudem ist sie eine der Kommandantinnen der stärksten Gilde, die sich Ritter des Blutschwurs nennt. Ihre Schwertkünste haben ihr den Spitznamen Blitz eingebracht.
Das ist Asuna.

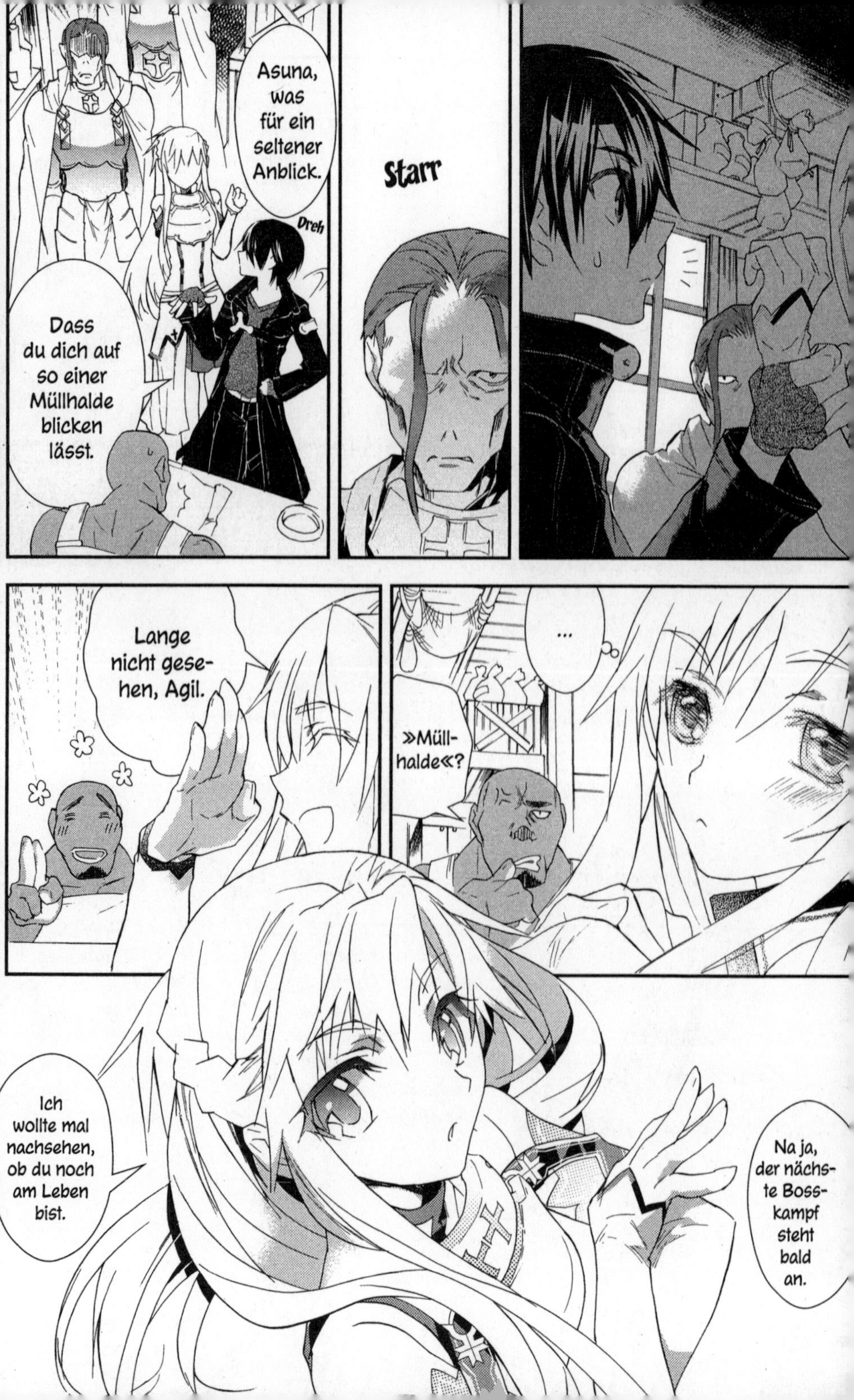
Asuna, was für ein seltener Anblick.
Dreh
Dass du dich auf so einer Müllhalde blicken lässt.
Starr
...
»Müllhalde«?
Lange nicht gesehen, Agil.
Na ja, der nächste Bosskampf steht bald an.
Ich wollte mal nachsehen, ob du noch am Leben bist.

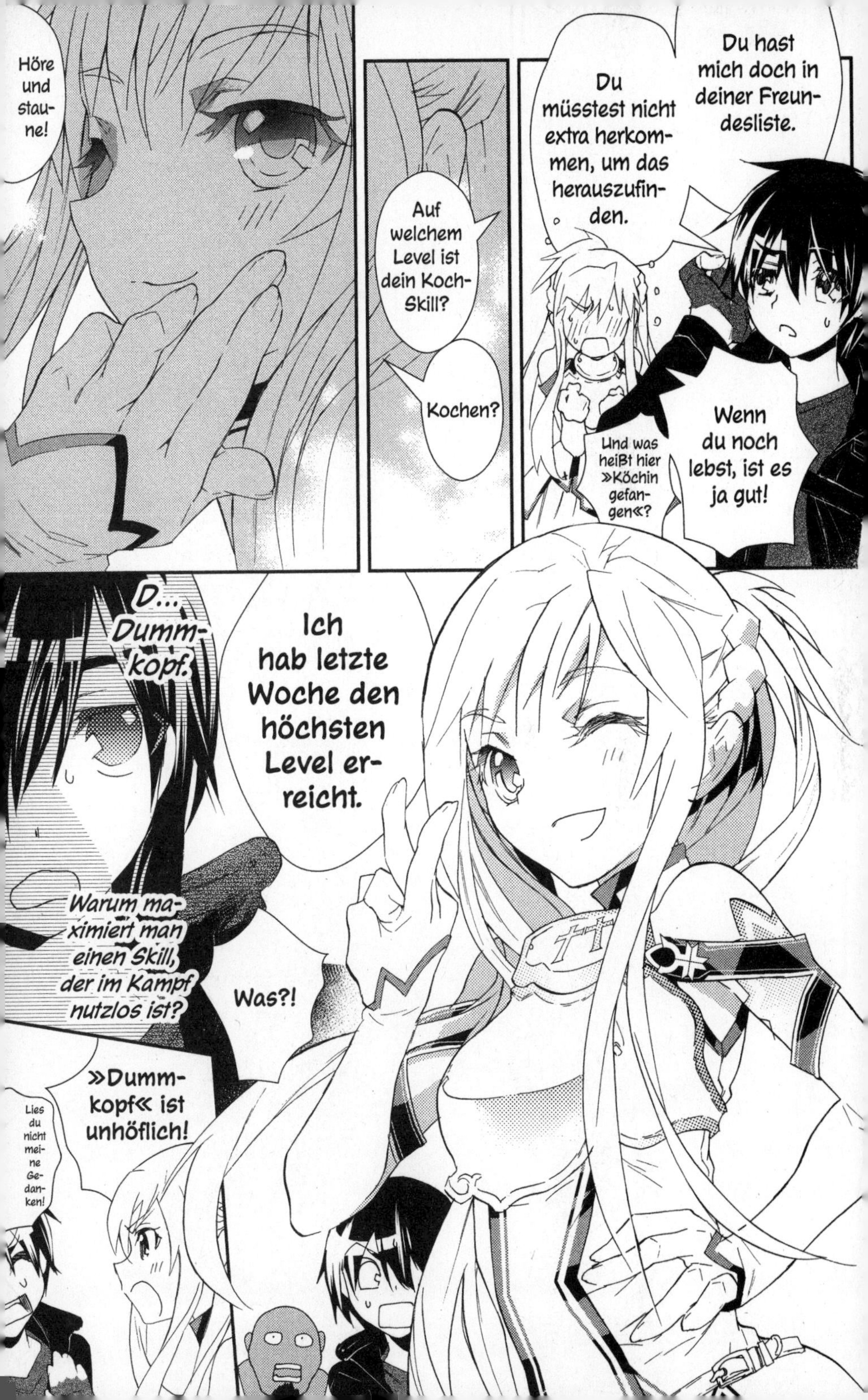
Du hast mich doch in deiner Freundesliste.
Du müsstest nicht extra herkommen, um das herauszufinden.
Wenn du noch lebst, ist es ja gut!
Und was heißt hier »Köchin gefangen«?
Auf welchem Level ist dein Koch-Skill?
Kochen?
Höre und staune!
Ich hab letzte Woche den höchsten Level erreicht.
D... Dummkopf.
Warum maximiert man einen Skill, der im Kampf nutzlos ist?
Was?!
»Dummkopf« ist unhöflich!
Lies du nicht meine Gedanken!

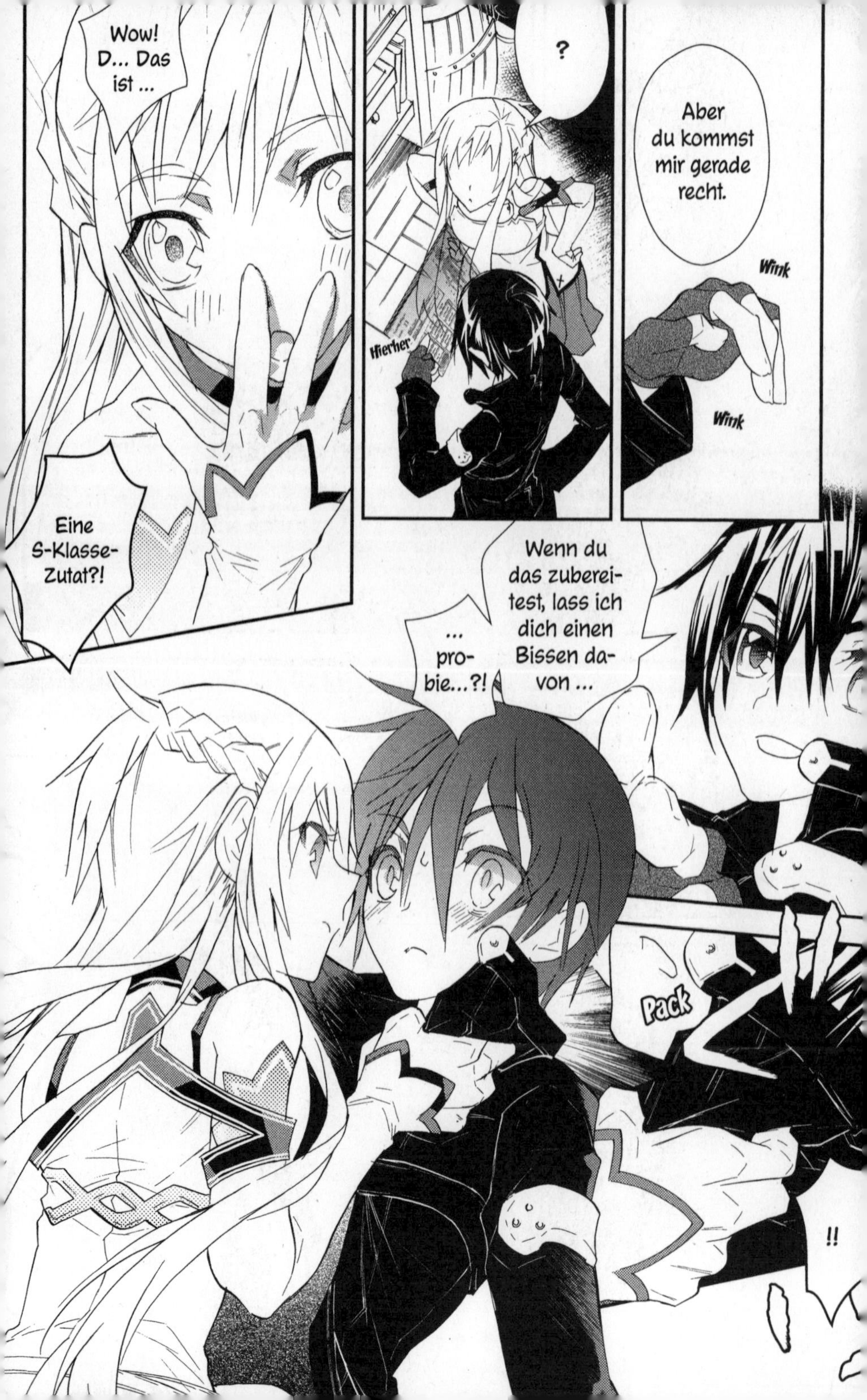
?
Aber du kommst mir gerade recht.
Wink
Wink
Hierher
Wow! D... Das ist ...
Eine S-Klasse-Zutat?!
Wenn du das zuberei- test, lass ich dich einen Bissen da- von ...
... pro- bie...?!
Pack
!!

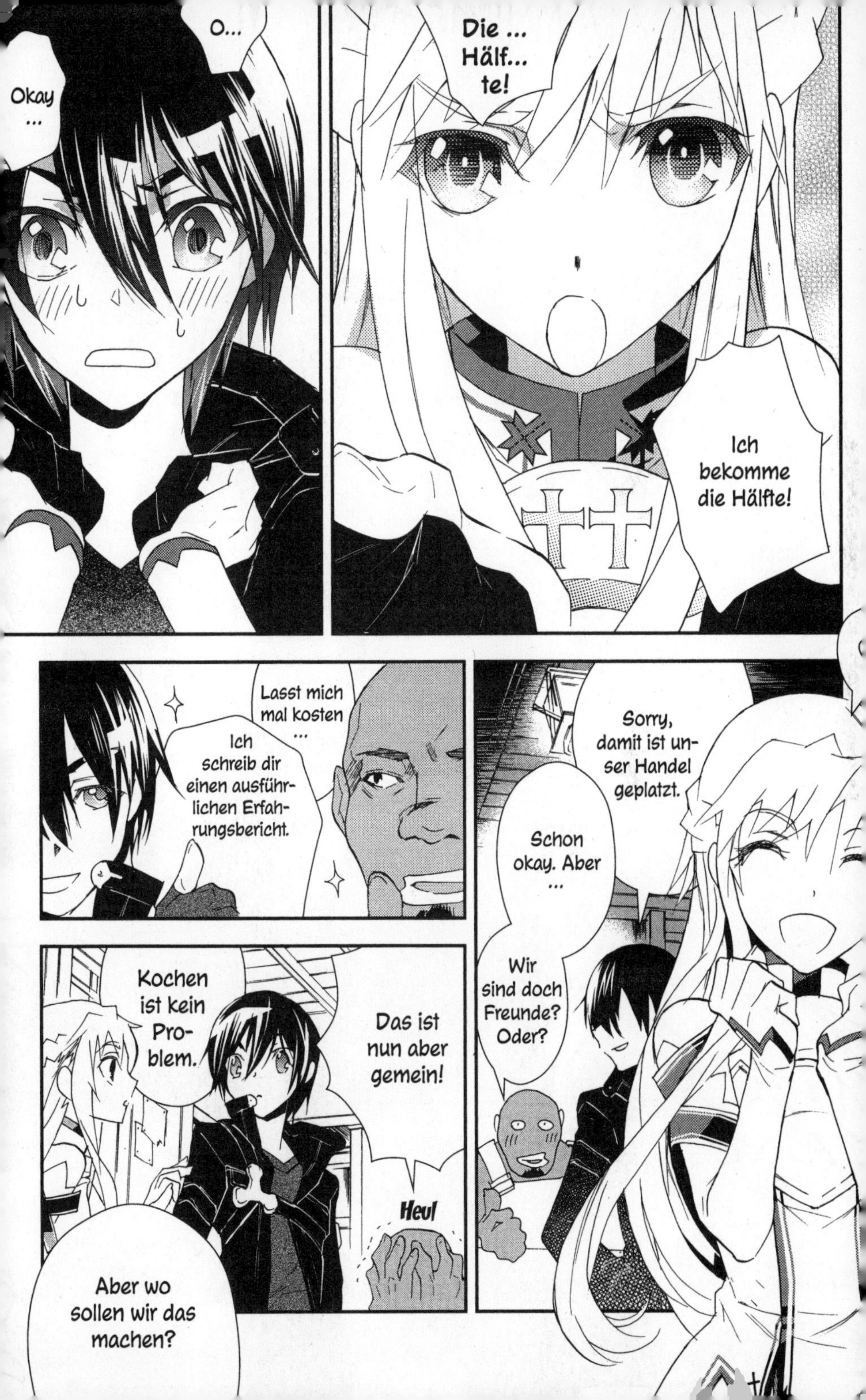
Die ... Hälf... te!
Ich bekomme die Hälfte!
O...
Okay ...
Sorry, damit ist unser Handel geplatzt.
Schon okay. Aber ...
Wir sind doch Freunde? Oder?
Lasst mich mal kosten ...
Ich schreib dir einen ausführlichen Erfahrungsbericht.
Das ist nun aber gemein!
Heul
Kochen ist kein Problem.
Aber wo sollen wir das machen?

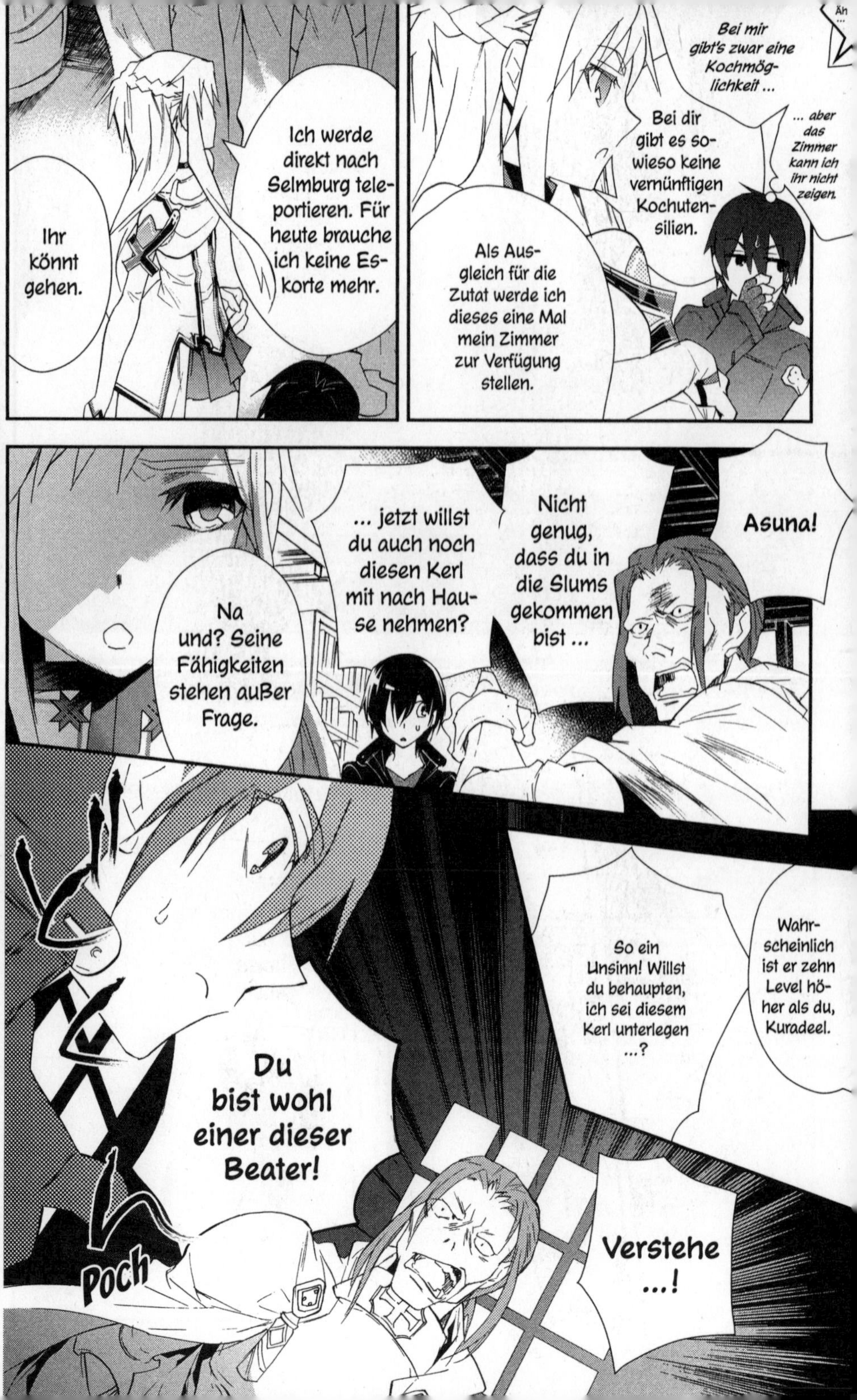
Äh ...
Bei mir gibt's zwar eine Kochmöglichkeit ...
... aber das Zimmer kann ich ihr nicht zeigen.
Bei dir gibt es sowieso keine vernünftigen Kochutensilien.
Als Ausgleich für die Zutat werde ich dieses eine Mal mein Zimmer zur Verfügung stellen.
Ich werde direkt nach Selmburg teleportieren. Für heute brauche ich keine Eskorte mehr.
Ihr könnt gehen.
Asuna!
Nicht genug, dass du in die Slums gekommen bist ...
... jetzt willst du auch noch diesen Kerl mit nach Hause nehmen?
Na und? Seine Fähigkeiten stehen außer Frage.
Wahrscheinlich ist er zehn Level höher als du, Kuradeel.
So ein Unsinn! Willst du behaupten, ich sei diesem Kerl unterlegen ...?
Verstehe ...!
Du bist wohl einer dieser Beater!
Poch

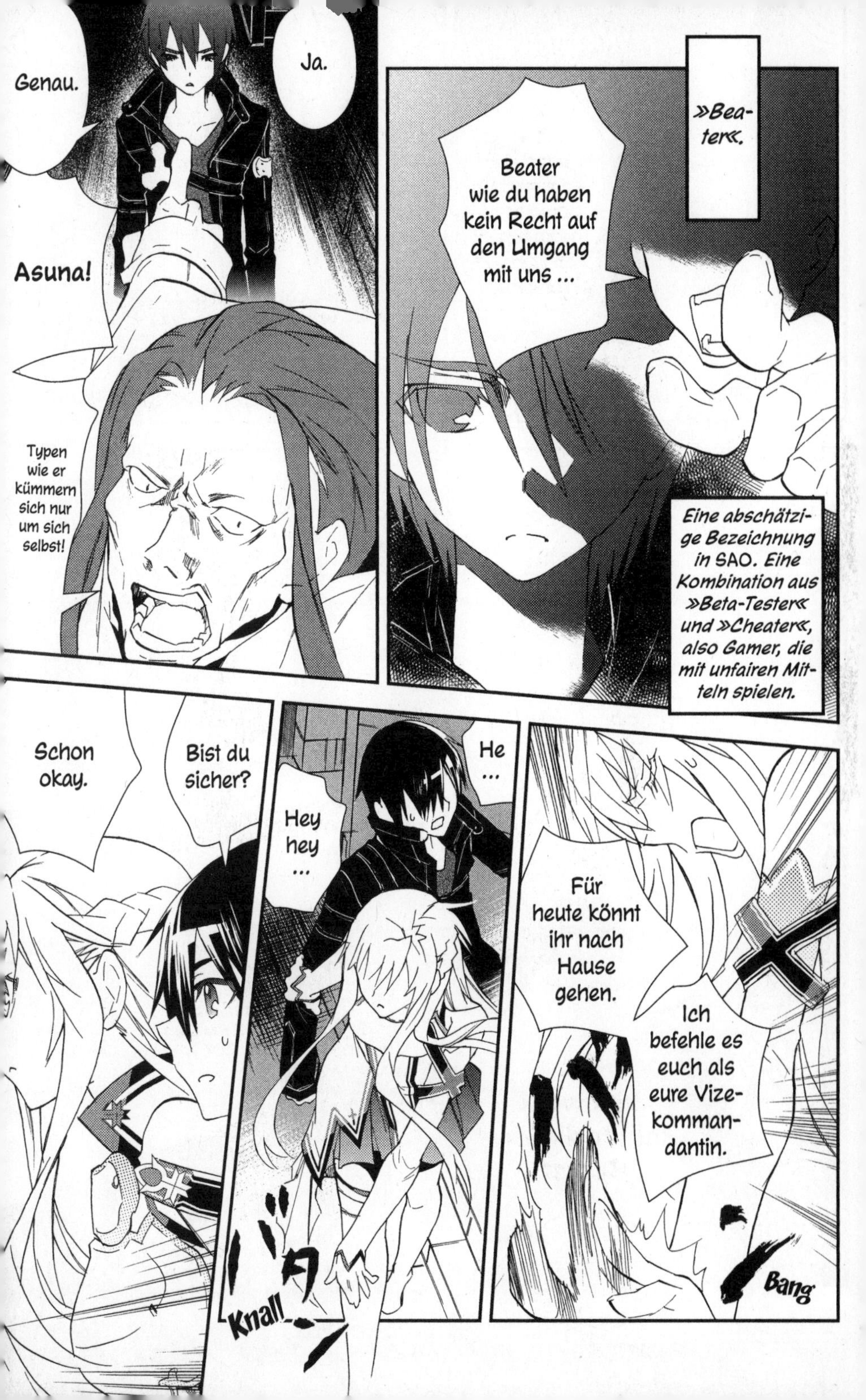
»Beater«.
Beater wie du haben kein Recht auf den Umgang mit uns ...
Eine abschätzige Bezeichnung in SAO. Eine Kombination aus »Beta-Tester« und »Cheater«, also Gamer, die mit unfairen Mitteln spielen.
Ja.
Genau.
Asuna!
Typen wie er kümmern sich nur um sich selbst!
Für heute könnt ihr nach Hause gehen.
Ich befehle es euch als eure Vizekommandantin.
Bang
He ...
Hey hey ...
Knall
Bist du sicher?
Schon okay.

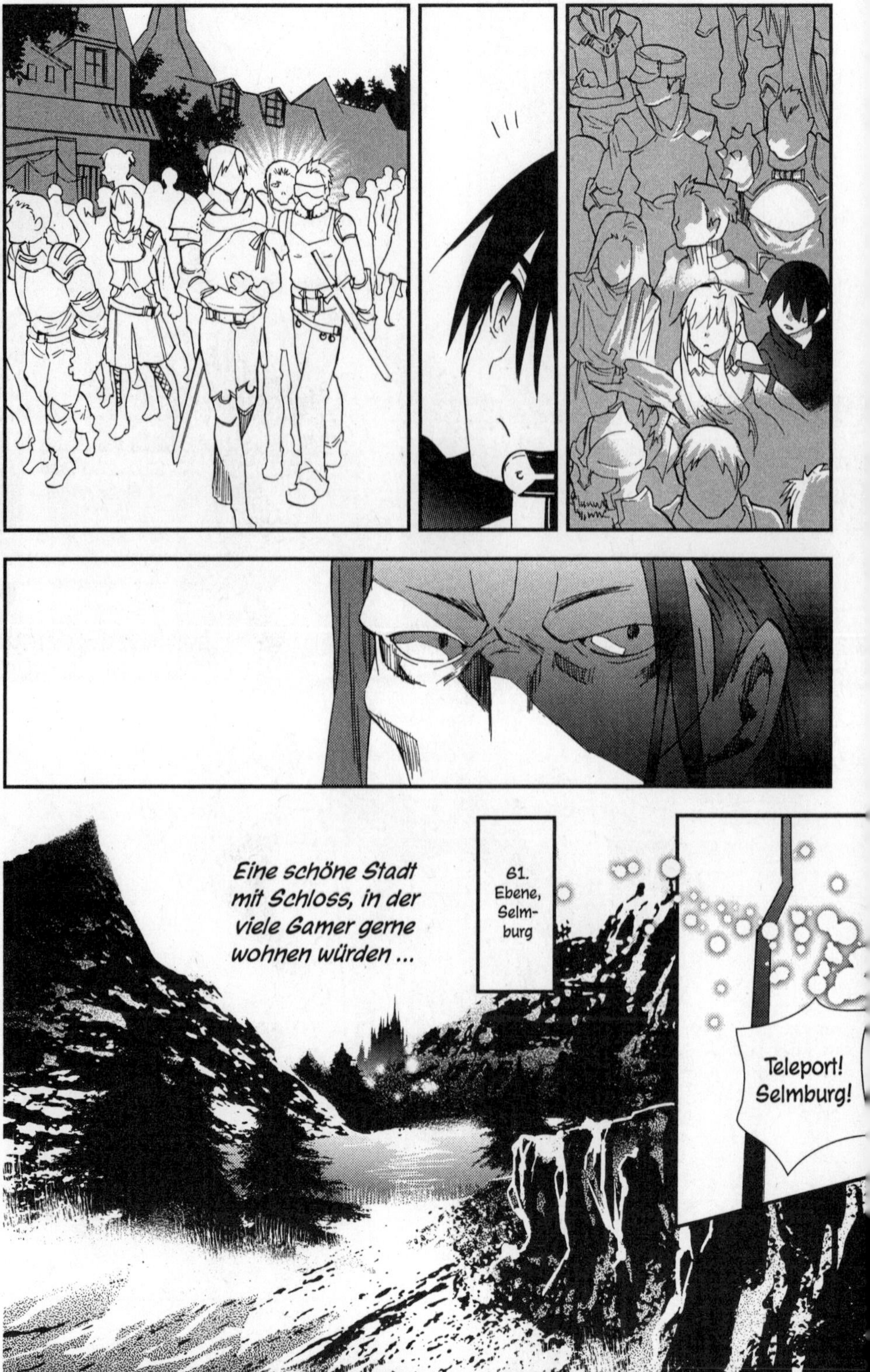
Teleport! Selmburg!
61. Ebene, Selmburg
Eine schöne Stadt mit Schloss, in der viele Gamer gerne wohnen würden ...

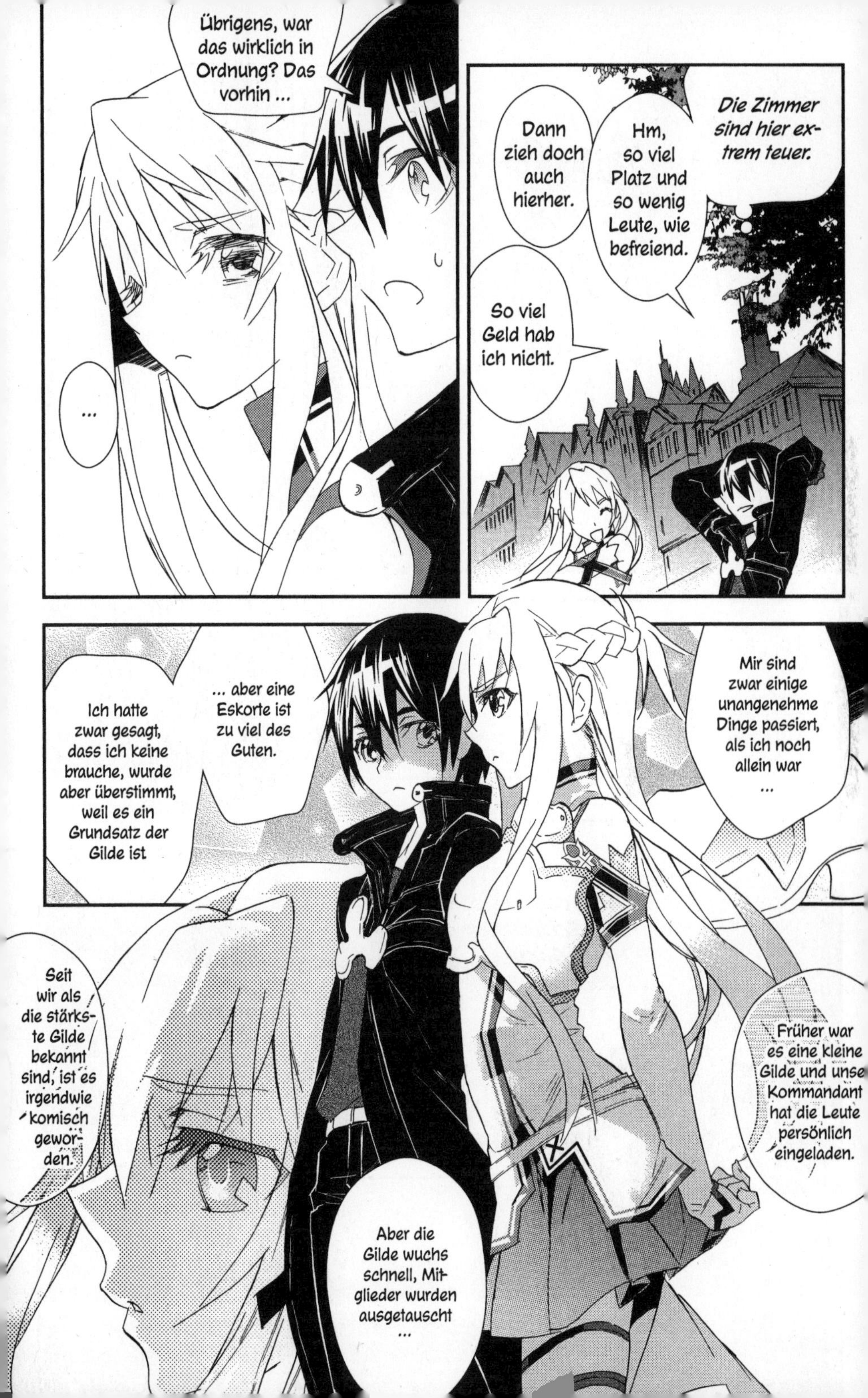
Die Zimmer sind hier extrem teuer.
Hm, so viel Platz und so wenig Leute, wie befreiend.
Dann zieh doch auch hierher.
So viel Geld hab ich nicht.
Übrigens, war das wirklich in Ordnung? Das vorhin ...
...
Mir sind zwar einige unangenehme Dinge passiert, als ich noch allein war ...
... aber eine Eskorte ist zu viel des Guten.
Ich hatte zwar gesagt, dass ich keine brauche, wurde aber überstimmt, weil es ein Grundsatz der Gilde ist
Früher war es eine kleine Gilde und unse Kommandant hat die Leute persönlich eingeladen.
Aber die Gilde wuchs schnell, Mitglieder wurden ausgetauscht ...
Seit wir als die stärkste Gilde bekannt sind, ist es irgendwie komisch geworden.

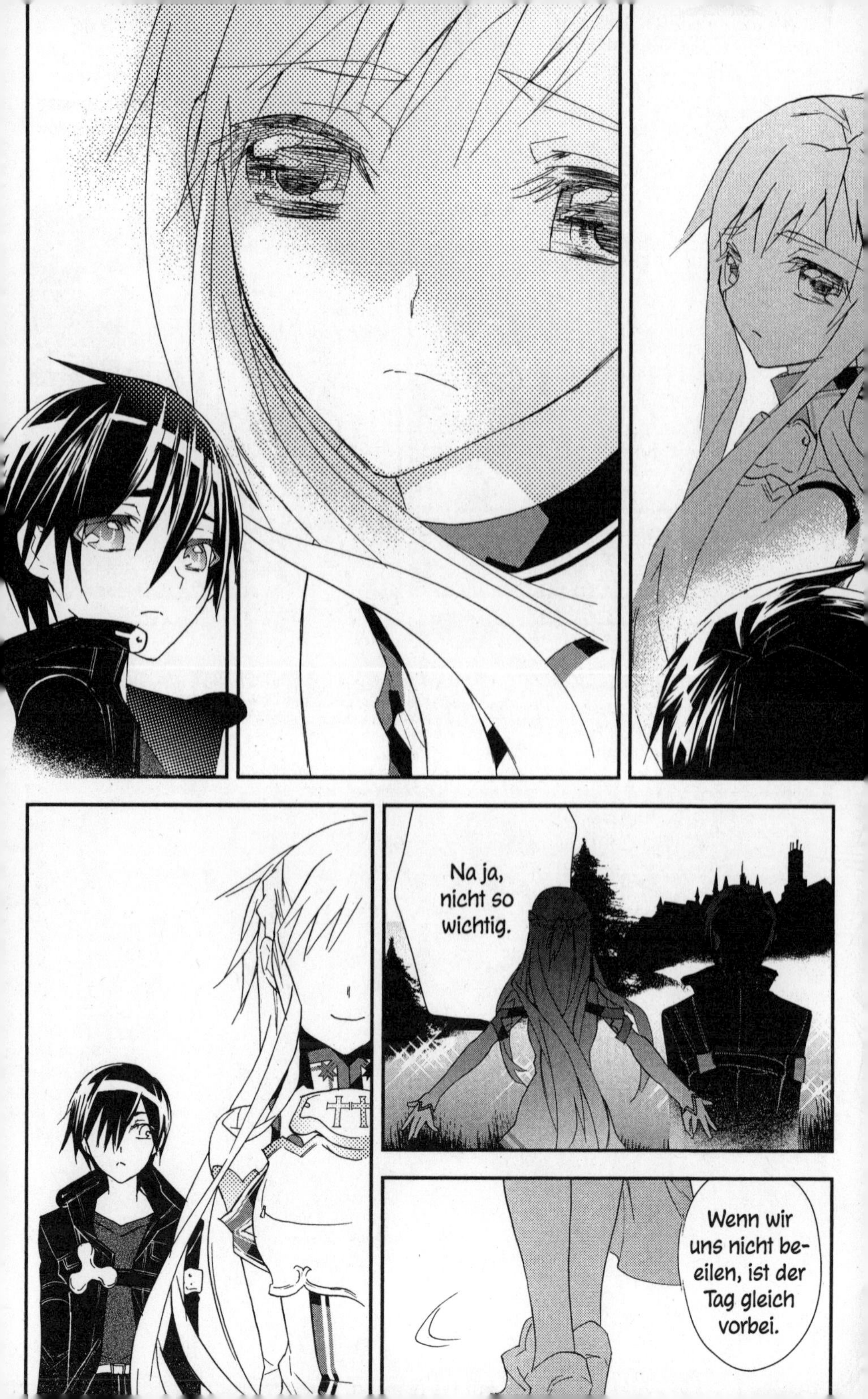

Na ja, nicht so wichtig.
Wenn wir uns nicht be-eilen, ist der Tag gleich vorbei.

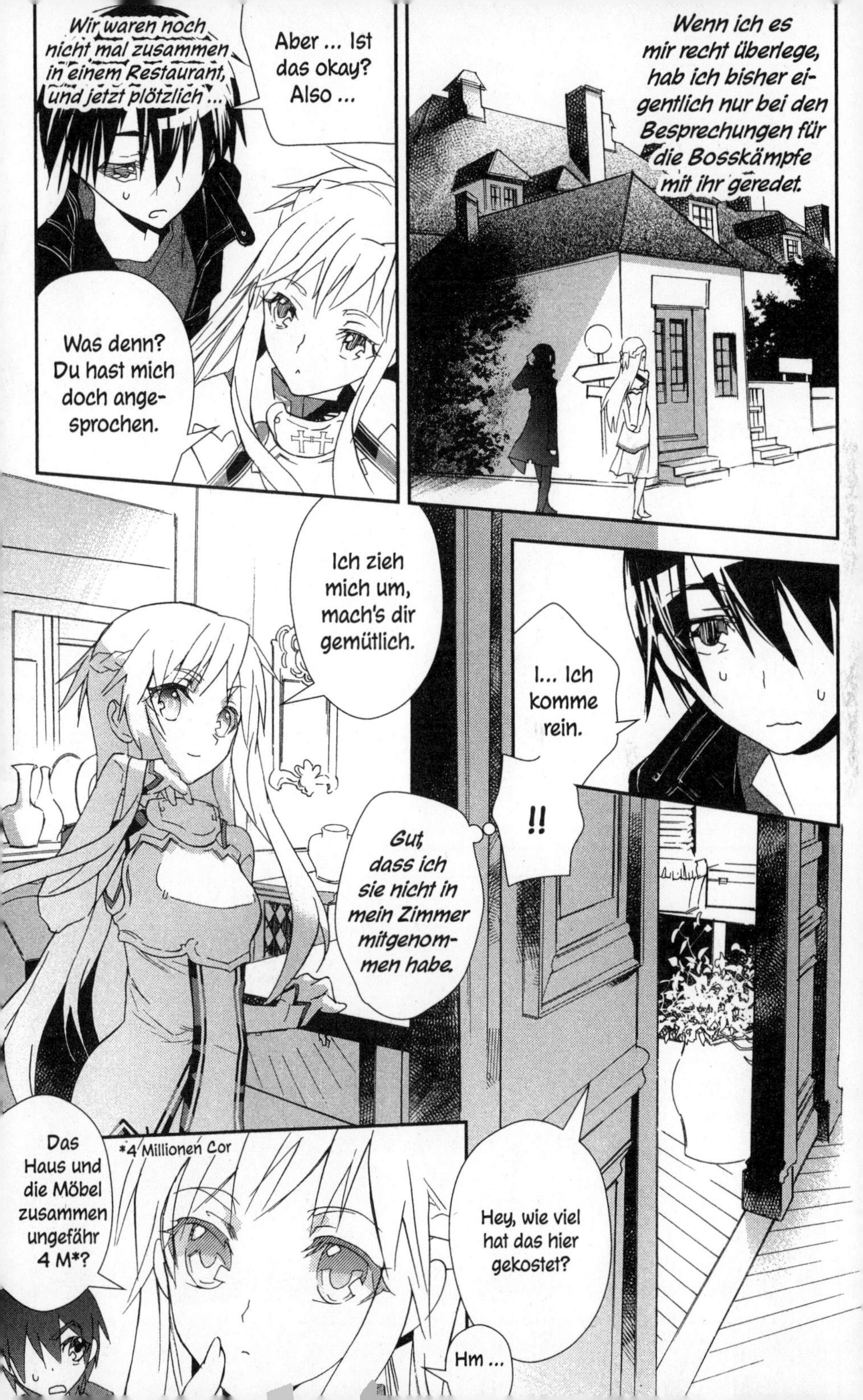
Wenn ich es mir recht überlege, hab ich bisher eigentlich nur bei den Besprechungen für die Bosskämpfe mit ihr geredet.
Aber ... Ist das okay? Also ...
Wir waren noch nicht mal zusammen in einem Restaurant, und jetzt plötzlich ...
Was denn? Du hast mich doch angesprochen.
I... Ich komme rein.
Ich zieh mich um, mach's dir gemütlich.
!!
Gut, dass ich sie nicht in mein Zimmer mitgenommen habe.
Hey, wie viel hat das hier gekostet?
Hm ...
Das Haus und die Möbel zusammen ungefähr 4 M*?
*4 Millionen Cor

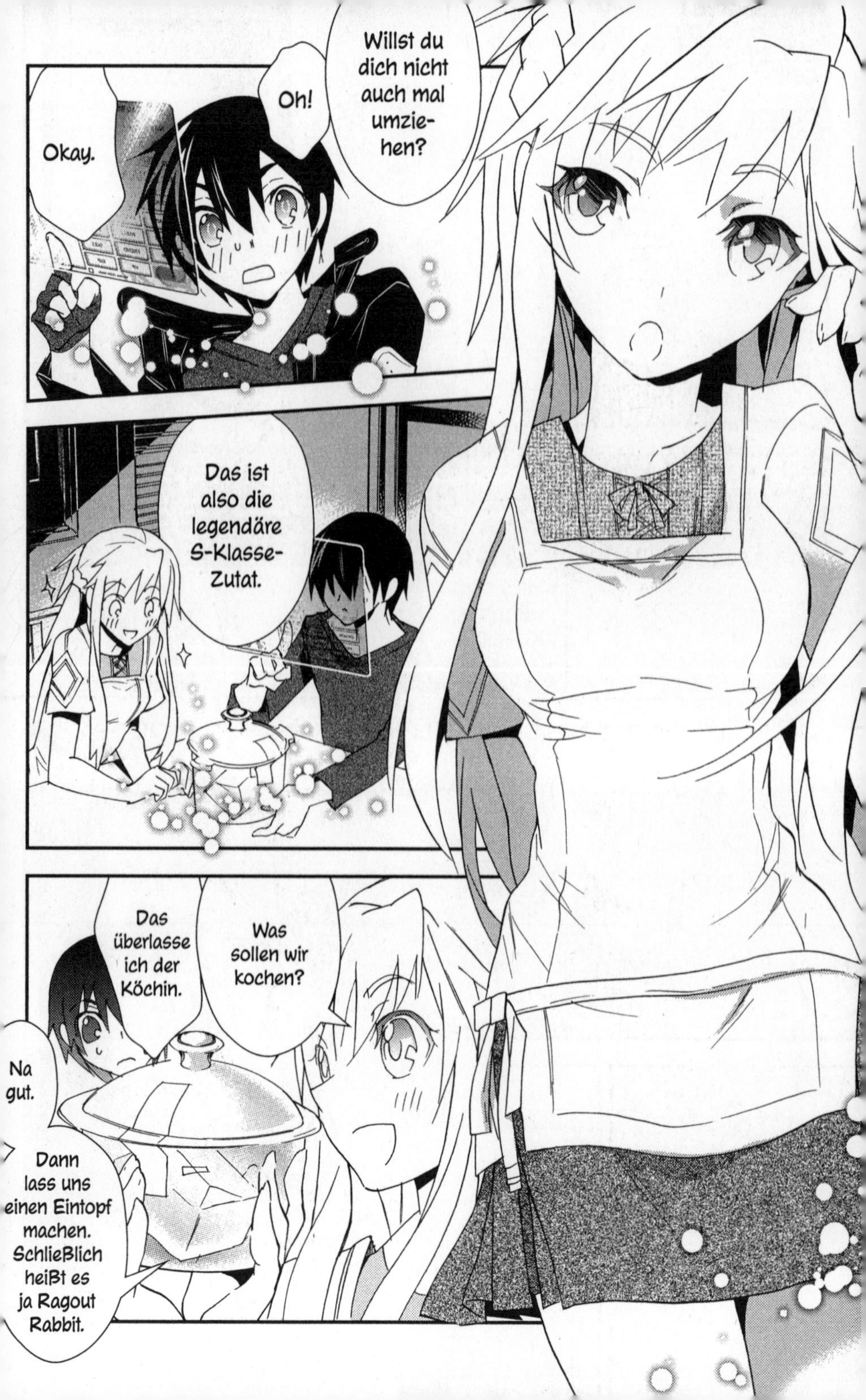
Willst du dich nicht auch mal umziehen?
Oh!
Okay.
Das ist also die legendäre S-Klasse-Zutat.
Was sollen wir kochen?
Das überlasse ich der Köchin.
Na gut.
Dann lass uns einen Eintopf machen. Schließlich heißt es ja Ragout Rabbit.

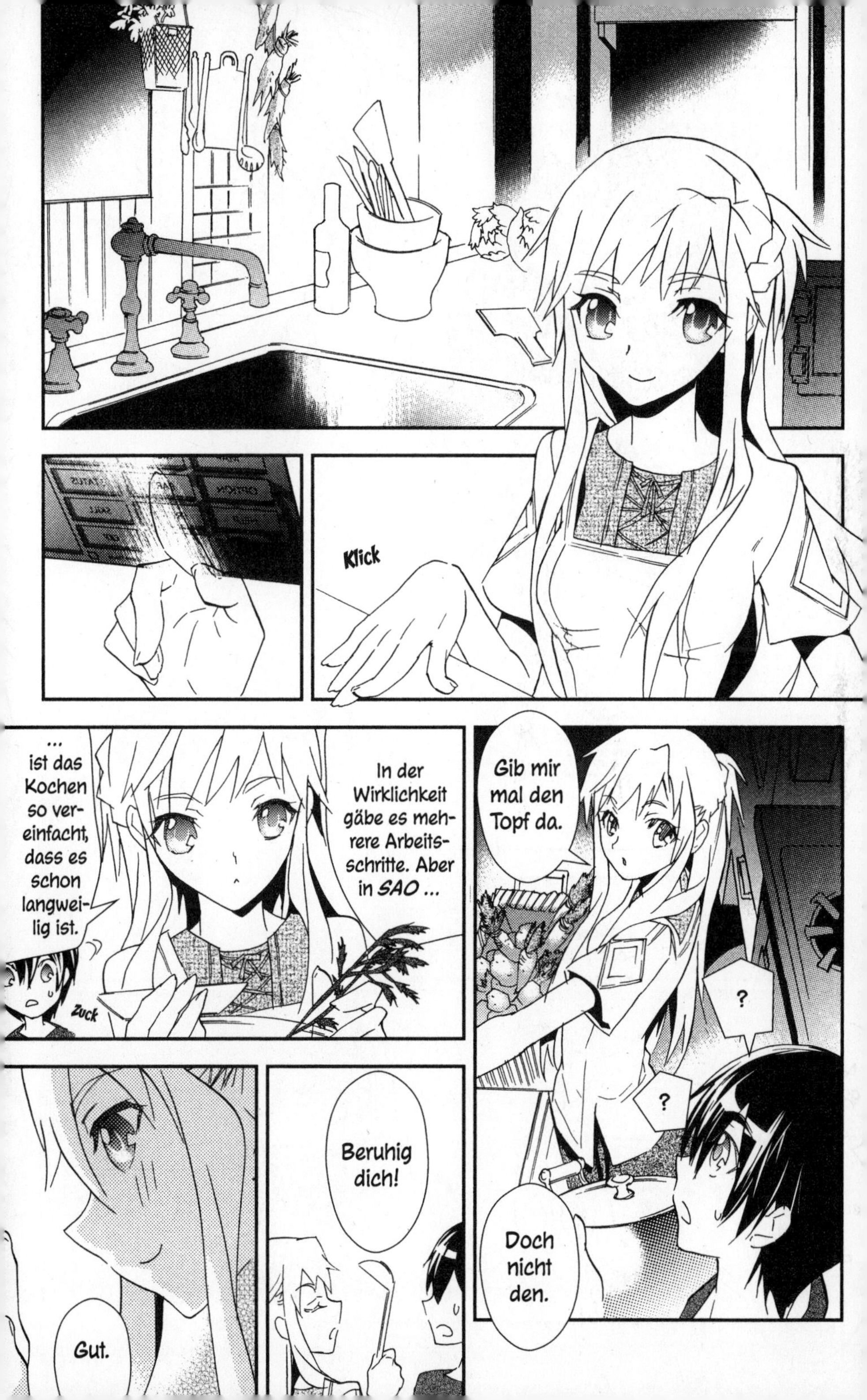
Klick
Gib mir mal den Topf da.
?
?
Doch nicht den.
In der Wirklichkeit gäbe es mehrere Arbeitsschritte. Aber in SAO ...
... ist das Kochen so vereinfacht, dass es schon langweilig ist.
Zuck
Beruhig dich!
Gut.

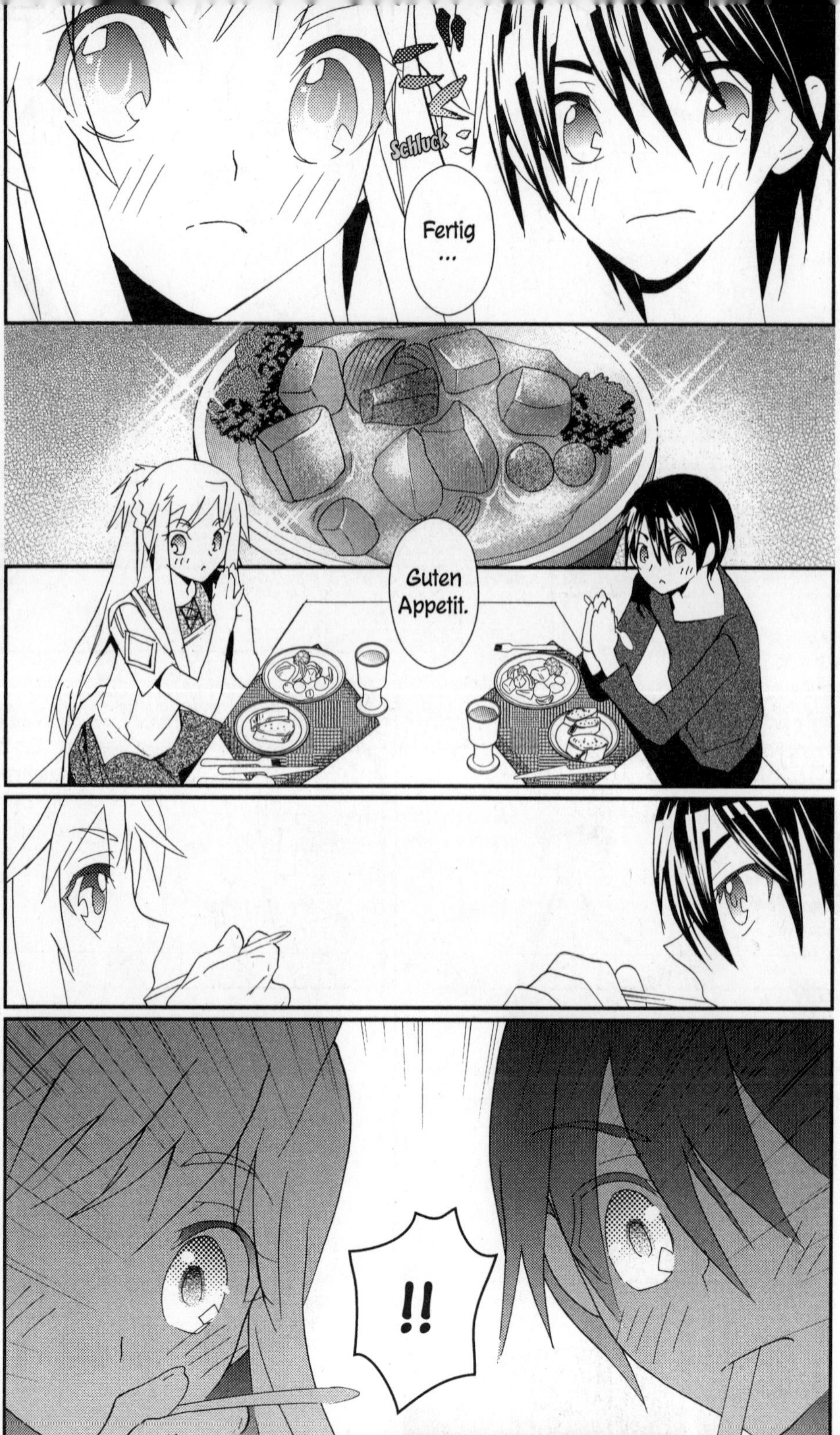

Schluck
Fertig ...
Guten Appetit.
!!

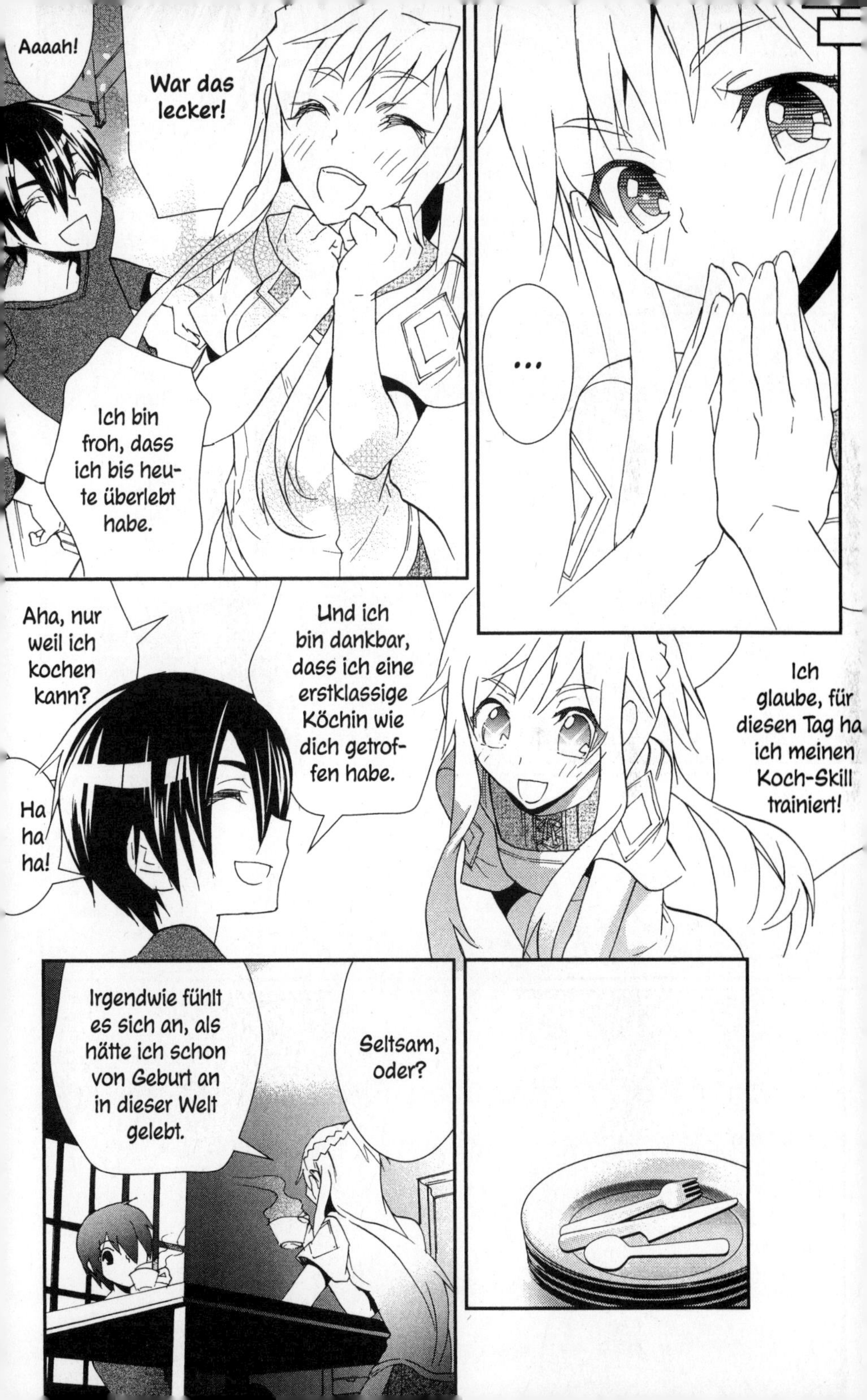

Aaaah!
War das lecker!
Ich bin froh, dass ich bis heute überlebt habe.
...
Ich glaube, für diesen Tag ha ich meinen Koch-Skill trainiert!
Und ich bin dankbar, dass ich eine erstklassige Köchin wie dich getroffen habe.
Aha, nur weil ich kochen kann?
Ha ha ha!
Irgendwie fühlt es sich an, als hätte ich schon von Geburt an in dieser Welt gelebt.
Seltsam, oder?

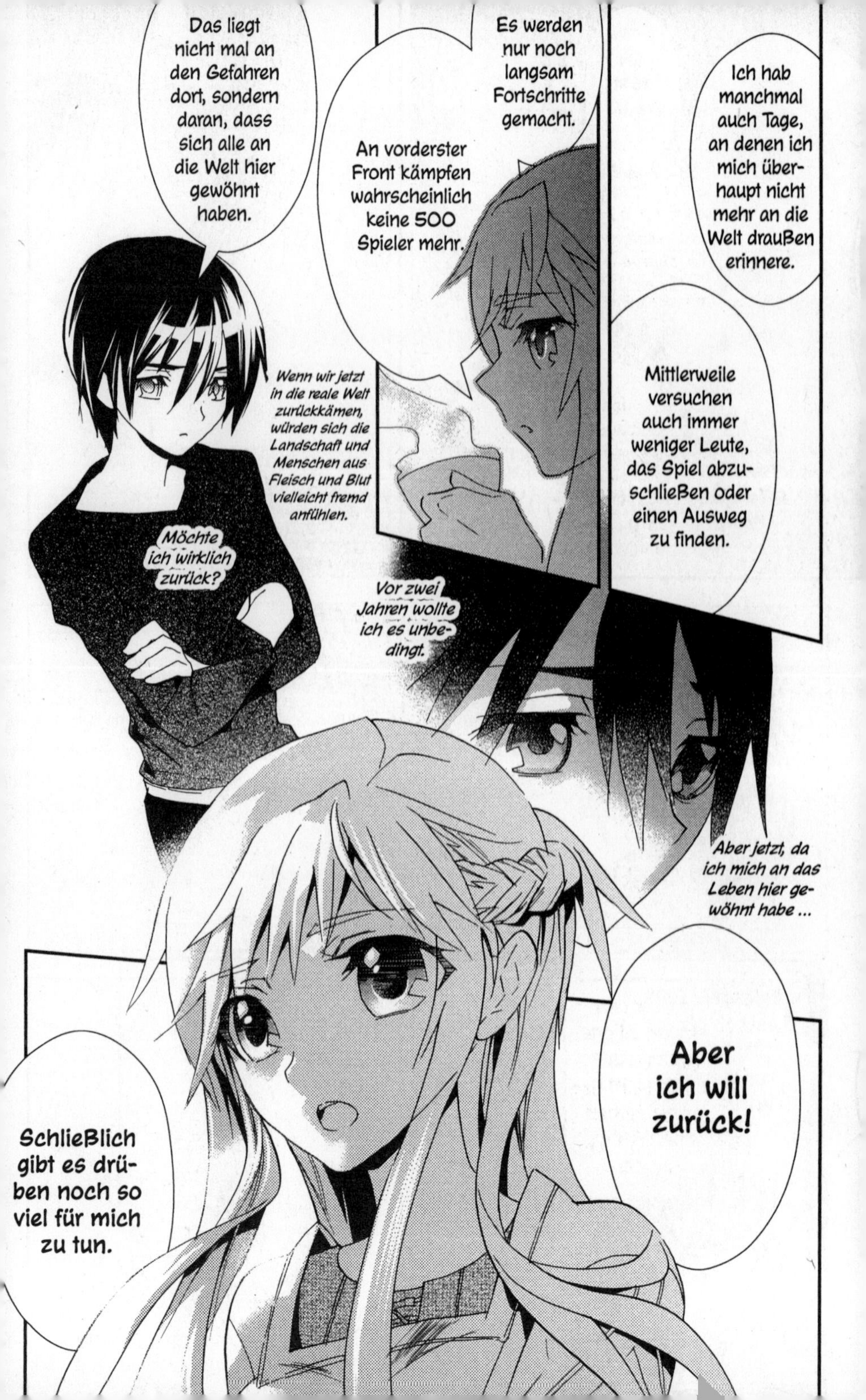
Ich hab manchmal auch Tage, an denen ich mich überhaupt nicht mehr an die Welt draußen erinnere.
Mittlerweile versuchen auch immer weniger Leute, das Spiel abzuschließen oder einen Ausweg zu finden.
Es werden nur noch langsam Fortschritte gemacht.
An vorderster Front kämpfen wahrscheinlich keine 500 Spieler mehr.
Das liegt nicht mal an den Gefahren dort, sondern daran, dass sich alle an die Welt hier gewöhnt haben.
Wenn wir jetzt in die reale Welt zurückkämen, würden sich die Landschaft und Menschen aus Fleisch und Blut vielleicht fremd anfühlen.
Möchte ich wirklich zurück?
Vor zwei Jahren wollte ich es unbedingt.
Aber jetzt, da ich mich an das Leben hier gewöhnt habe ...
Aber ich will zurück!
Schließlich gibt es drüben noch so viel für mich zu tun.

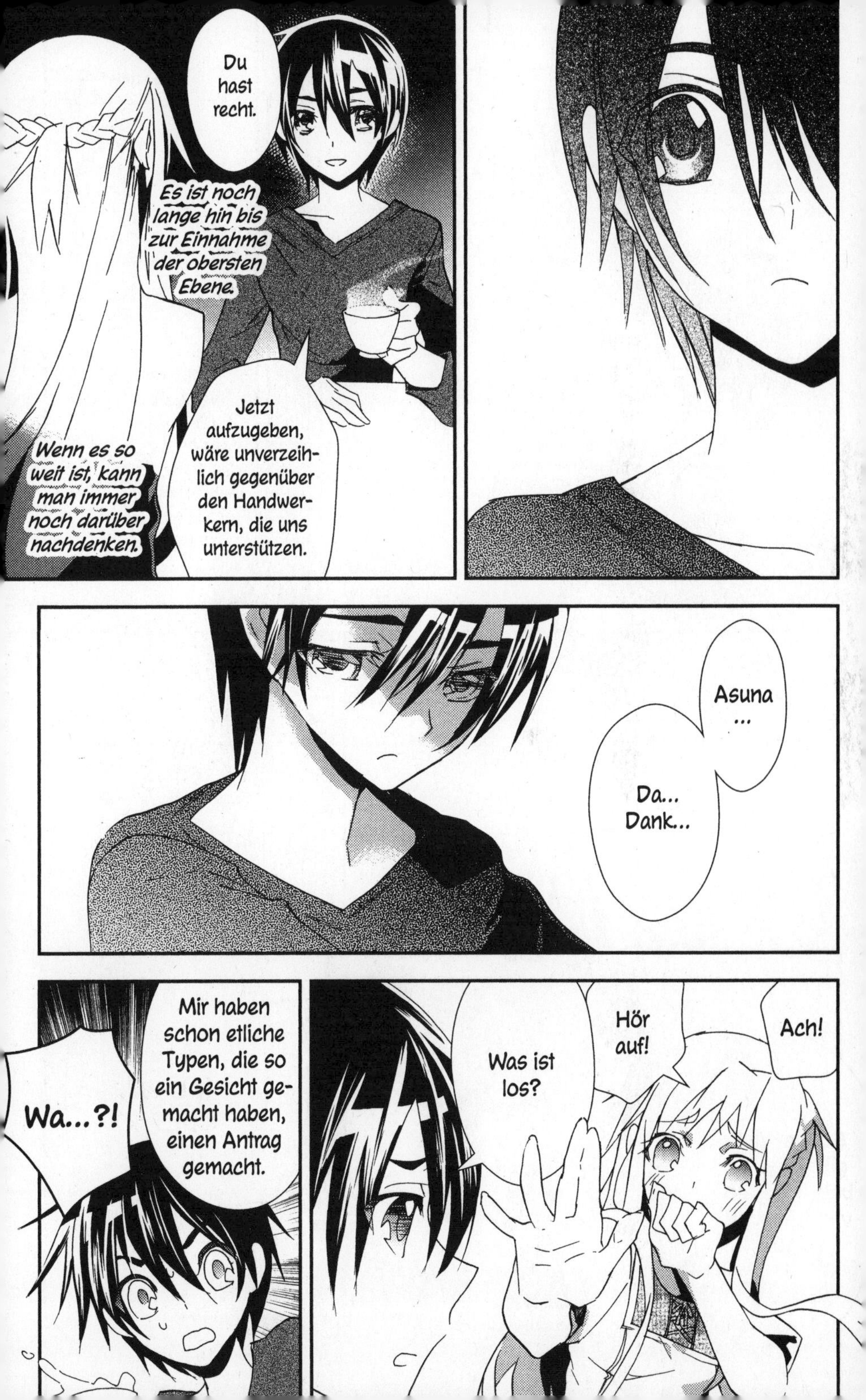

Du hast recht.
Es ist noch lange hin bis zur Einnahme der obersten Ebene.
Jetzt aufzugeben, wäre unverzeihlich gegenüber den Handwerkern, die uns unterstützen.
Wenn es so weit ist, kann man immer noch darüber nachdenken.
Asuna ...
Da... Dank...
Ach!
Hör auf!
Was ist los?
Mir haben schon etliche Typen, die so ein Gesicht gemacht haben, einen Antrag gemacht.
Wa...?!

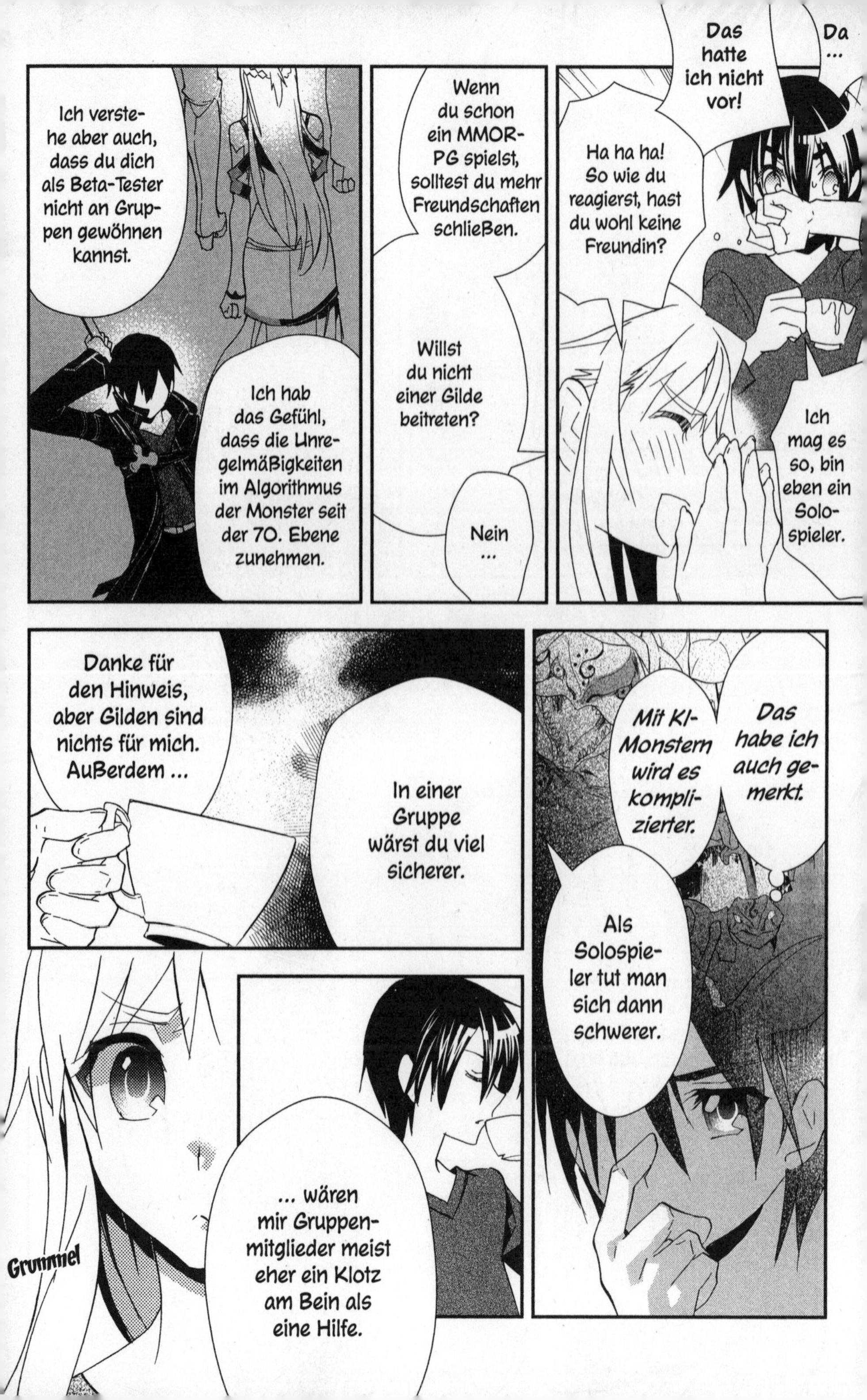

Da ...
Das hatte ich nicht vor!
Ha ha ha! So wie du reagierst, hast du wohl keine Freundin?
Ich mag es so, bin eben ein Solospieler.
Wenn du schon ein MMORPG spielst, solltest du mehr Freundschaften schließen.
Willst du nicht einer Gilde beitreten?
Nein ...
Ich verstehe aber auch, dass du dich als Beta-Tester nicht an Gruppen gewöhnen kannst.
Ich hab das Gefühl, dass die Unregelmäßigkeiten im Algorithmus der Monster seit der 70. Ebene zunehmen.
Das habe ich auch gemerkt.
Mit KI-Monstern wird es komplizierter.
Als Solospieler tut man sich dann schwerer.
In einer Gruppe wärst du viel sicherer.
Danke für den Hinweis, aber Gilden sind nichts für mich. Außerdem ...
... wären mir Gruppenmitglieder meist eher ein Klotz am Bein als eine Hilfe.
Grummel

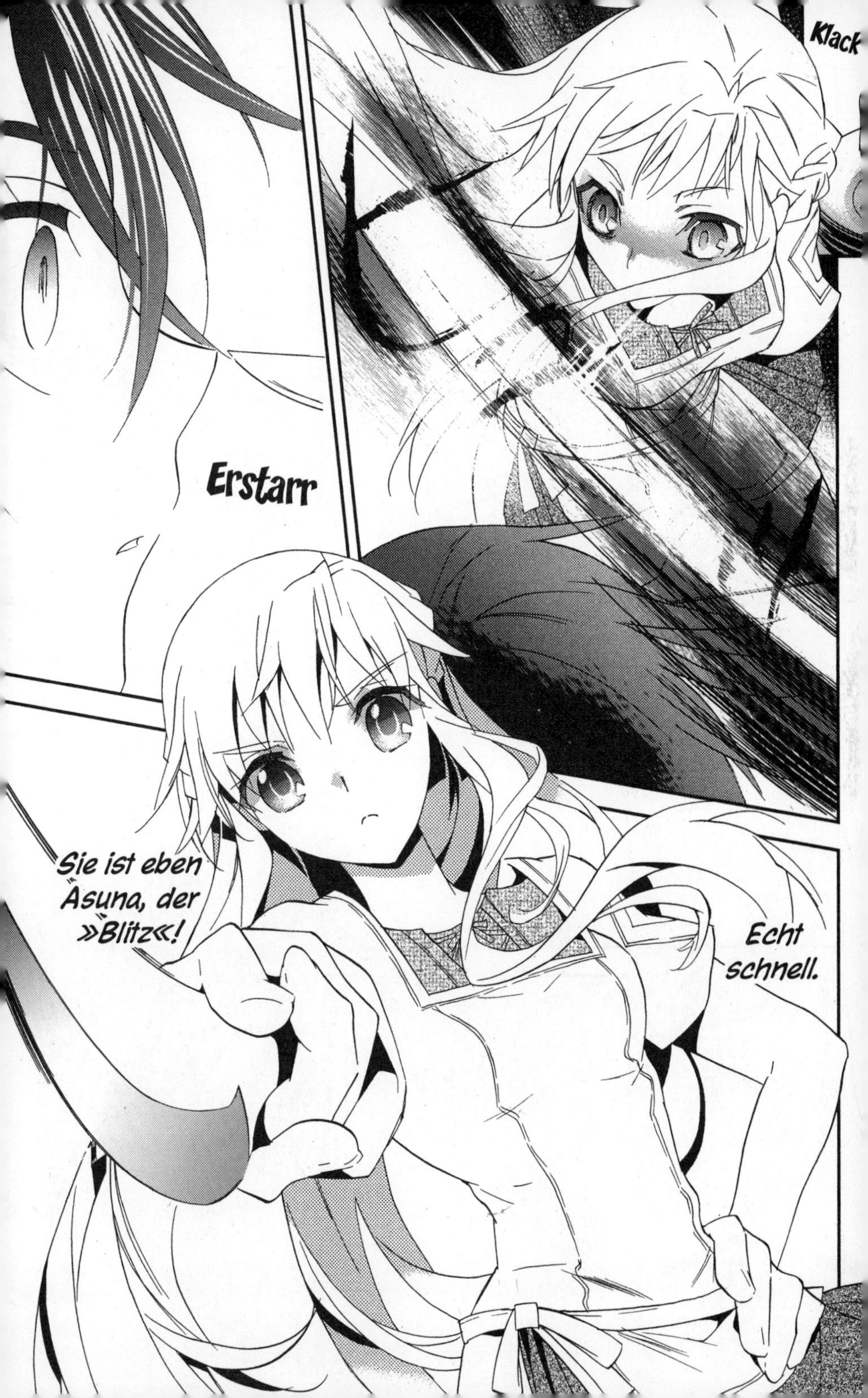
Klack
Erstarr
Echt schnell.
Sie ist eben Asuna, der »Blitz«!

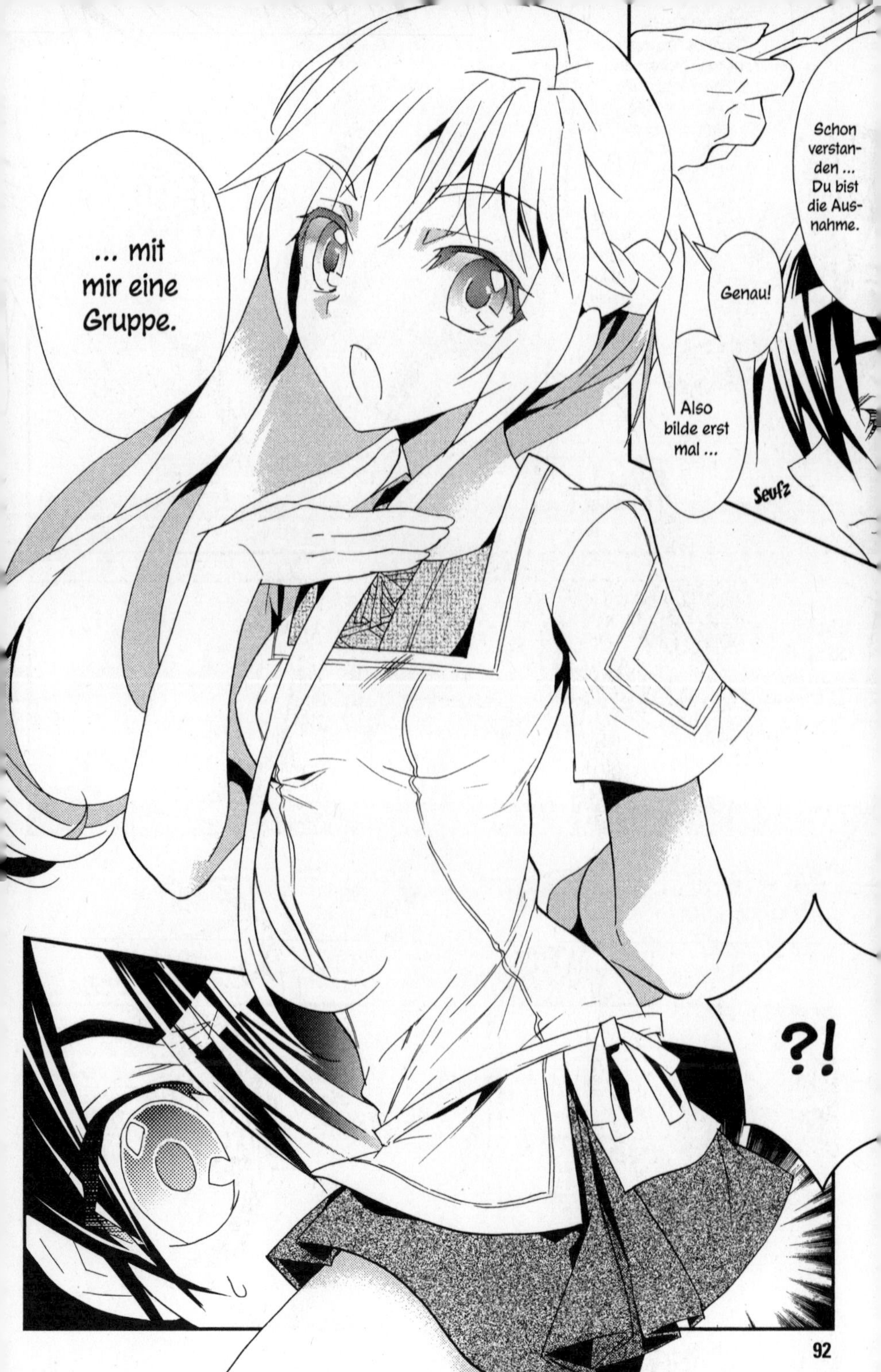
Schon verstanden ... Du bist die Ausnahme.
Genau!
Seufz
Also bilde erst mal ...
... mit mir eine Gruppe.
?!

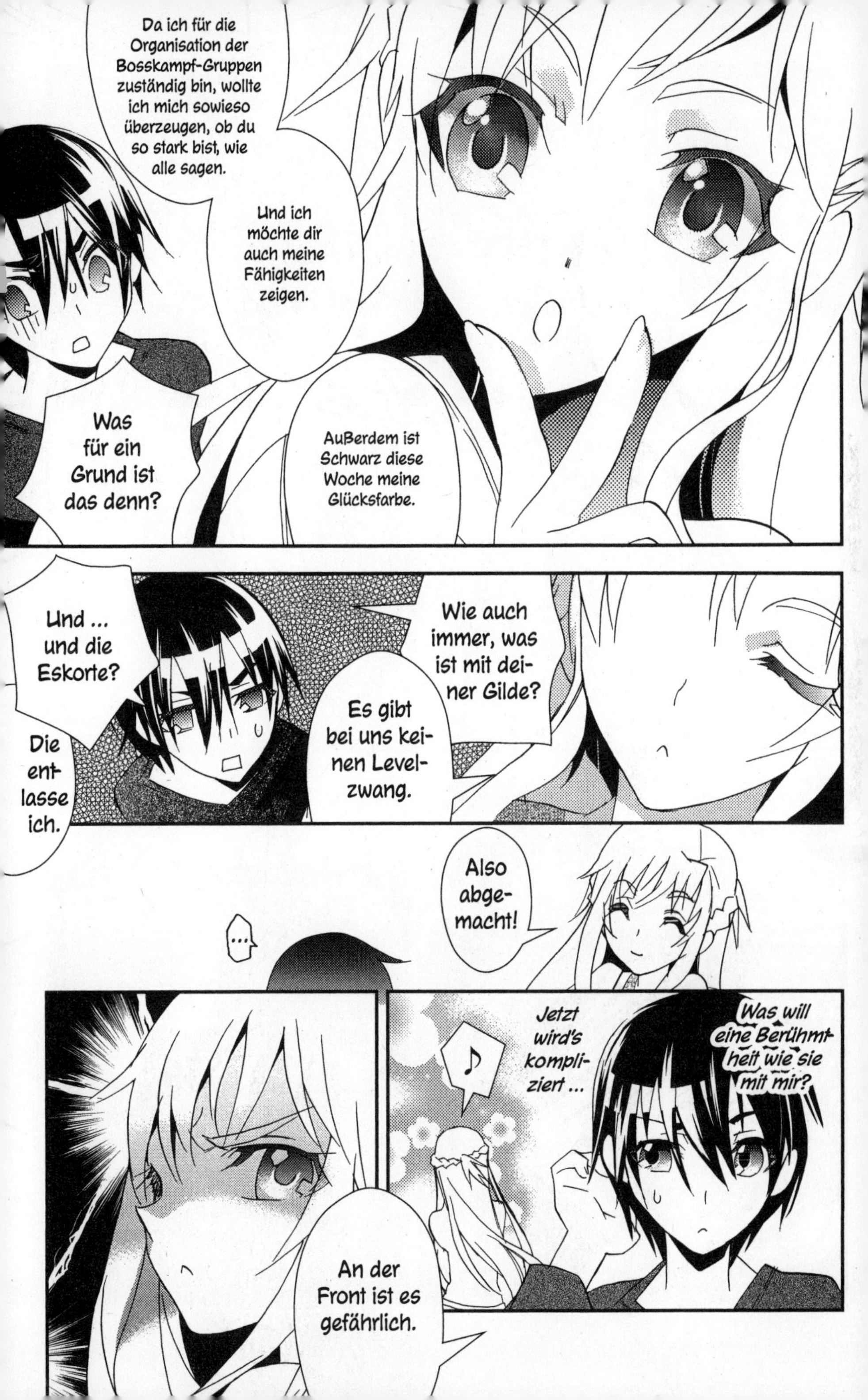

Da ich für die Organisation der Bosskampf-Gruppen zuständig bin, wollte ich mich sowieso überzeugen, ob du so stark bist, wie alle sagen.
Und ich möchte dir auch meine Fähigkeiten zeigen.
Außerdem ist Schwarz diese Woche meine Glücksfarbe.
Was für ein Grund ist das denn?
Wie auch immer, was ist mit deiner Gilde?
Es gibt bei uns keinen Levelzwang.
Und ... und die Eskorte?
Die entlasse ich.
Also abgemacht!
...
Was will eine Berühmtheit wie sie mit mir?
Jetzt wird's kompliziert ...
♪
An der Front ist es gefährlich.

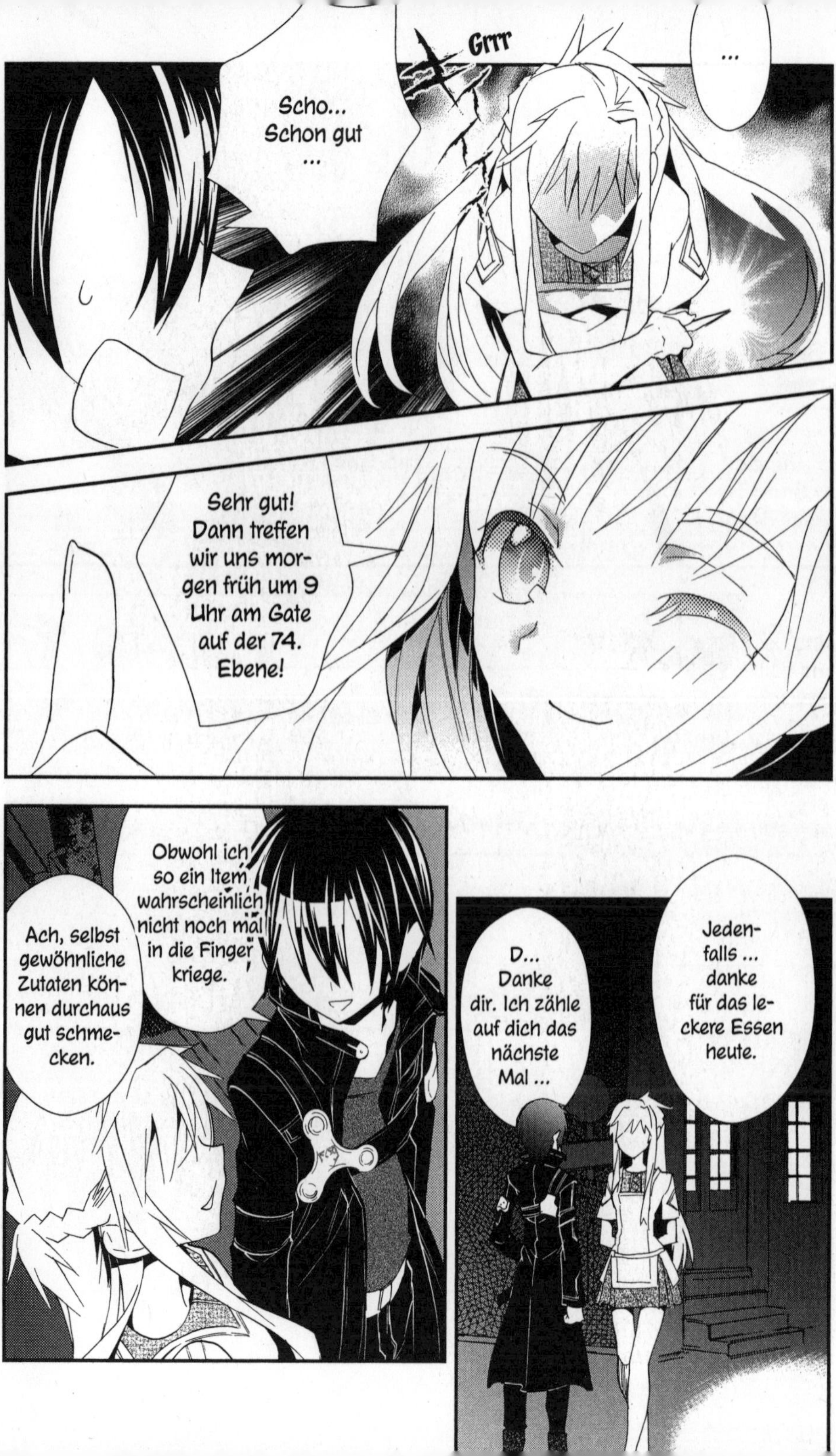
...
Grrr
Scho... Schon gut ...
Sehr gut! Dann treffen wir uns morgen früh um 9 Uhr am Gate auf der 74. Ebene!
Obwohl ich so ein Item wahrscheinlich nicht noch mal in die Finger kriege.
Ach, selbst gewöhnliche Zutaten können durchaus gut schmecken.
Jedenfalls ... danke für das leckere Essen heute.
D... Danke dir. Ich zähle auf dich das nächste Mal ...

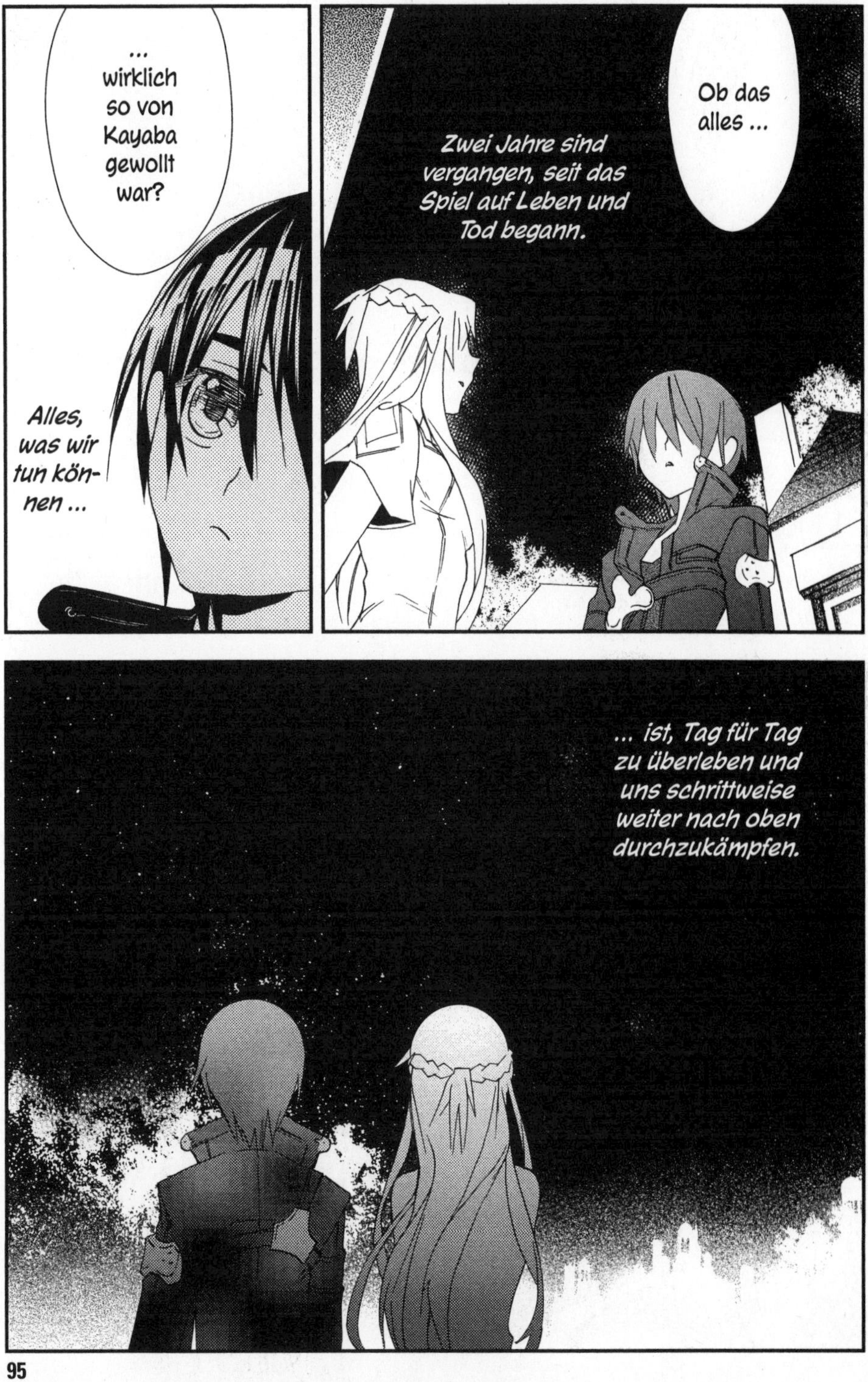
Ob das alles ...
Zwei Jahre sind vergangen, seit das Spiel auf Leben und Tod begann.
... wirklich so von Kayaba gewollt war?
Alles, was wir tun können ...
... ist, Tag für Tag zu überleben und uns schrittweise weiter nach oben durchzukämpfen.

Charakter

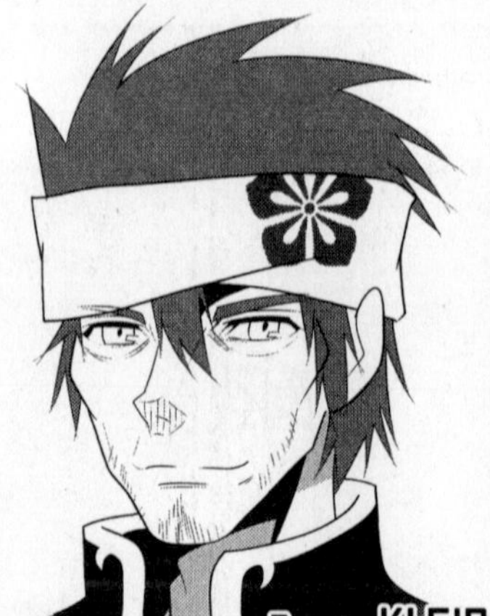

Name: KLEIN

Gilde: Furinkazan

Sword Art Online 001
Aincrad

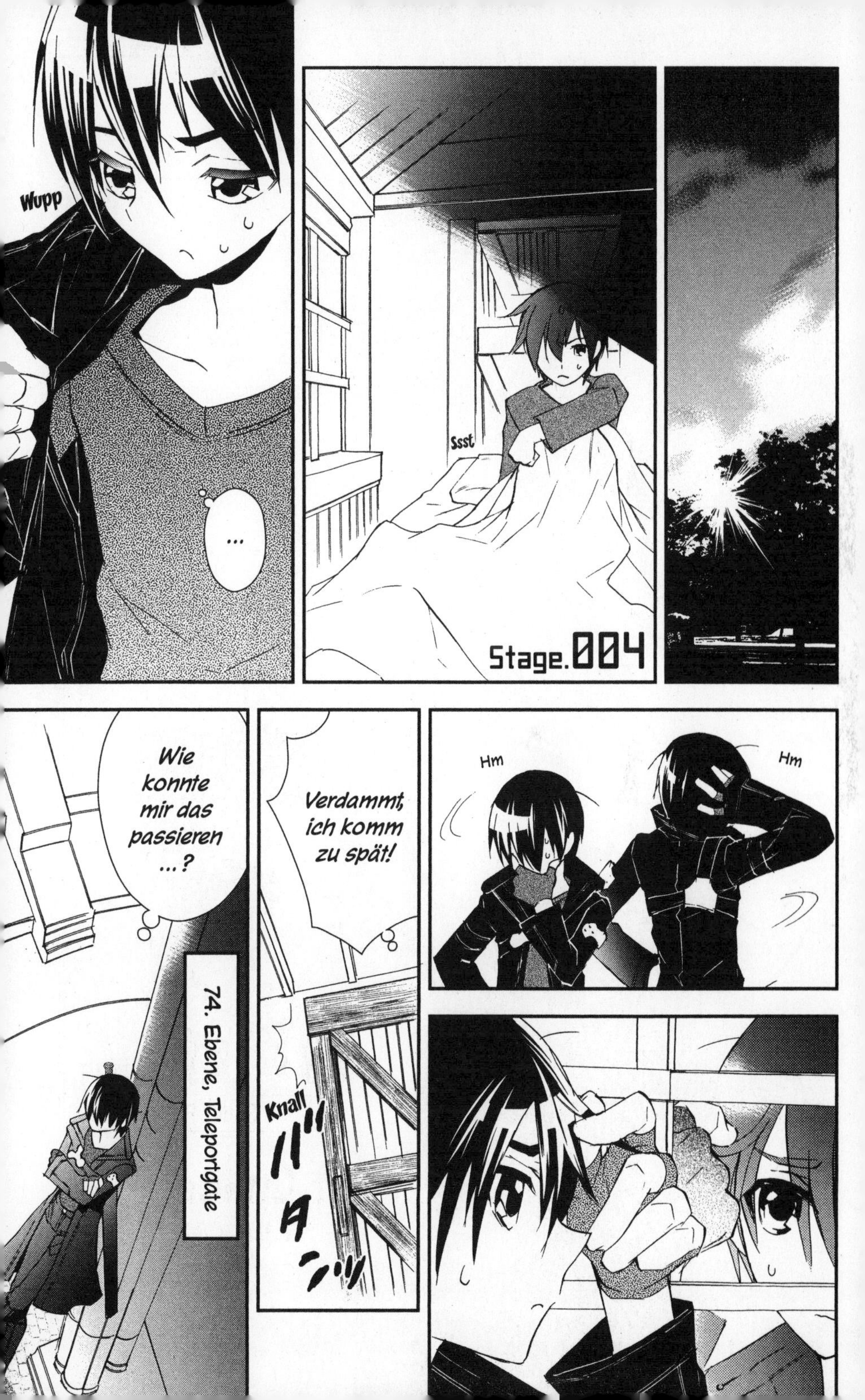
Stage.004
Ssst
Wupp
...
Hm
Hm
Verdammt, ich komm zu spät!
Knall
バタンッ
Wie konnte mir das passieren ...?
74. Ebene, Teleportgate

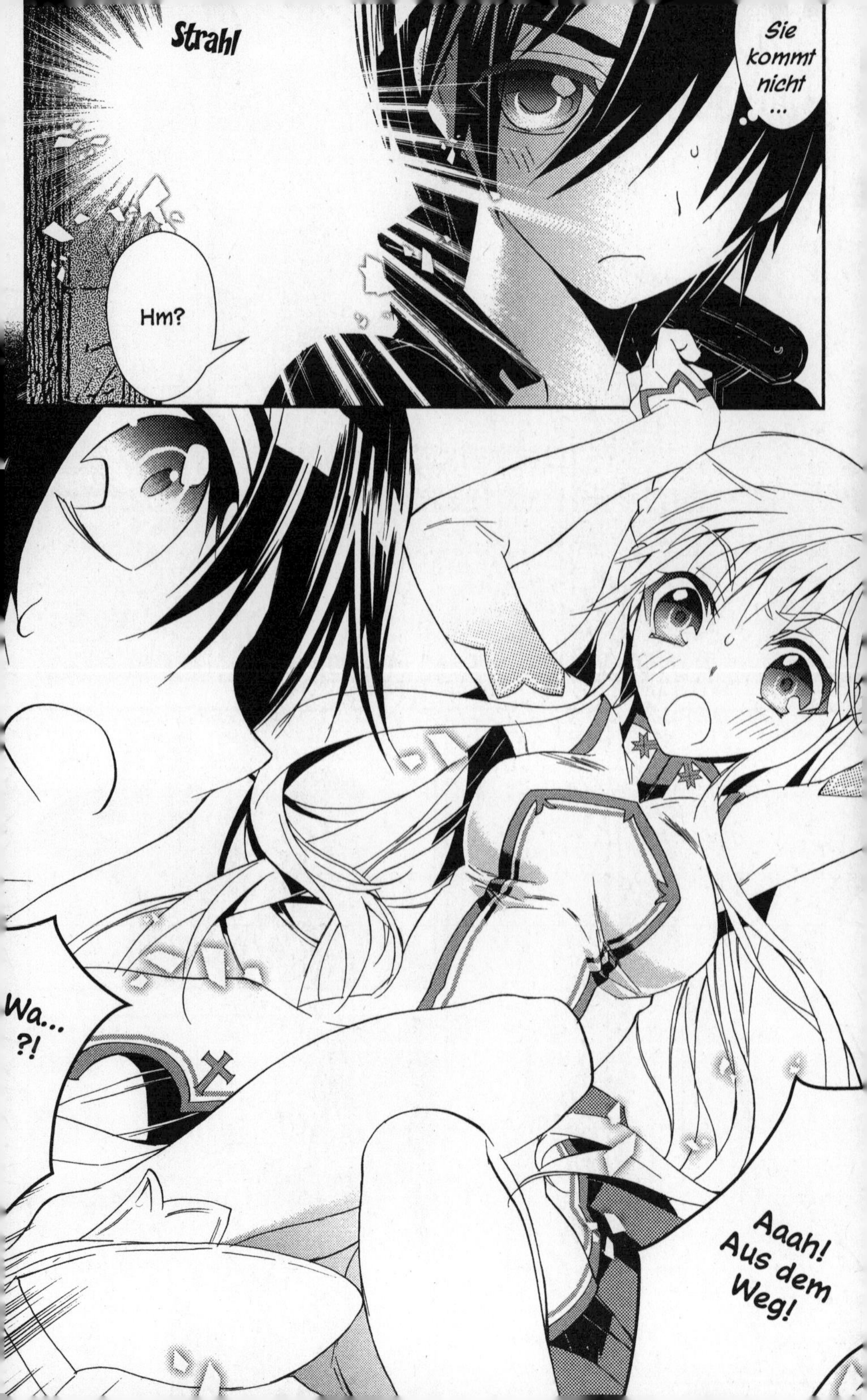
Strahl
Sie kommt nicht ...
Hm?
Aaah! Aus dem Weg!
Wa... ?!

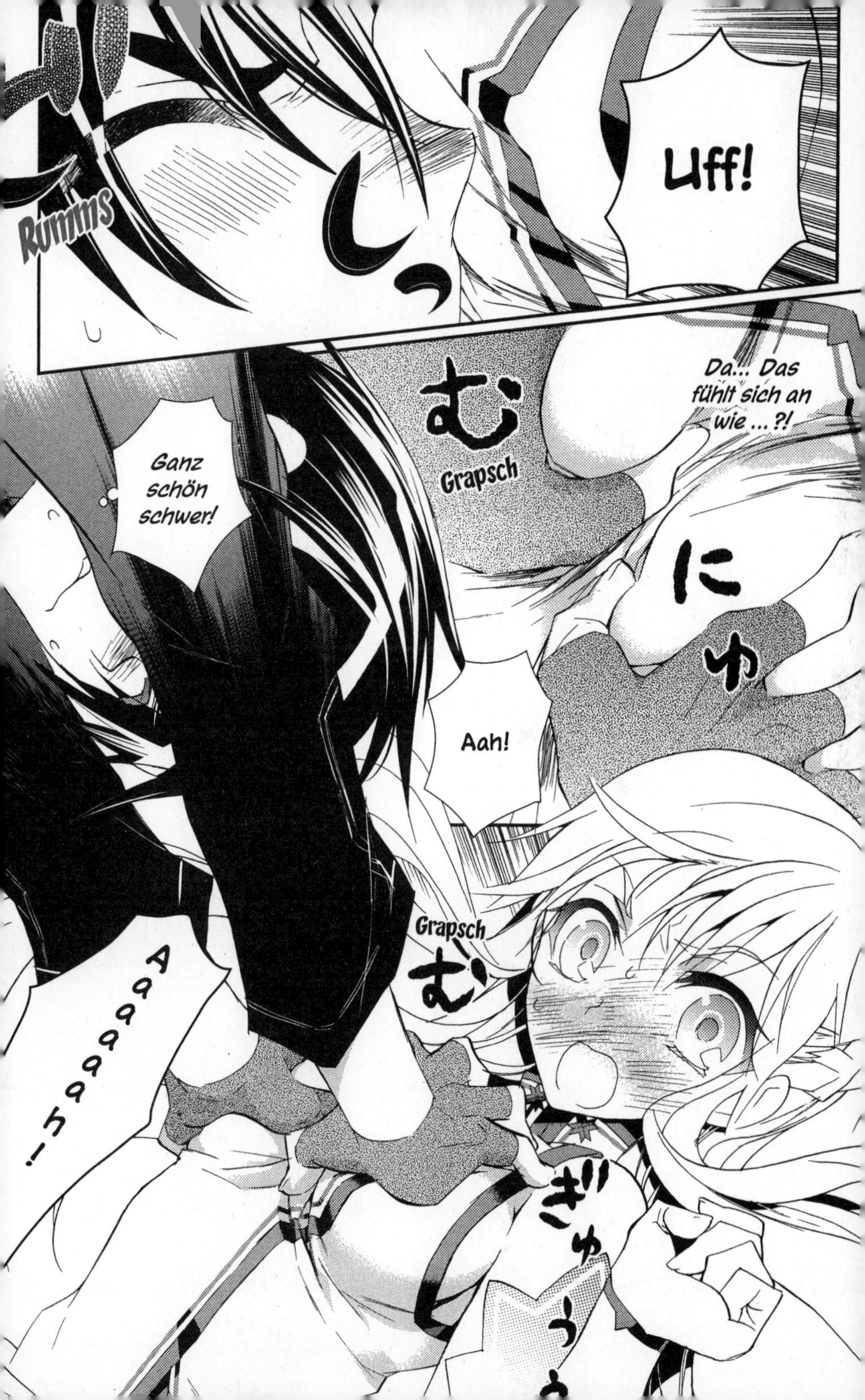
Uff!
Rumms
Da... Das fühlt sich an wie ... ?!
Grapsch
Ganz schön schwer!
Aah!
Grapsch
Aaaaaaah!

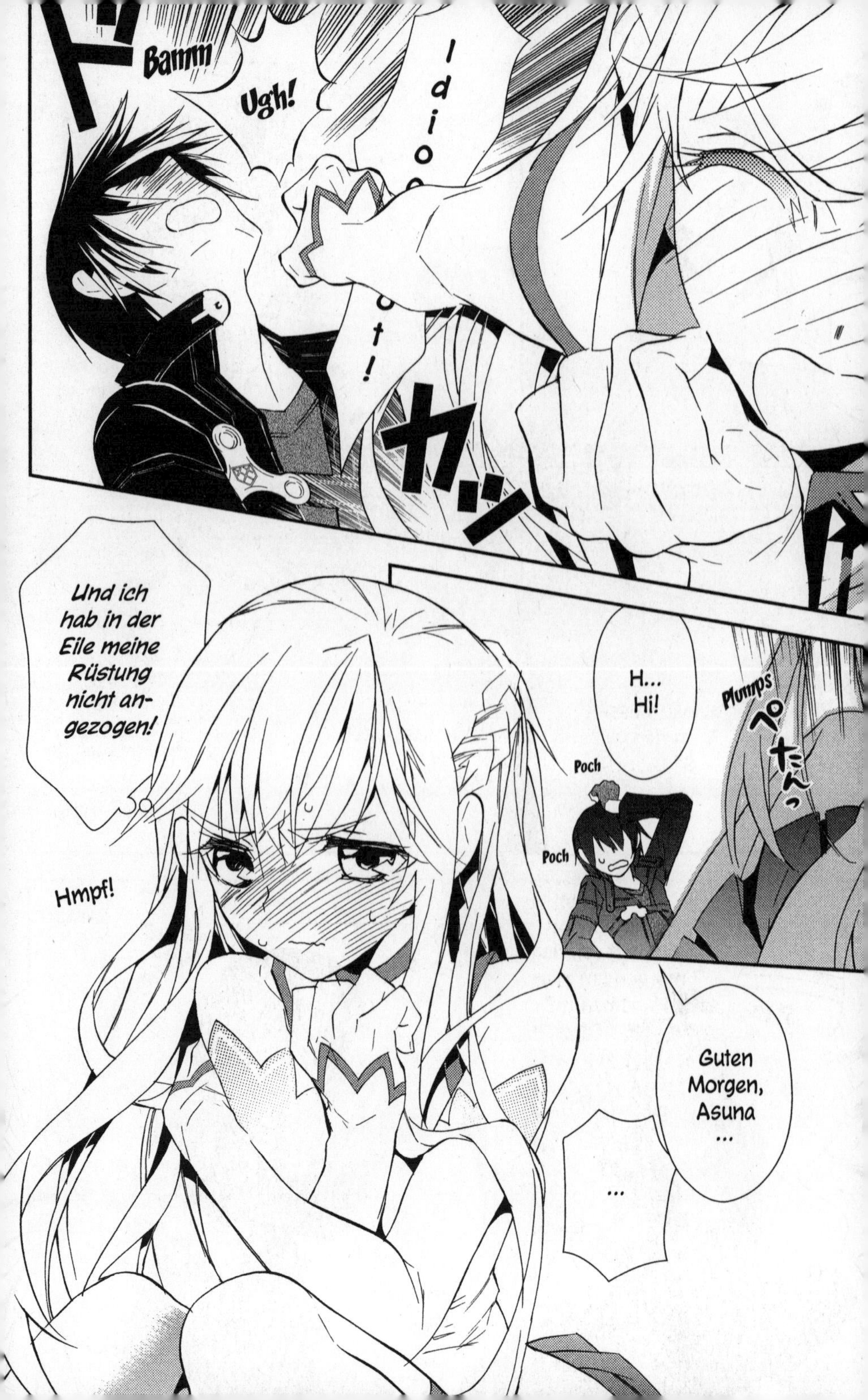
Idiooot!
Ugh!
Bammm
ド
カッ
Plumps
ぺたんっ
H... Hi!
Poch
Poch
Guten Morgen, Asuna ...
...
Und ich hab in der Eile meine Rüstung nicht angezogen!
Hmpf!

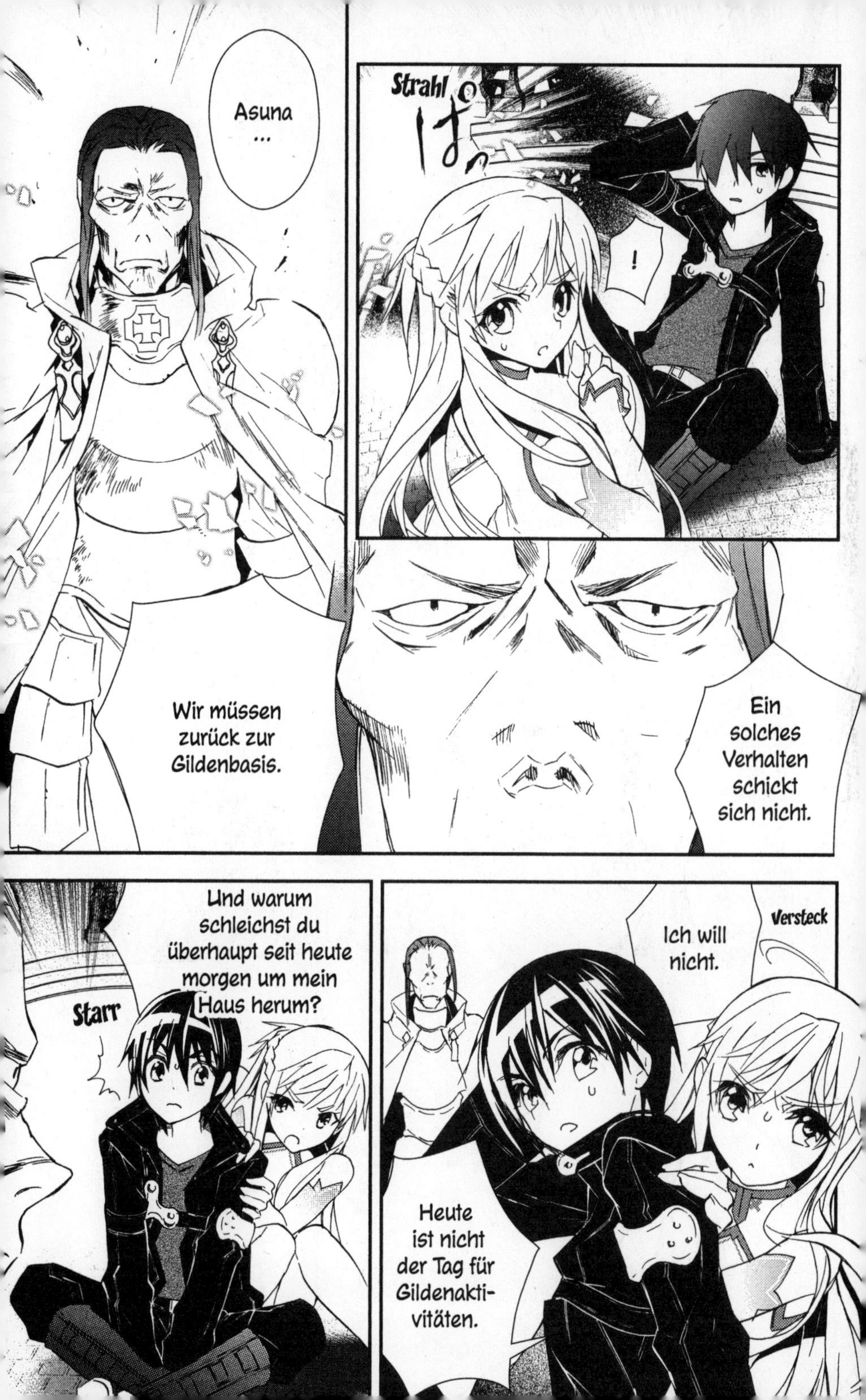
Strahl
ぱっ
!
Asuna ...
Ein solches Verhalten schickt sich nicht.
Wir müssen zurück zur Gildenbasis.
Versteck
Ich will nicht.
Heute ist nicht der Tag für Gildenaktivitäten.
Und warum schleichst du überhaupt seit heute morgen um mein Haus herum?
Starr

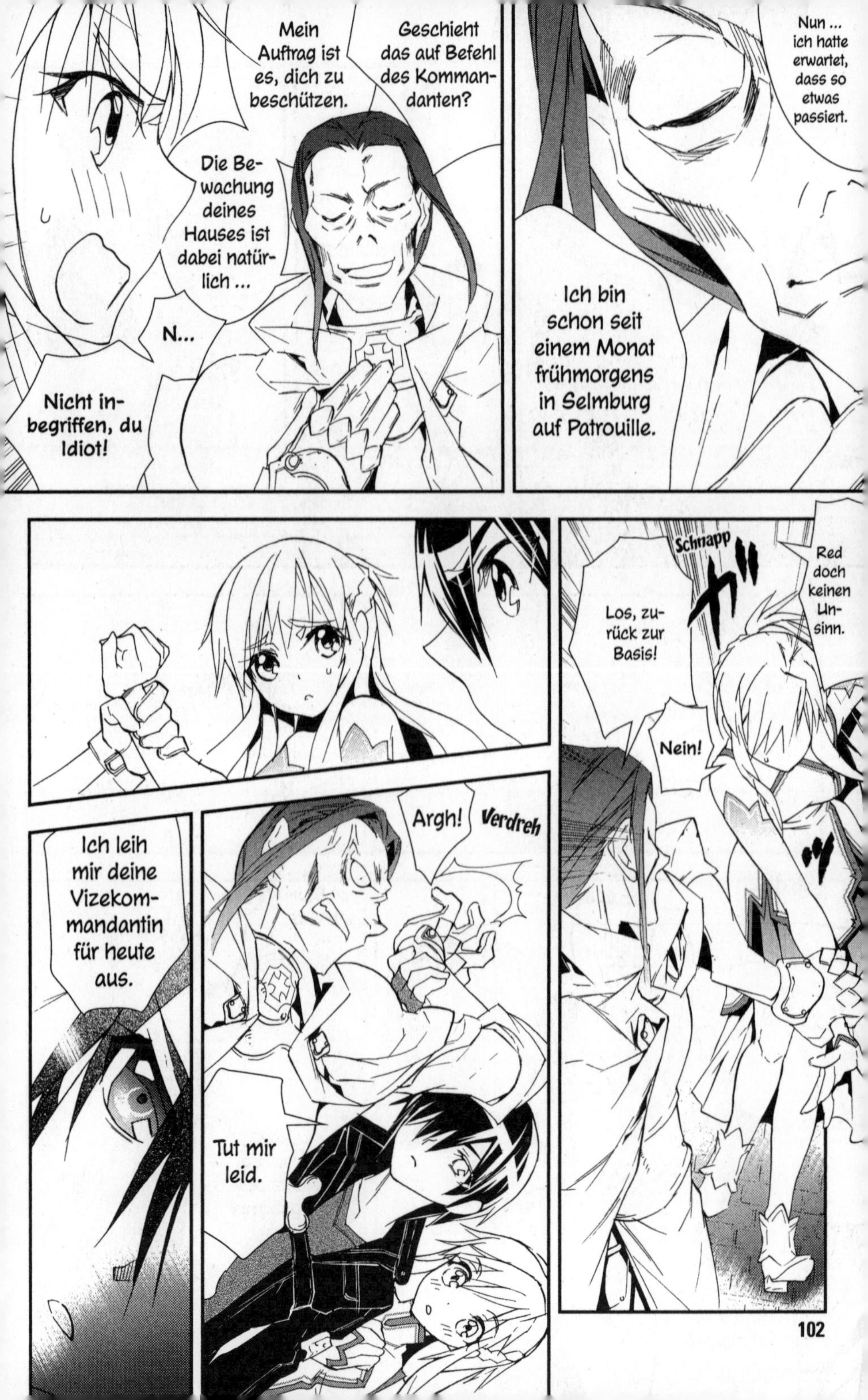

Nun ... ich hatte erwartet, dass so etwas passiert.
Ich bin schon seit einem Monat frühmorgens in Selmburg auf Patrouille.
Geschieht das auf Befehl des Kommandanten?
Mein Auftrag ist es, dich zu beschützen.
Die Bewachung deines Hauses ist dabei natürlich ...
N...
Nicht inbegriffen, du Idiot!
Red doch keinen Unsinn.
Schnapp
Los, zurück zur Basis!
Nein!
Argh!
Verdreh
Ich leih mir deine Vizekommandantin für heute aus.
Tut mir leid.

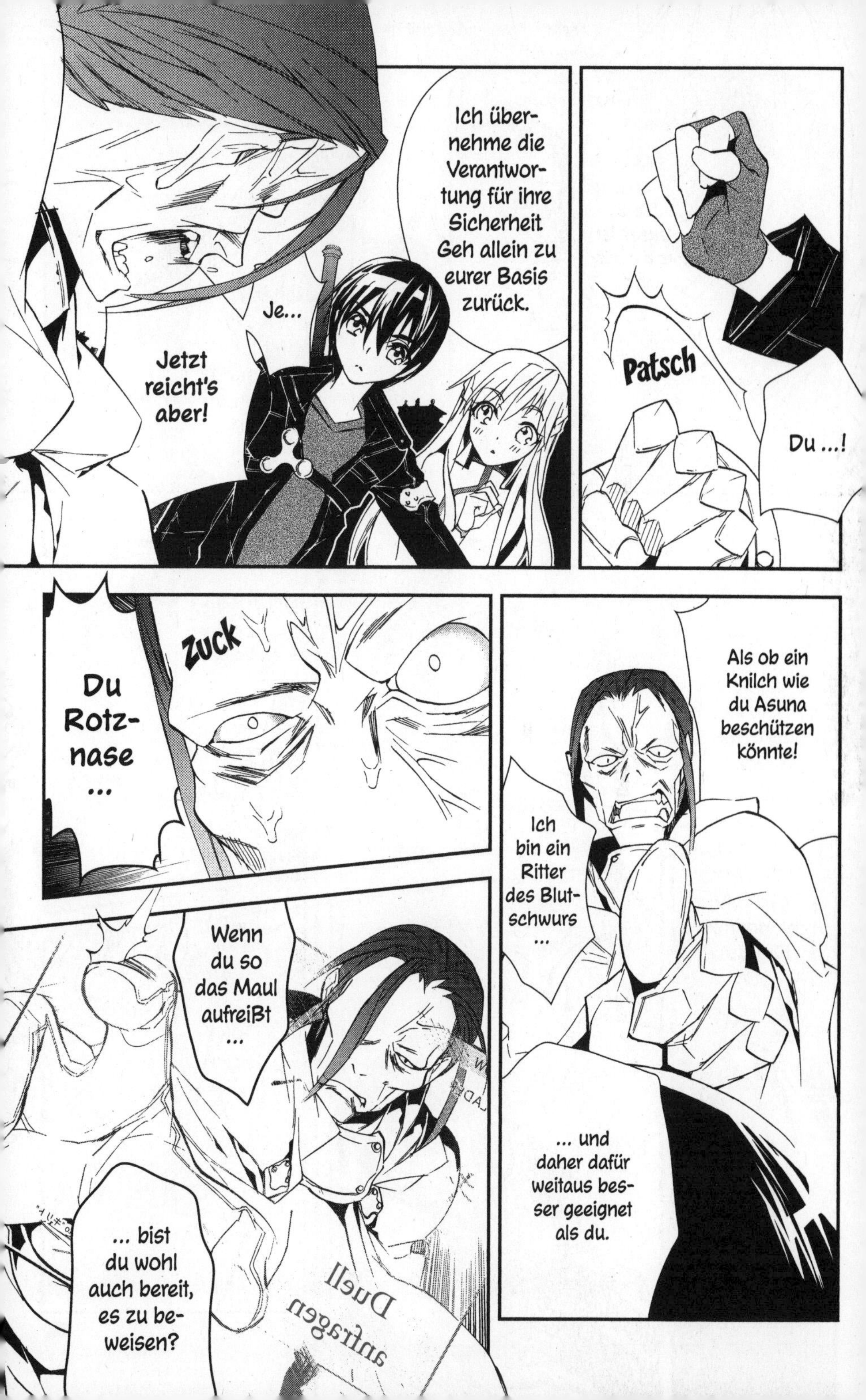
Ich übernehme die Verantwortung für ihre Sicherheit. Geh allein zu eurer Basis zurück.
Je...
Jetzt reicht's aber!
Patsch
Du ...!
Als ob ein Knilch wie du Asuna beschützen könnte!
Ich bin ein Ritter des Blutschwurs ...
... und daher dafür weitaus besser geeignet als du.
Zuck
Du Rotznase ...
Wenn du so das Maul aufreißt ...
... bist du wohl auch bereit, es zu beweisen?

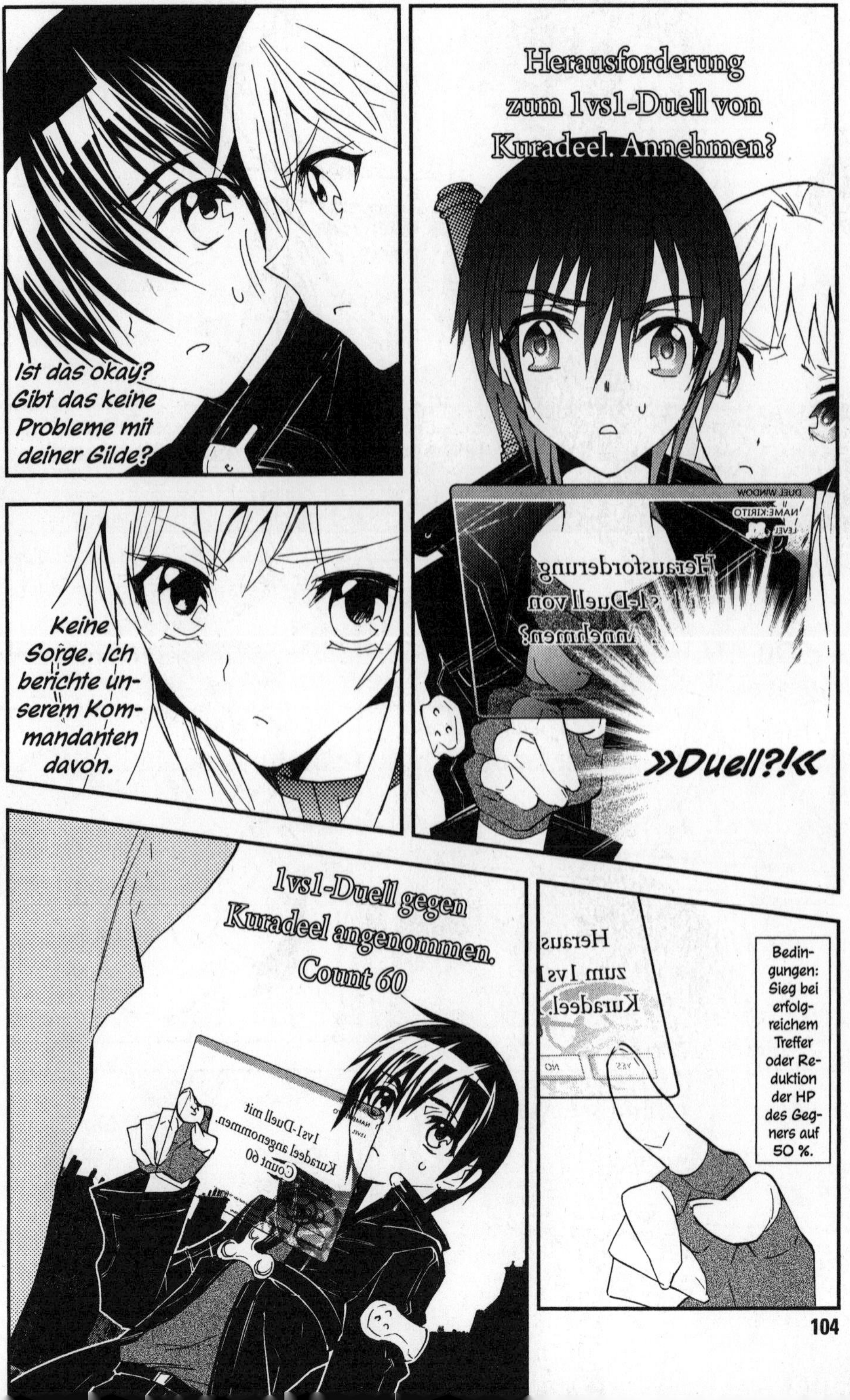
Ist das okay? Gibt das keine Probleme mit deiner Gilde?
Keine Sorge. Ich berichte unserem Kommandanten davon.
Herausforderung zum 1vs1-Duell von Kuradeel. Annehmen?
»Duell?!«
Bedingungen: Sieg bei erfolgreichem Treffer oder Reduktion der HP des Gegners auf 50 %.
1vs1-Duell gegen Kuradeel angenommen. Count 60

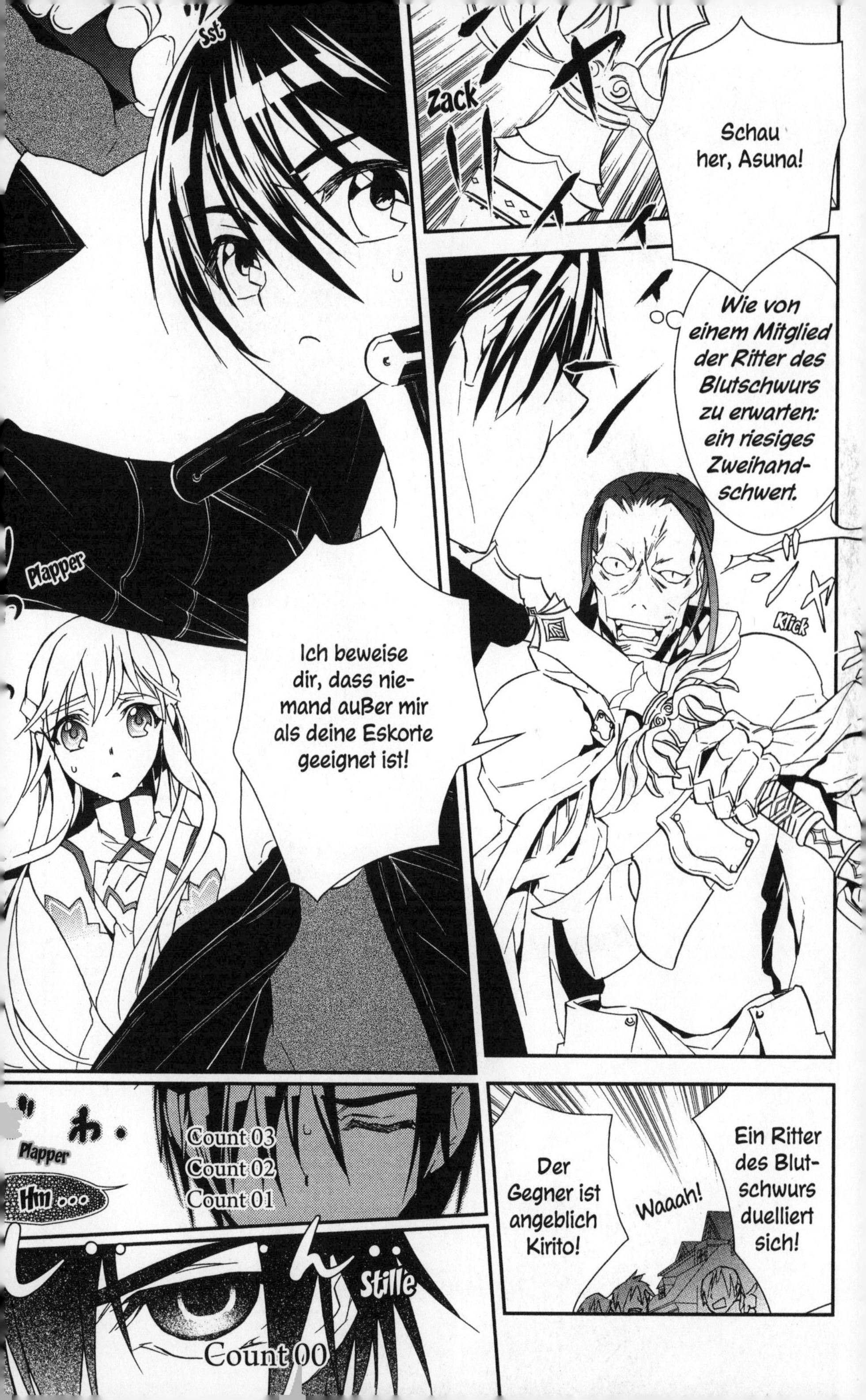

Zack
Schau her, Asuna!
Wie von einem Mitglied der Ritter des Blutschwurs zu erwarten: ein riesiges Zweihand-schwert.
Klick
Sst
Plapper
Ich beweise dir, dass nie-mand außer mir als deine Eskorte geeignet ist!
Ein Ritter des Blut-schwurs duelliert sich!
Waaah!
Der Gegner ist angeblich Kirito!
Plapper
Hm ...
Count 03
Count 02
Count 01
Stille
Count 00

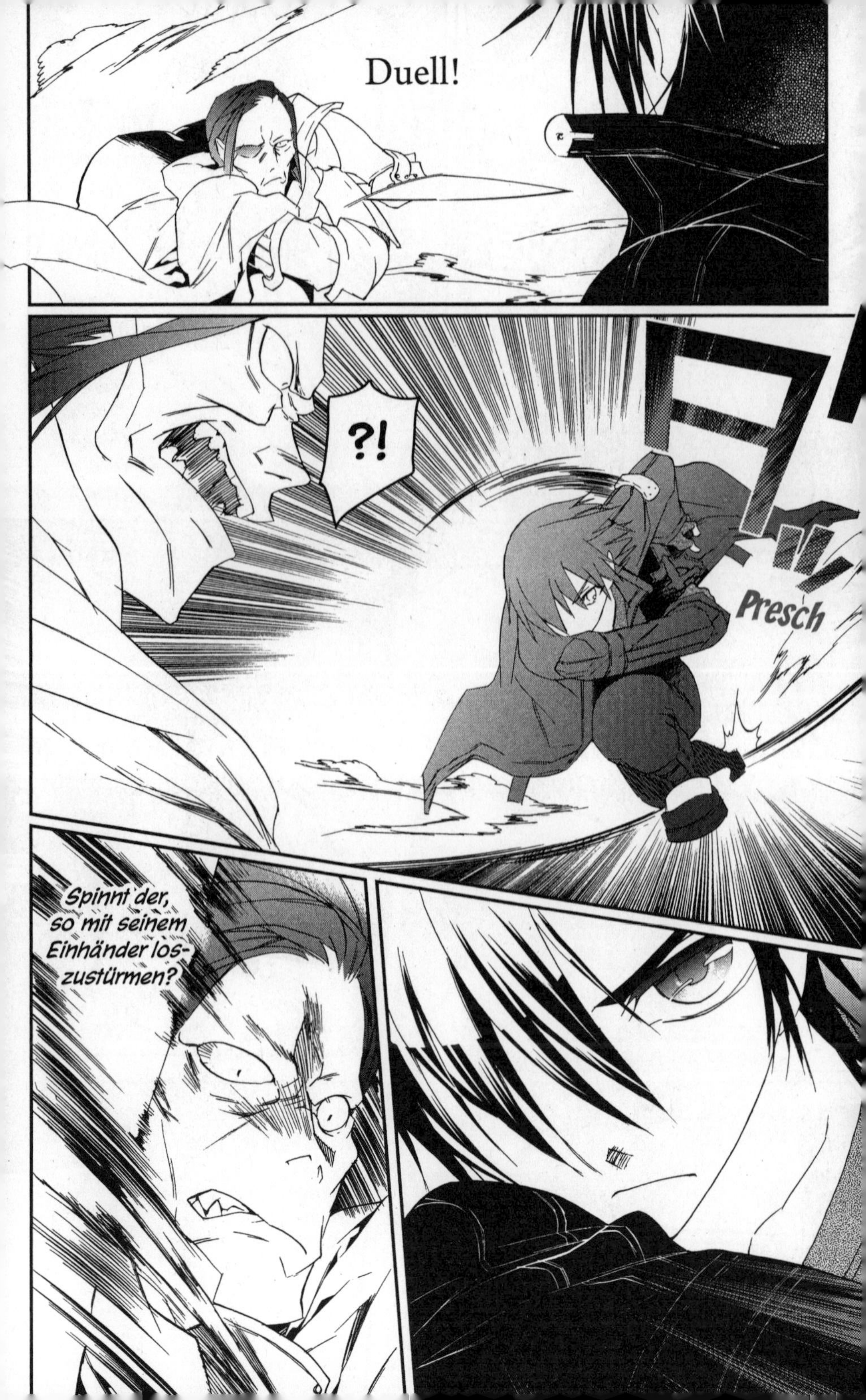
Duell!
?!
Presch
Spinnt der, so mit seinem Einhänder loszustürmen?

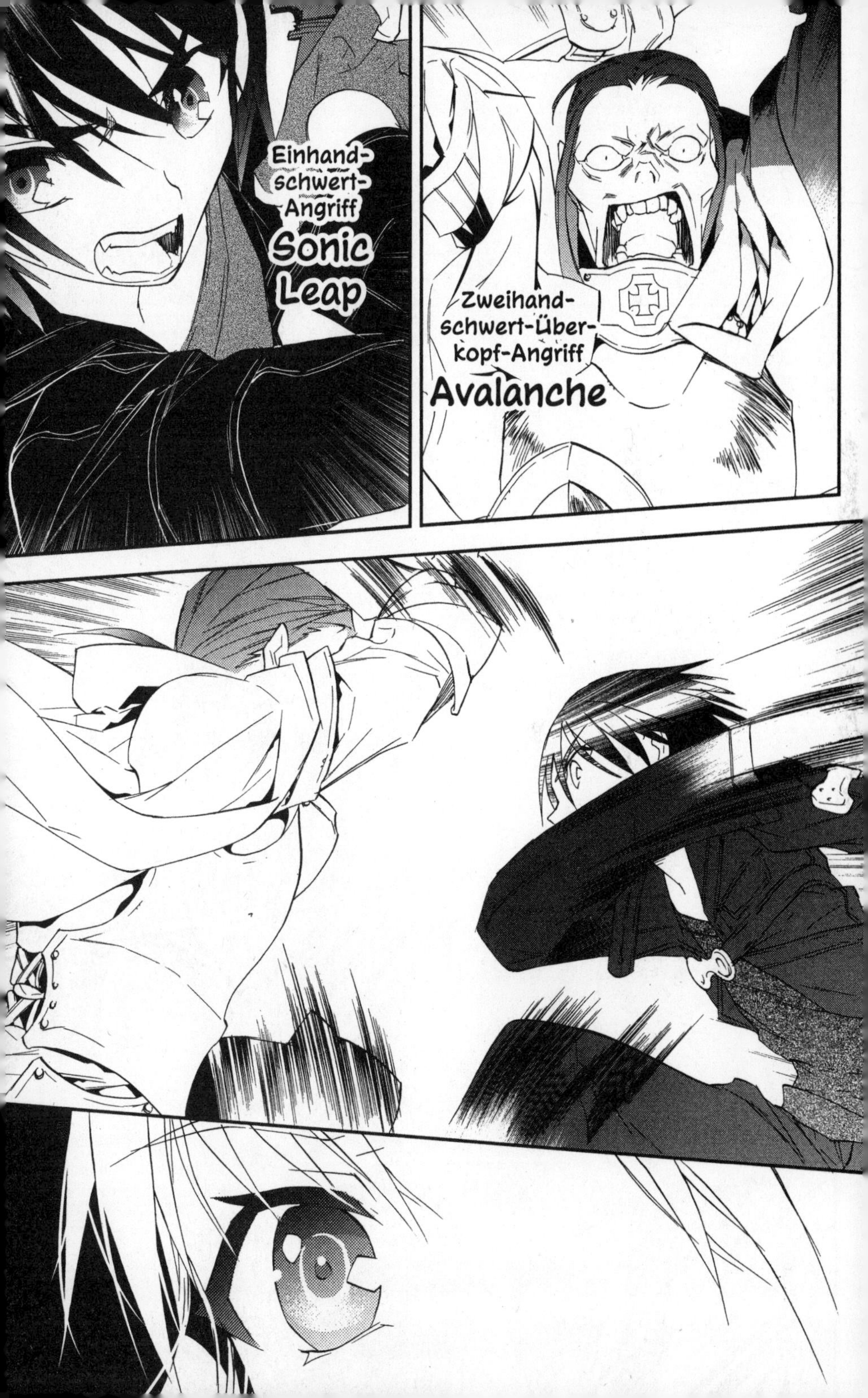
Einhand-
schwert-
Angriff
Sonic
Leap
Zweihand-
schwert-Über-
kopf-Angriff
Avalanche

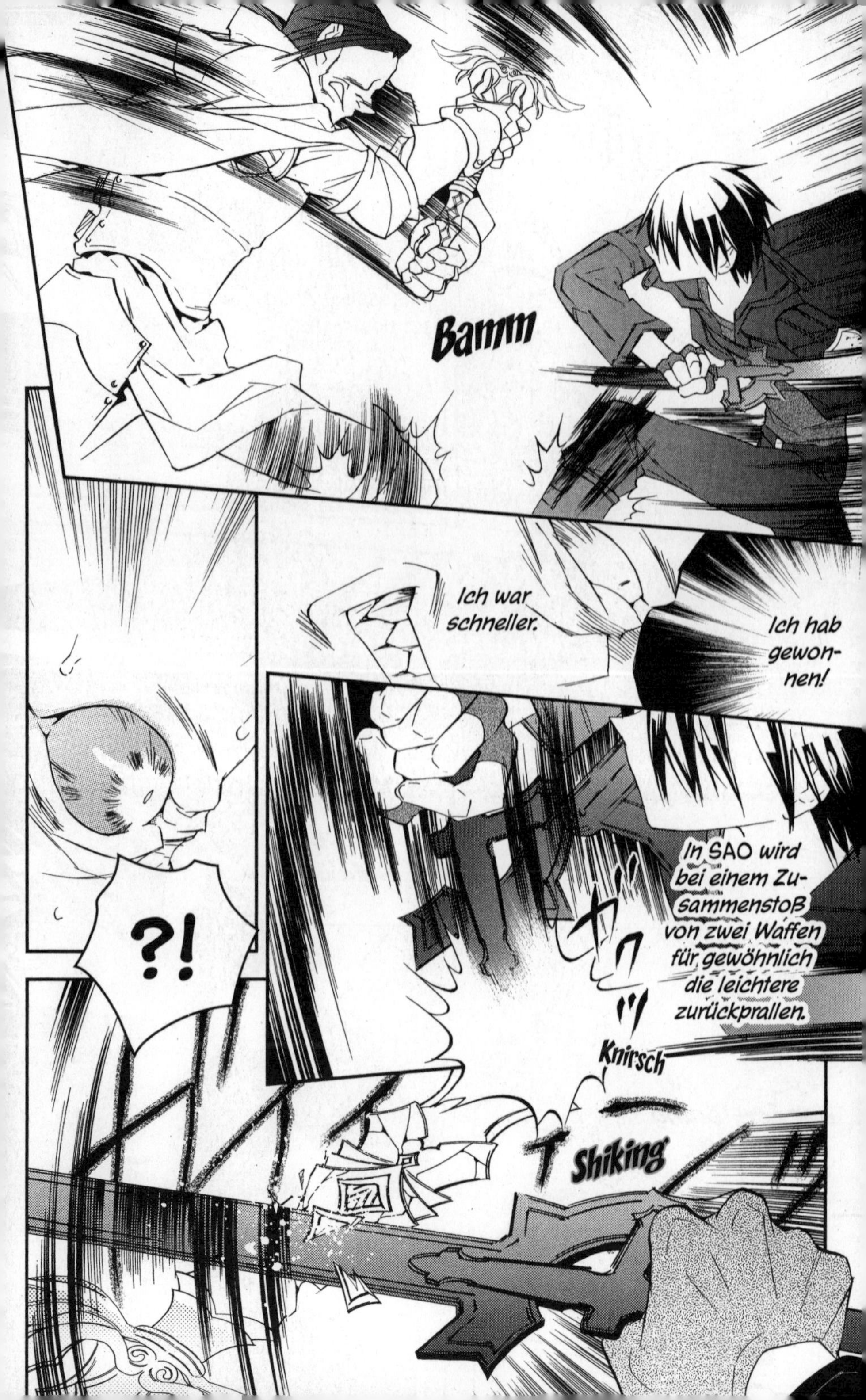
Bamm
Ich hab gewonnen!
Ich war schneller.
?!
In SAO wird bei einem Zusammenstoß von zwei Waffen für gewöhnlich die leichtere zurückprallen.
Knirsch
Shiking

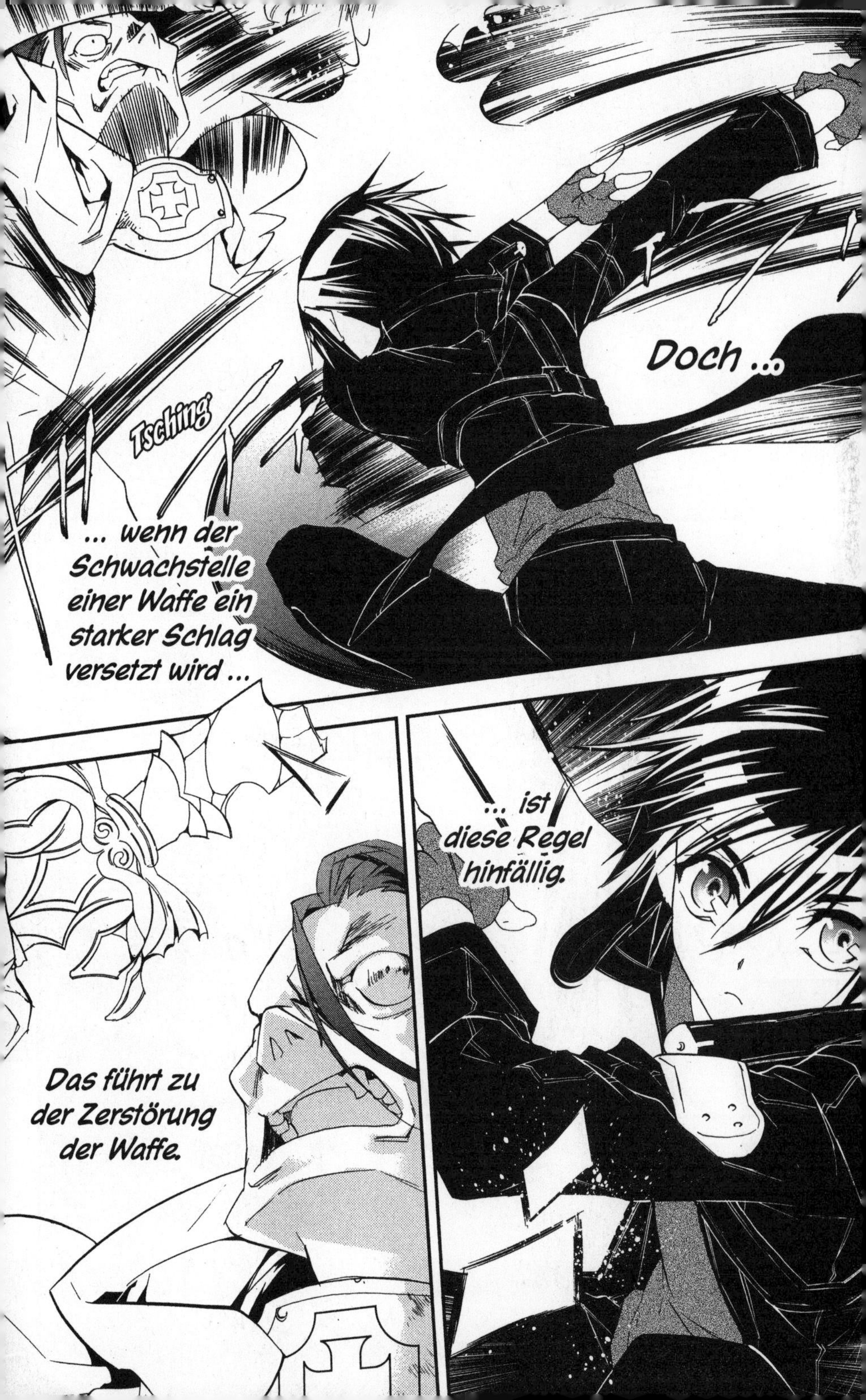
Doch ...
Tsching
... wenn der Schwachstelle einer Waffe ein starker Schlag versetzt wird ...
... ist diese Regel hinfällig.
Das führt zu der Zerstörung der Waffe.

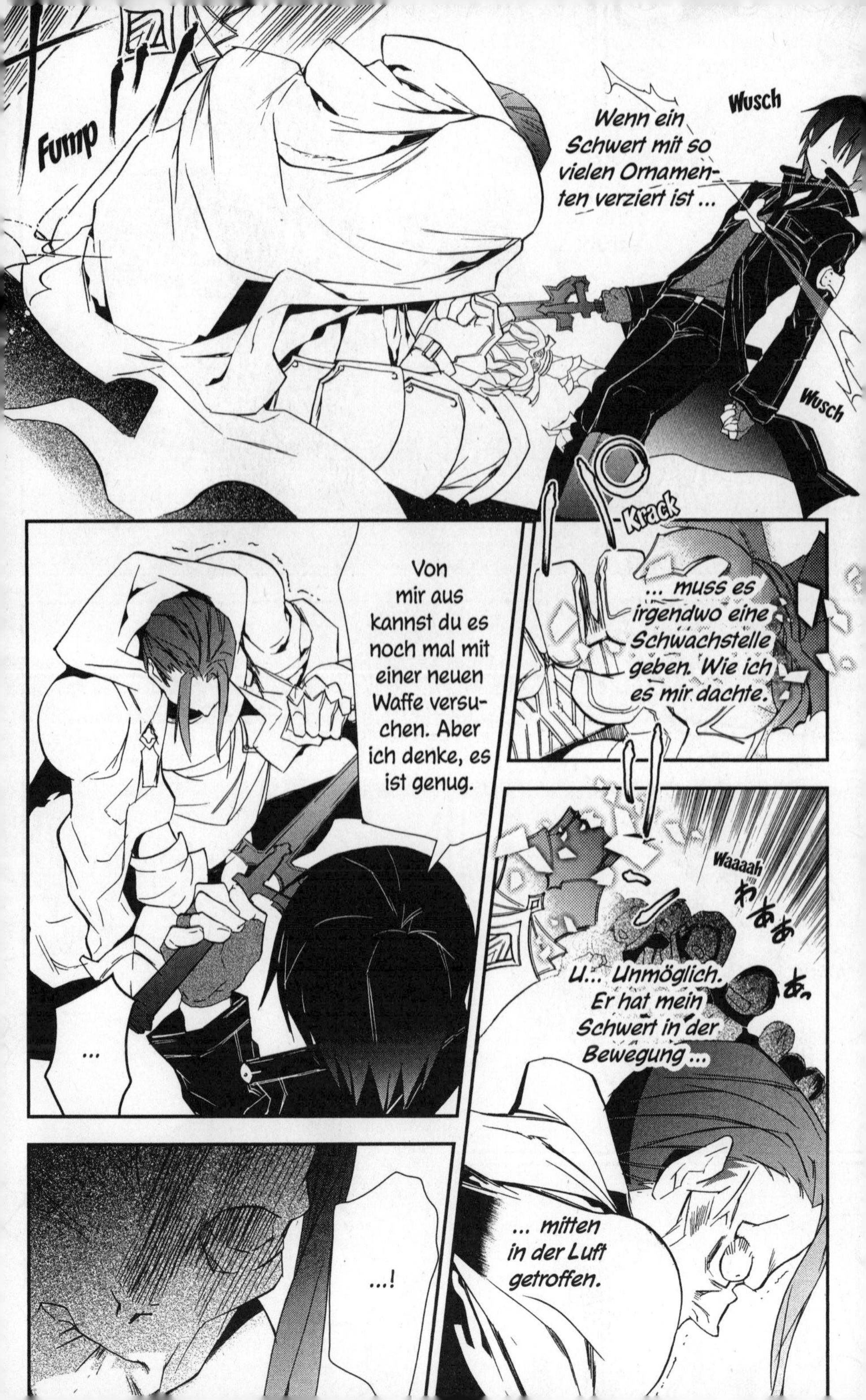
Wusch
Wenn ein Schwert mit so vielen Ornamenten verziert ist ...
Fump
Wusch
Krack
... muss es irgendwo eine Schwachstelle geben. Wie ich es mir dachte.
Von mir aus kannst du es noch mal mit einer neuen Waffe versuchen. Aber ich denke, es ist genug.
...
Waaaah
U... Unmöglich. Er hat mein Schwert in der Bewegung ...
... mitten in der Luft getroffen.
...!

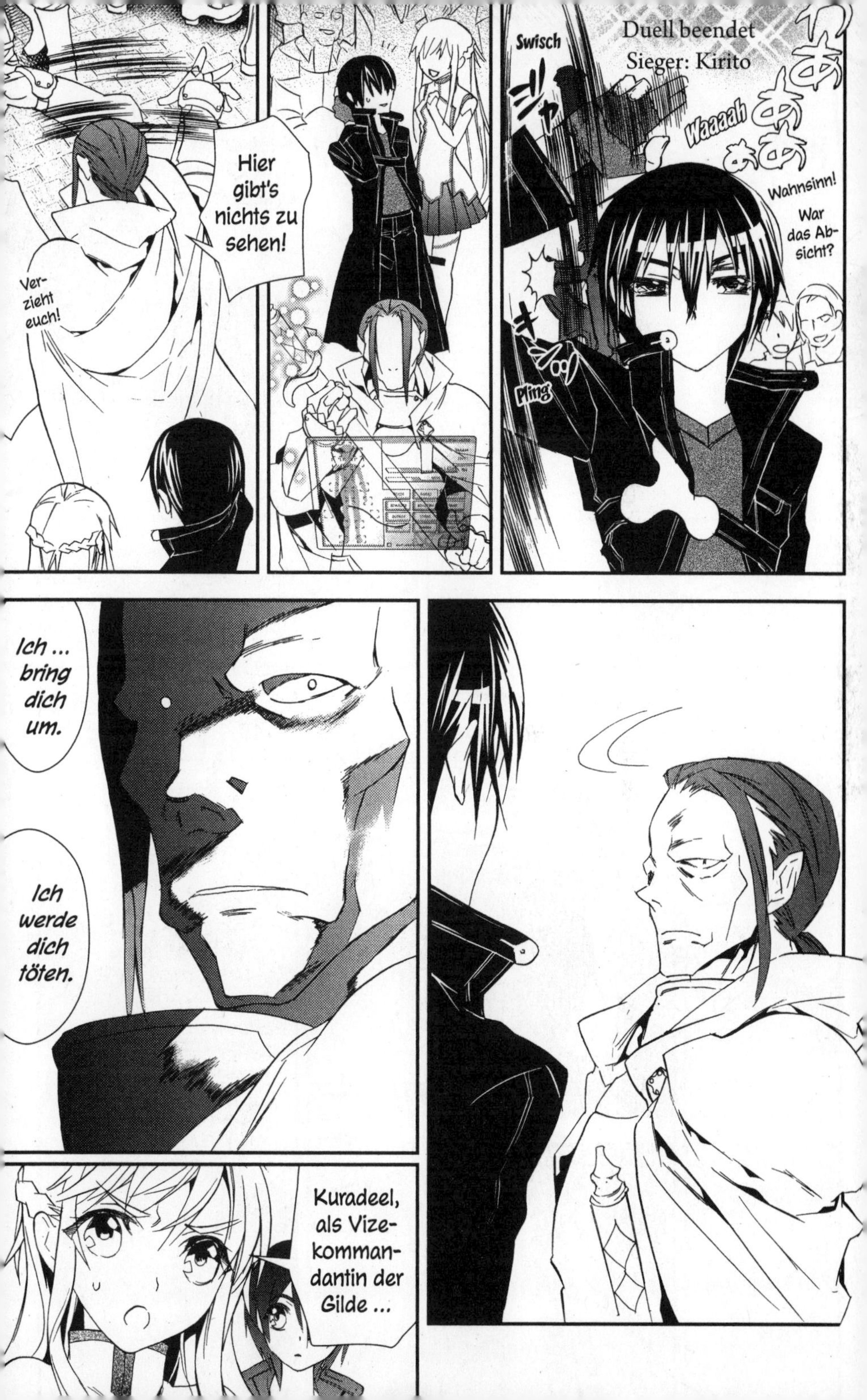

Duell beendet
Sieger: Kirito
Swisch
Waaaah
あああ
Wahnsinn!
War das Absicht?
Pling
Hier gibt's nichts zu sehen!
Verzieht euch!
Ich ... bring dich um.
Ich werde dich töten.
Kuradeel, als Vizekommandantin der Gilde ...

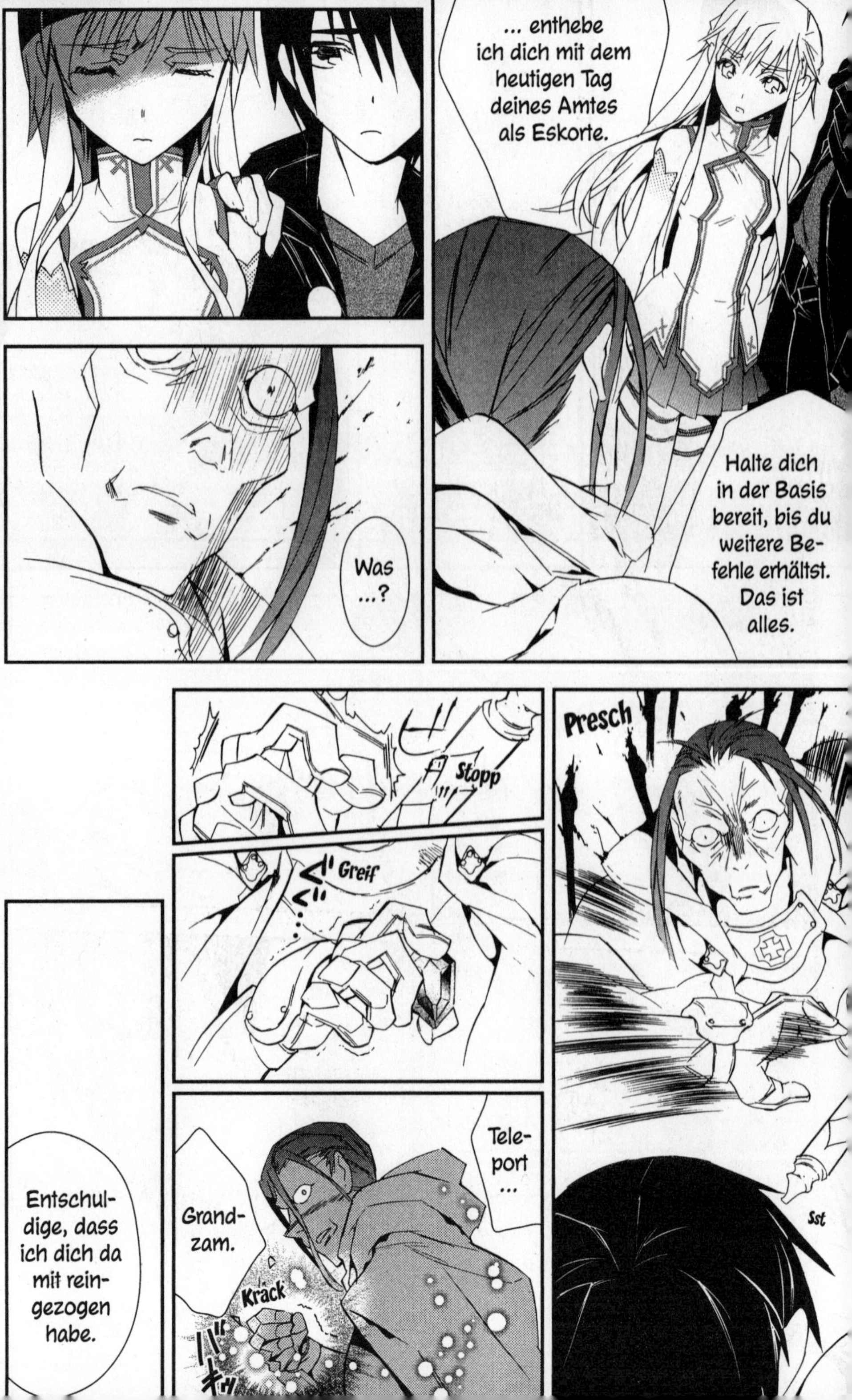
... enthebe ich dich mit dem heutigen Tag deines Amtes als Eskorte.
Halte dich in der Basis bereit, bis du weitere Befehle erhältst. Das ist alles.
Was ...?
Presch
Sst
Stopp
Greif
Teleport ...
Grandzam.
Kräck
Entschuldige, dass ich dich da mit reingezogen habe.

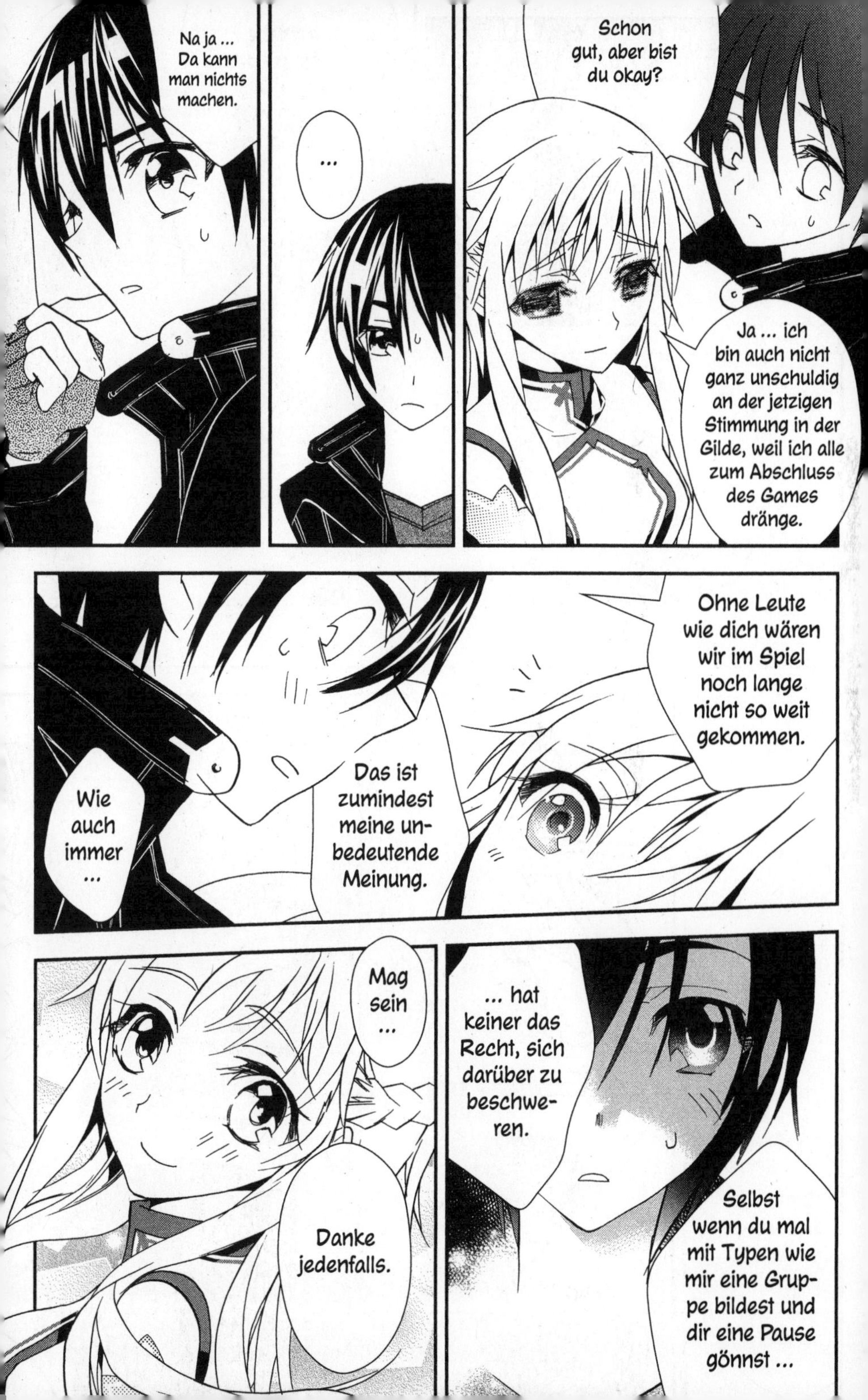
Schon gut, aber bist du okay?
Ja ... ich bin auch nicht ganz unschuldig an der jetzigen Stimmung in der Gilde, weil ich alle zum Abschluss des Games dränge.
...
Na ja ... Da kann man nichts machen.
Ohne Leute wie dich wären wir im Spiel noch lange nicht so weit gekommen.
Das ist zumindest meine unbedeutende Meinung.
Wie auch immer ...
Selbst wenn du mal mit Typen wie mir eine Gruppe bildest und dir eine Pause gönnst ...
... hat keiner das Recht, sich darüber zu beschweren.
Mag sein ...
Danke jedenfalls.

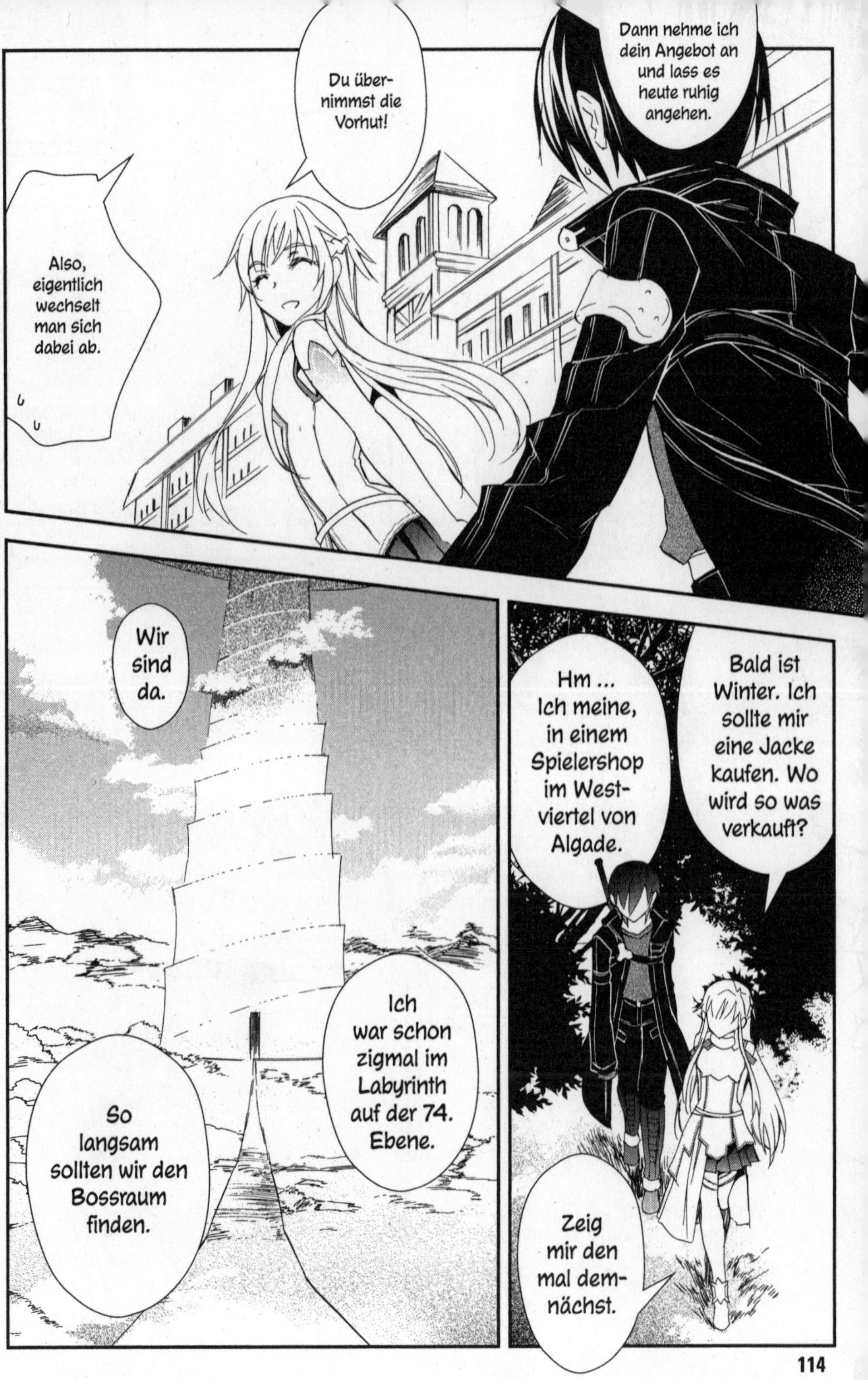

Dann nehme ich dein Angebot an und lass es heute ruhig angehen.
Du übernimmst die Vorhut!
Also, eigentlich wechselt man sich dabei ab.
Bald ist Winter. Ich sollte mir eine Jacke kaufen. Wo wird so was verkauft?
Hm ... Ich meine, in einem Spielershop im Westviertel von Algade.
Zeig mir den mal demnächst.
Wir sind da.
Ich war schon zigmal im Labyrinth auf der 74. Ebene.
So langsam sollten wir den Bossraum finden.

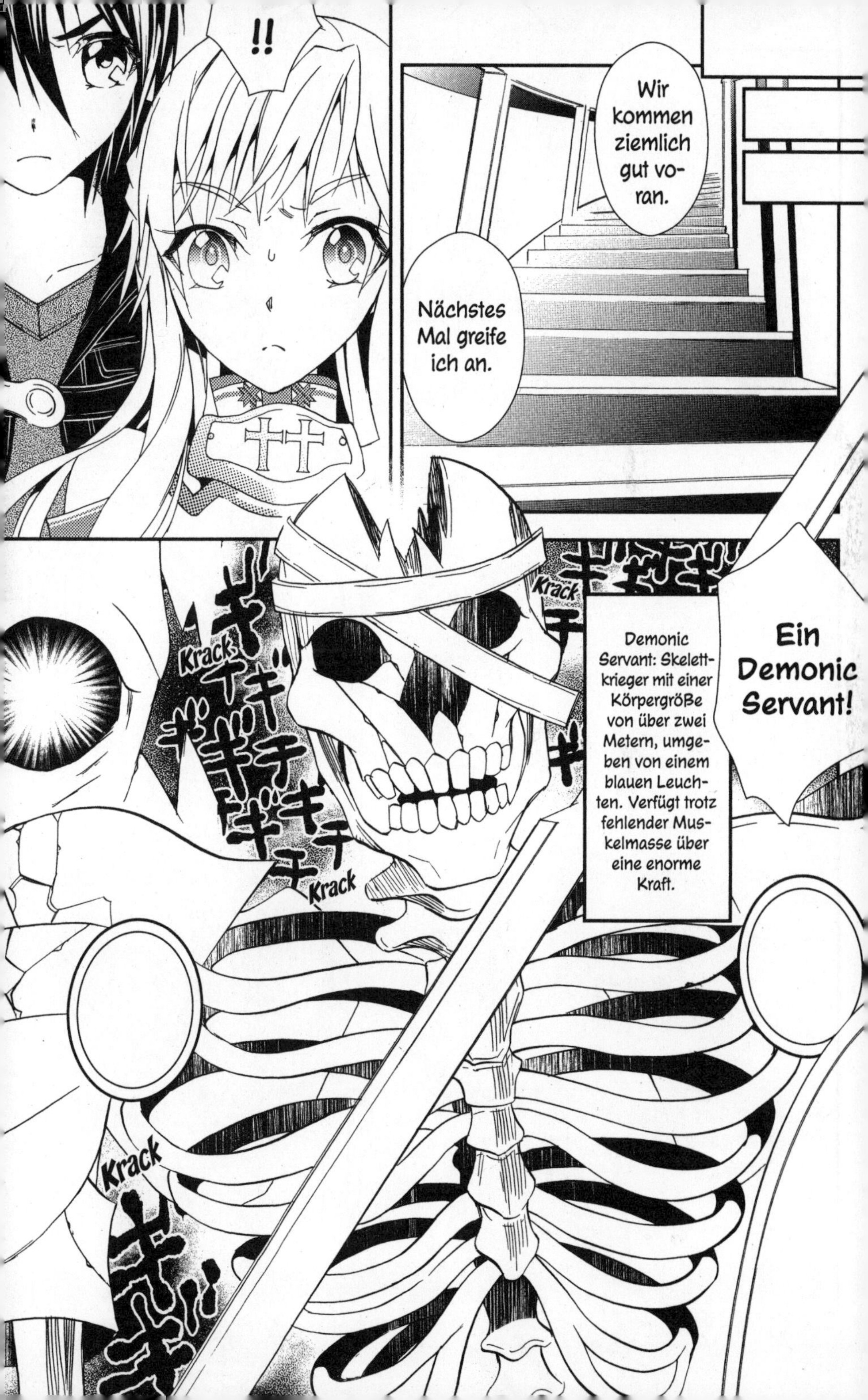
!!
Wir kommen ziemlich gut vo-ran.
Nächstes Mal greife ich an.
Krack
Krack
Krack
Krack
Ein Demonic Servant!
Demonic Servant: Skelett-krieger mit einer Körpergröße von über zwei Metern, umge-ben von einem blauen Leuch-ten. Verfügt trotz fehlender Mus-kelmasse über eine enorme Kraft.

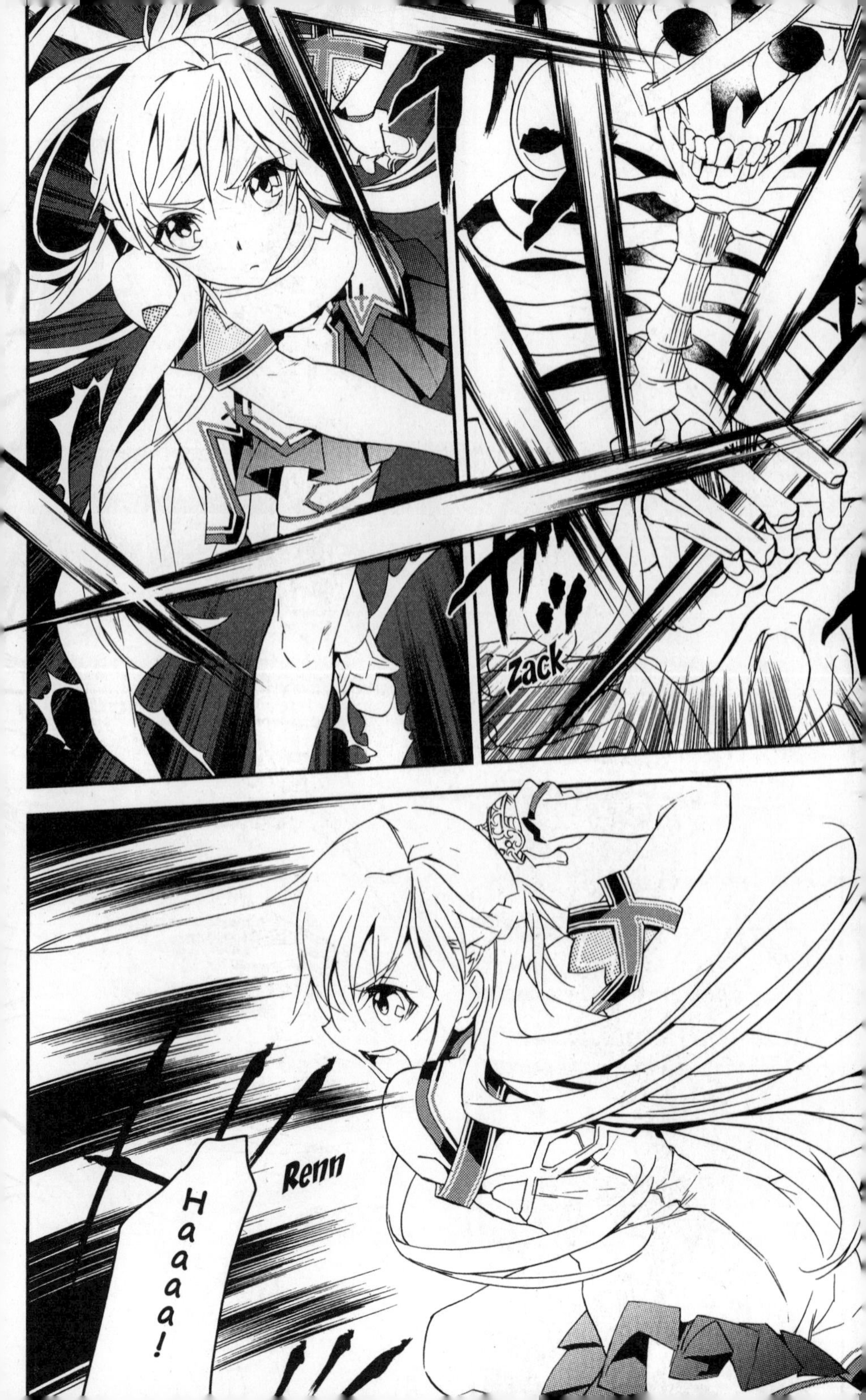

Zack
Renn
Haaaaa!

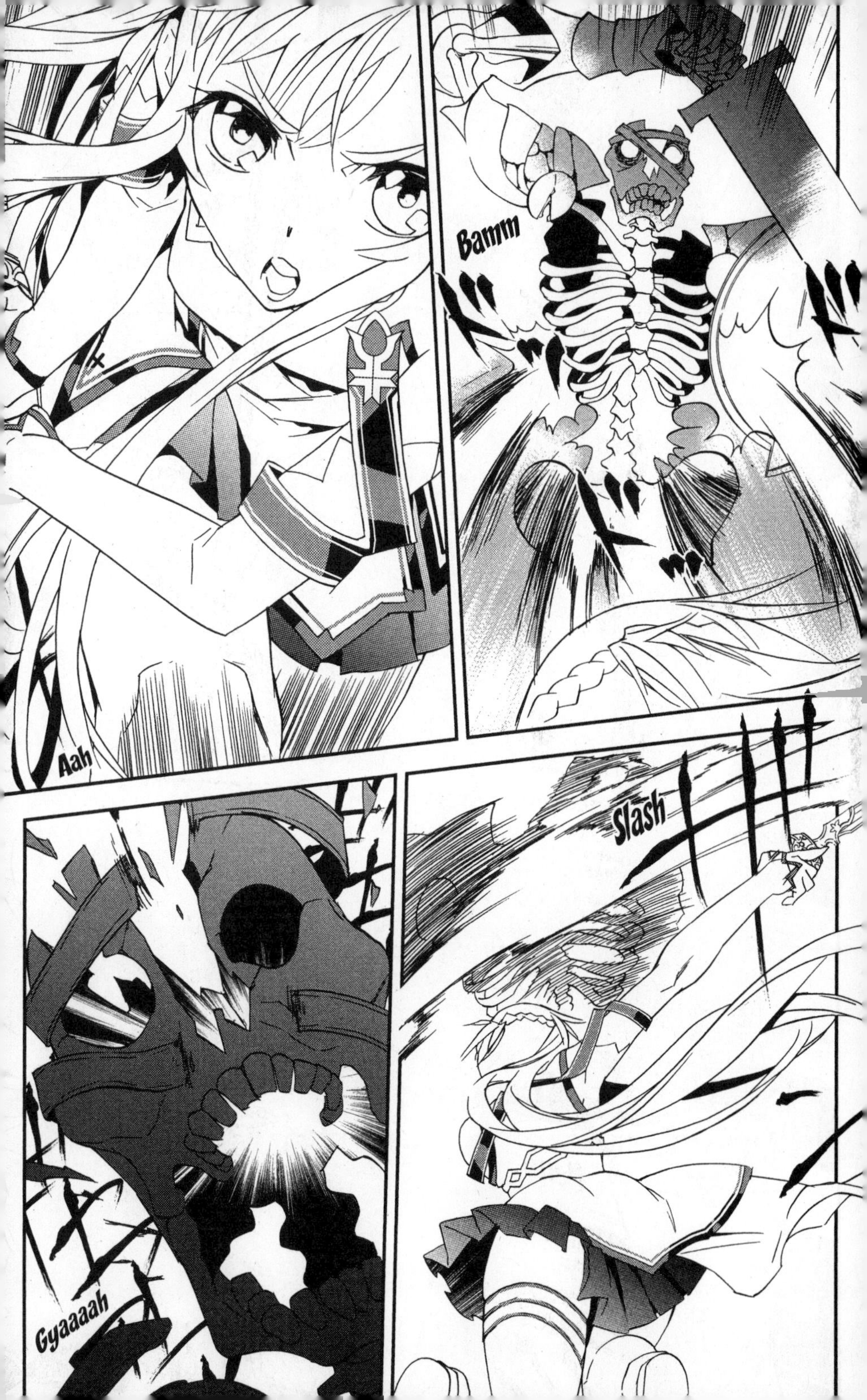
Bamm
Aah
Slash
Gyaaaah

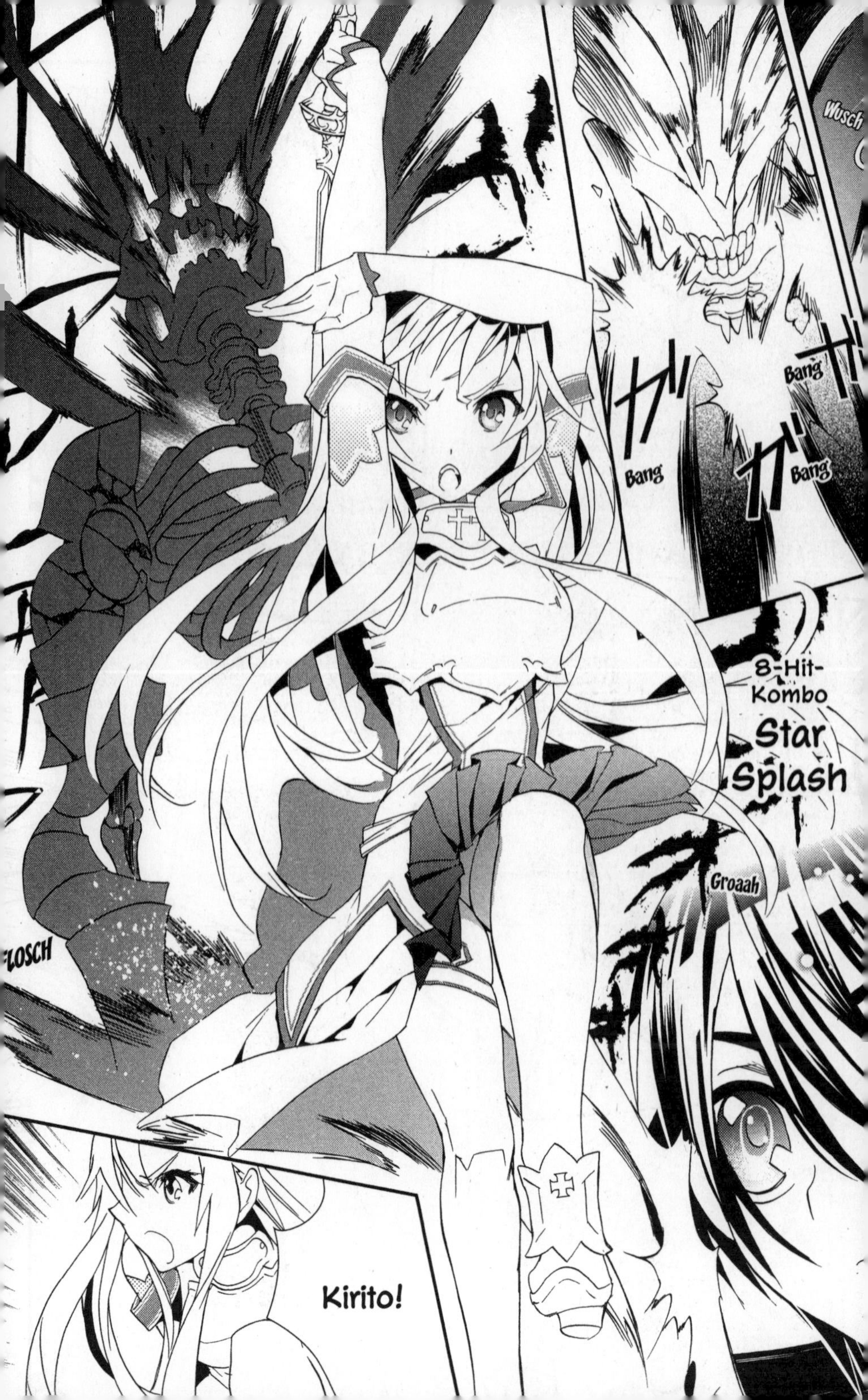
Wusch
Bang
Bang
Bang
8-Hit-Kombo
Star Splash
Groaah
FLOSCH
Kirito!

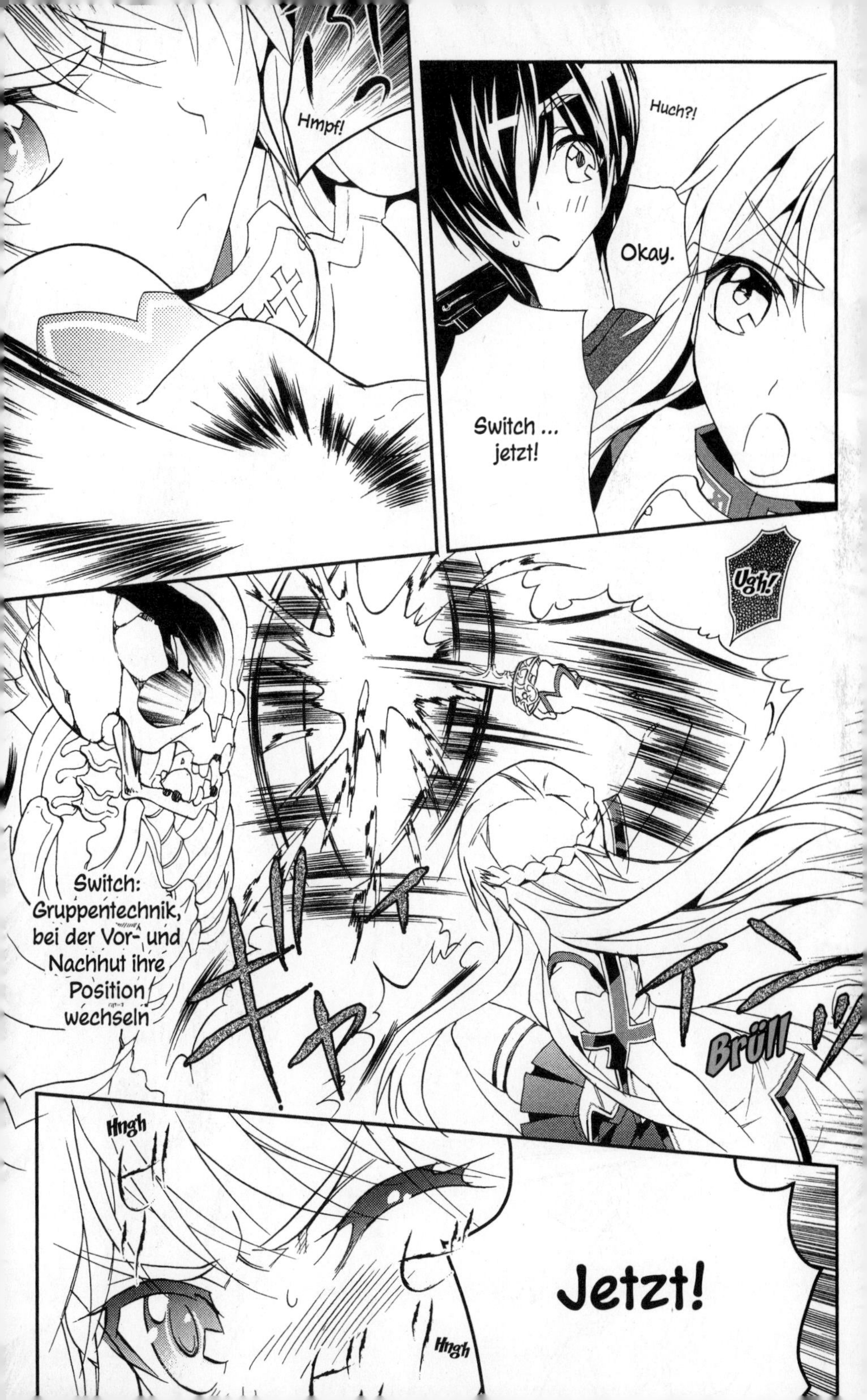
Huch?!
Okay.
Switch ... jetzt!
Hmpf!
Ugh!
Brüll
Switch: Gruppentechnik, bei der Vor- und Nachhut ihre Position wechseln
Jetzt!
Hngh
Hngh

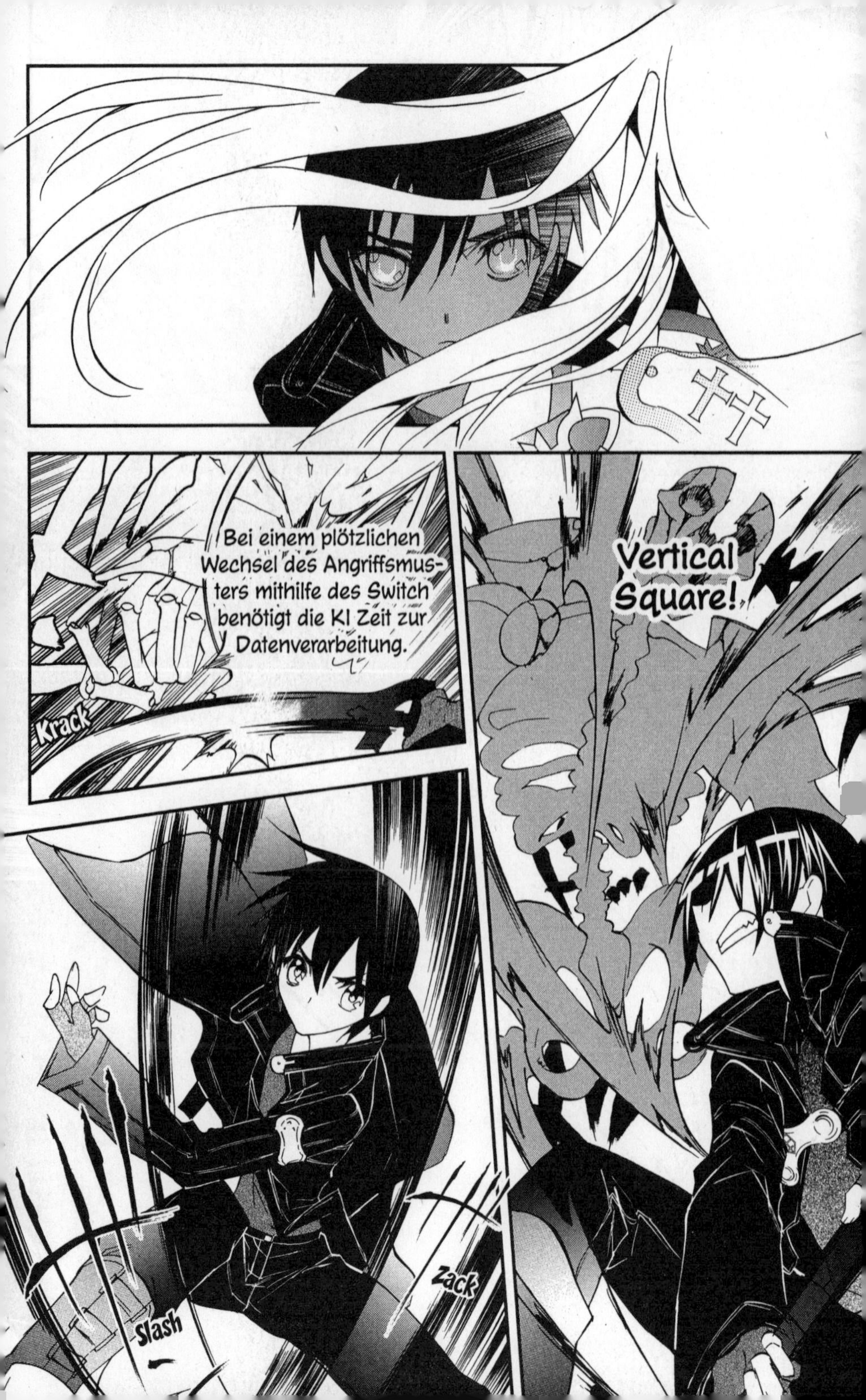
Vertical
Square!
Bei einem plötzlichen Wechsel des Angriffsmusters mithilfe des Switch benötigt die KI Zeit zur Datenverarbeitung.
Krack
Zack
Slash

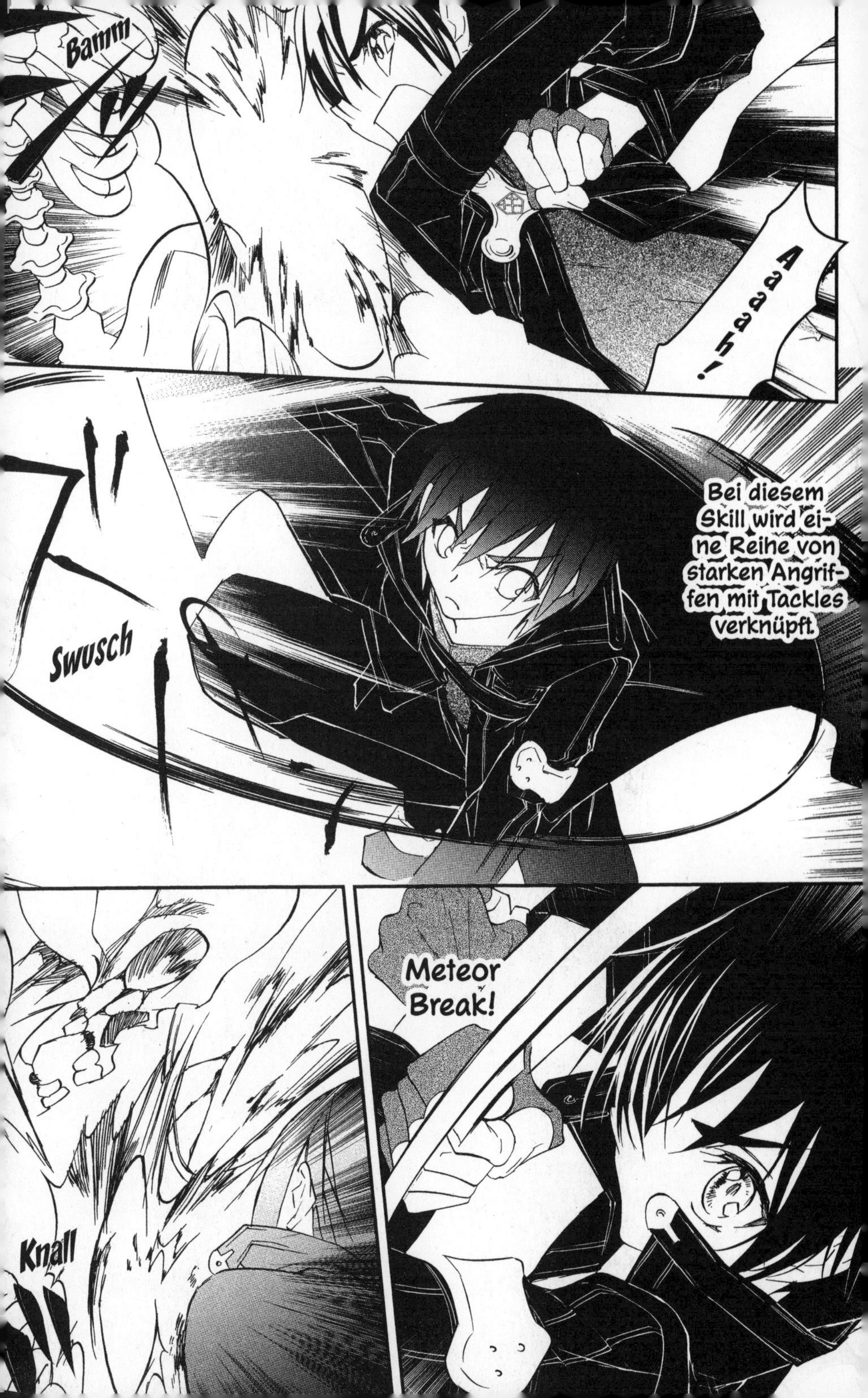
Bamm
Aaaaah!
Swusch
Bei diesem Skill wird eine Reihe von starken Angriffen mit Tackles verknüpft.
Meteor Break!
Knall

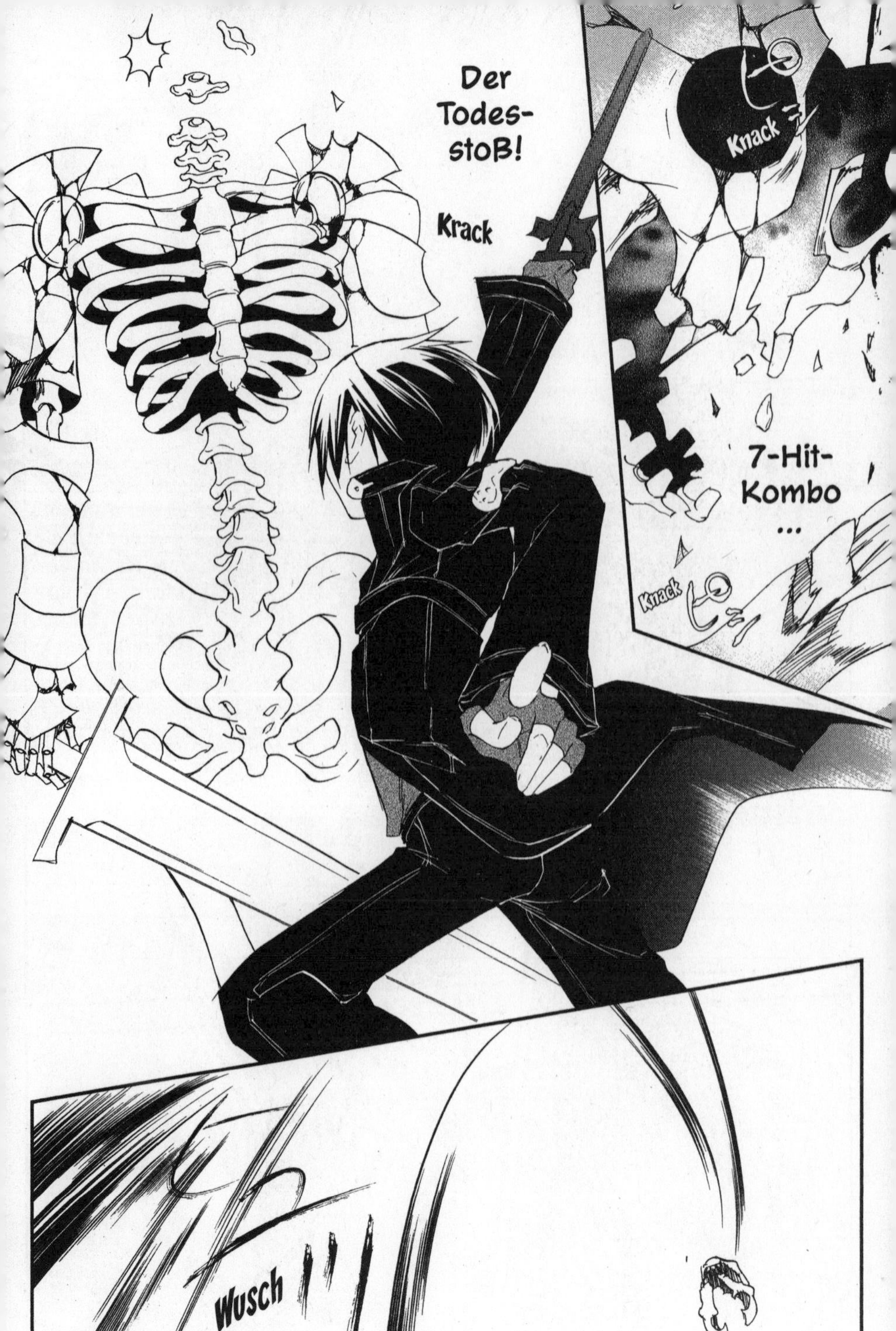
Knack
7-Hit-
Kombo
...
Knack
Der
Todes-
stoß!
Krack
Wusch

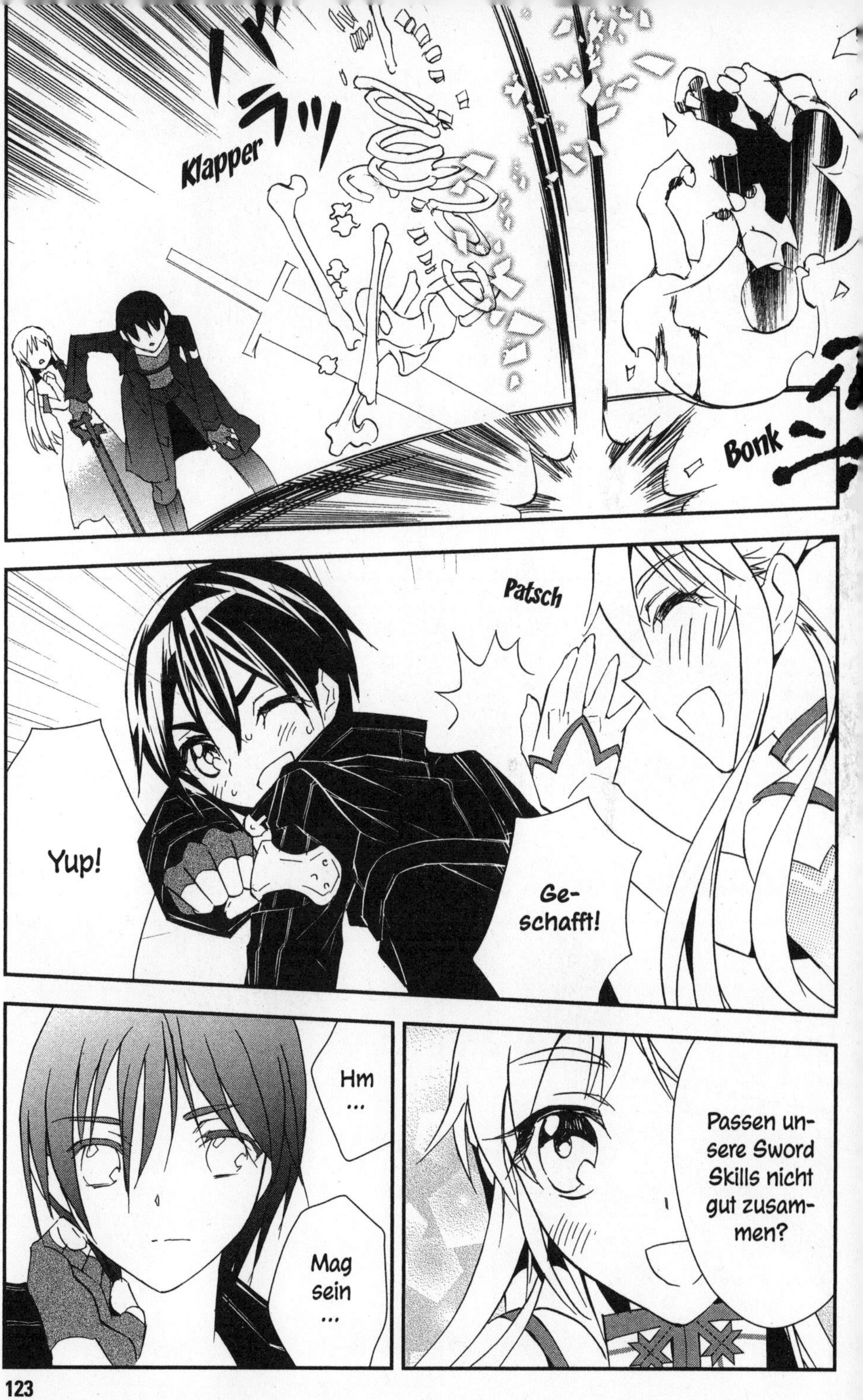
Bonk
ドラッ
Klapper
Patsch
Ge-
schafft!
Yup!
Passen un-
sere Sword
Skills nicht
gut zusam-
men?
Hm
...
Mag
sein
...

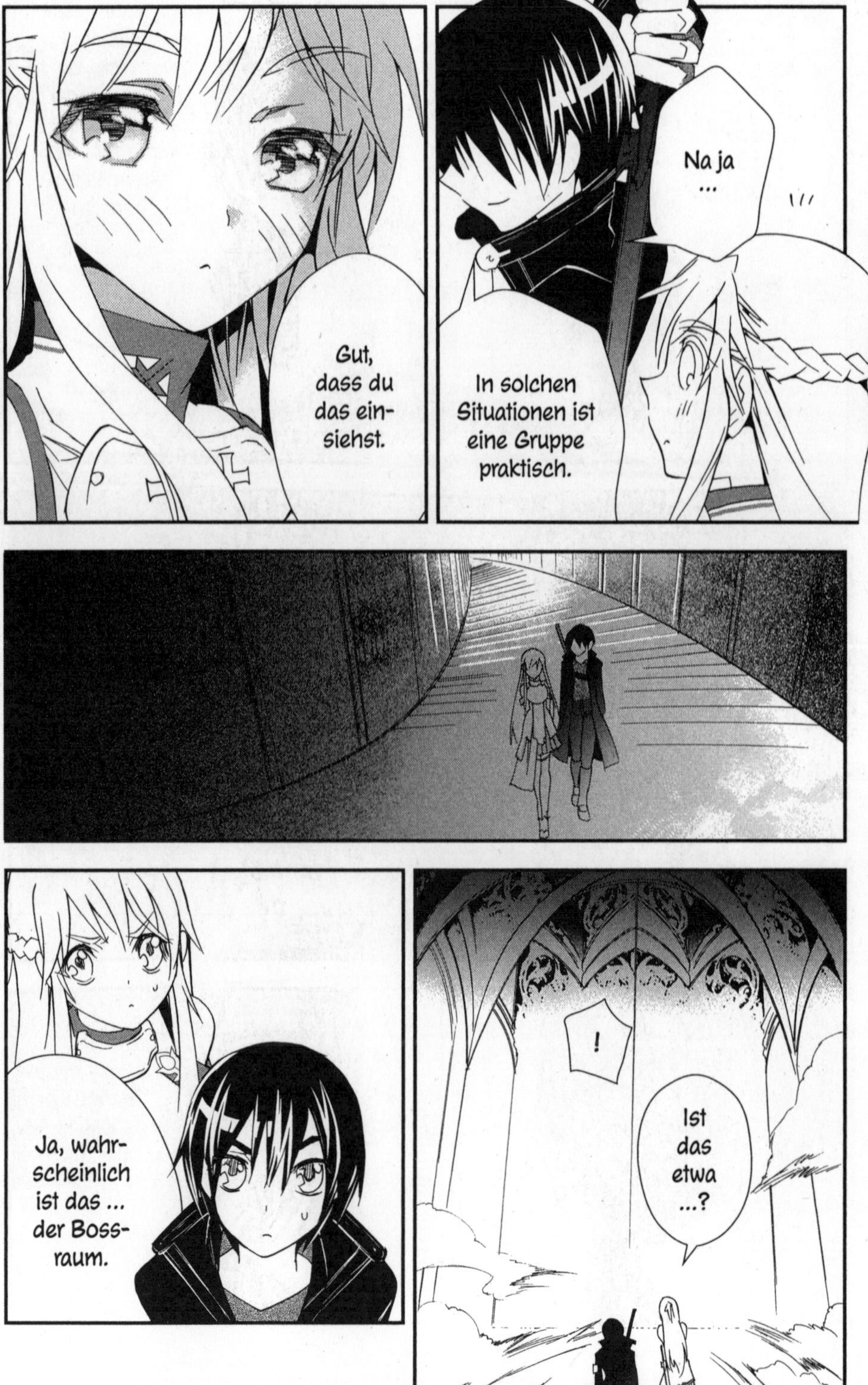
Na ja ...
In solchen Situationen ist eine Gruppe praktisch.
Gut, dass du das ein-siehst.
!
Ist das etwa ...?
Ja, wahr-scheinlich ist das ... der Boss-raum.

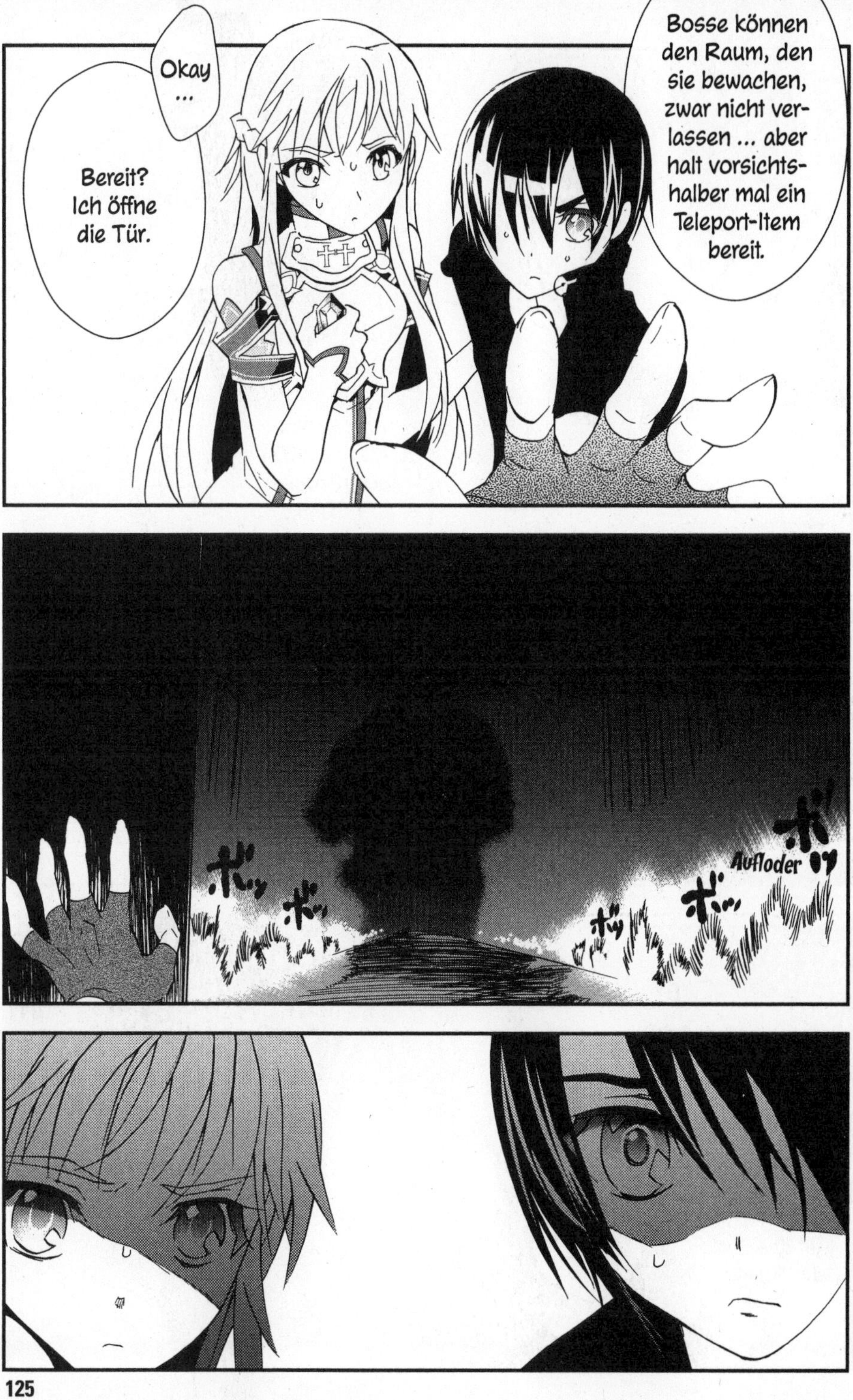
Bosse können den Raum, den sie bewachen, zwar nicht verlassen ... aber halt vorsichtshalber mal ein Teleport-Item bereit.
Okay ...
Bereit? Ich öffne die Tür.
Aufloder

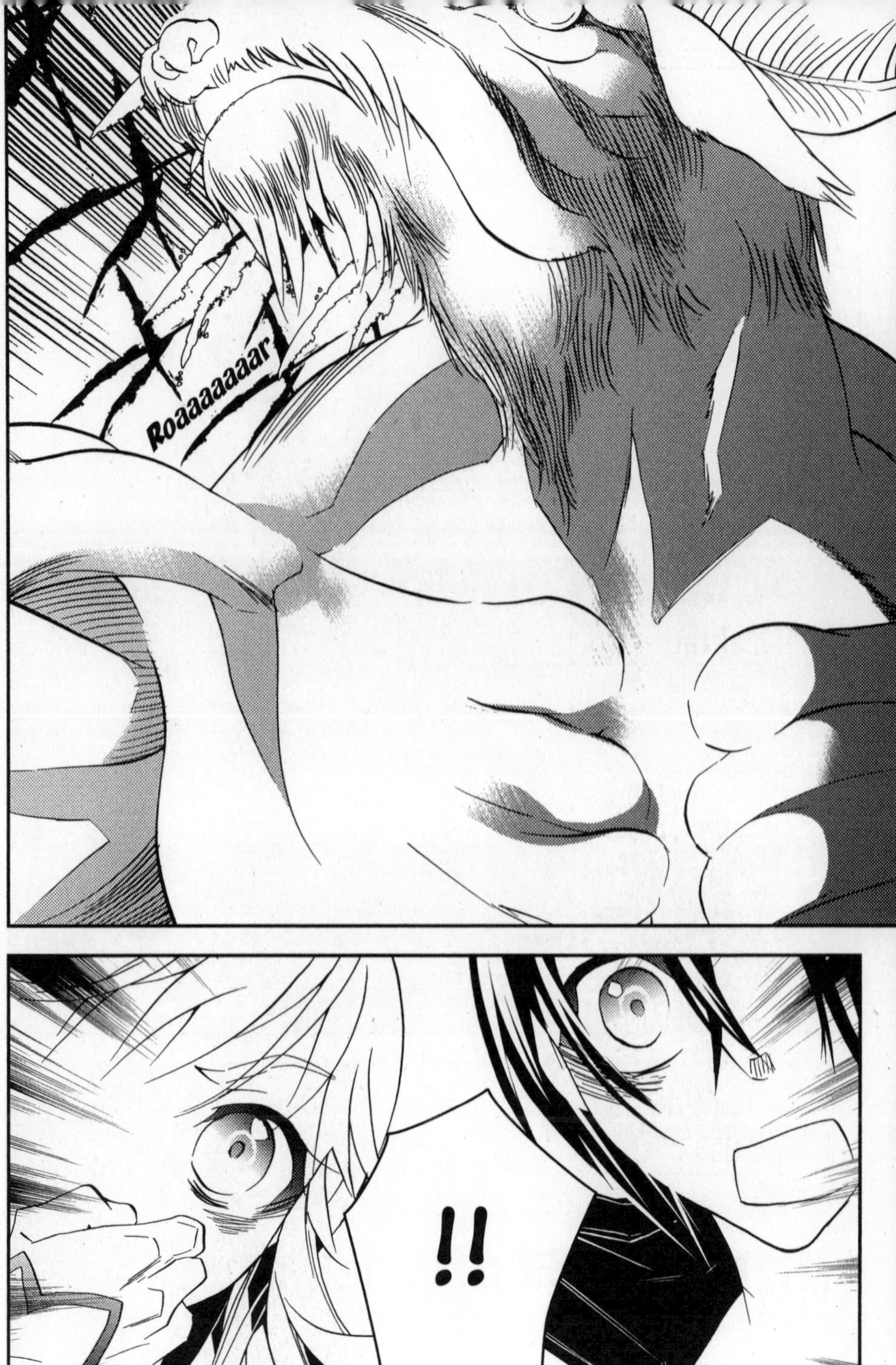
Roaaaaaar
!!

Charakter

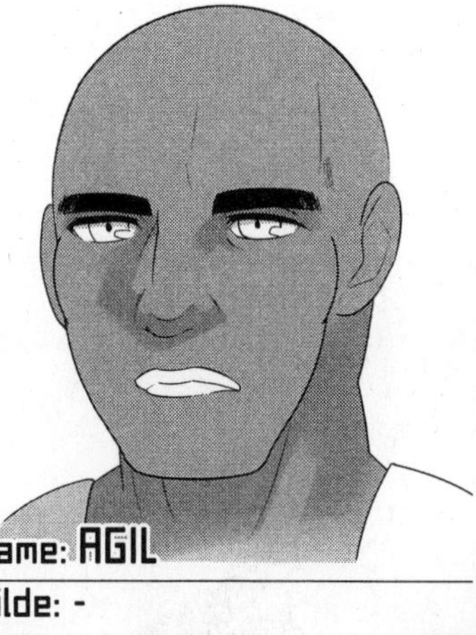

Name: AGIL

Gilde: -

001 Sword Art Online Aincrad

Charakter

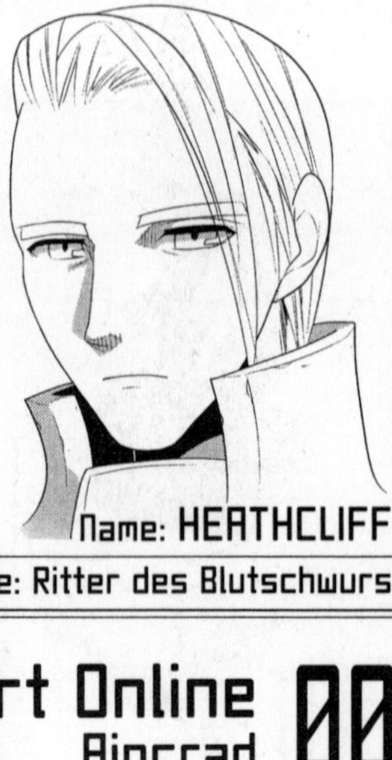

Name: HEATHCLIFF

Gilde: Ritter des Blutschwurs

Sword Art Online 001
Aincrad

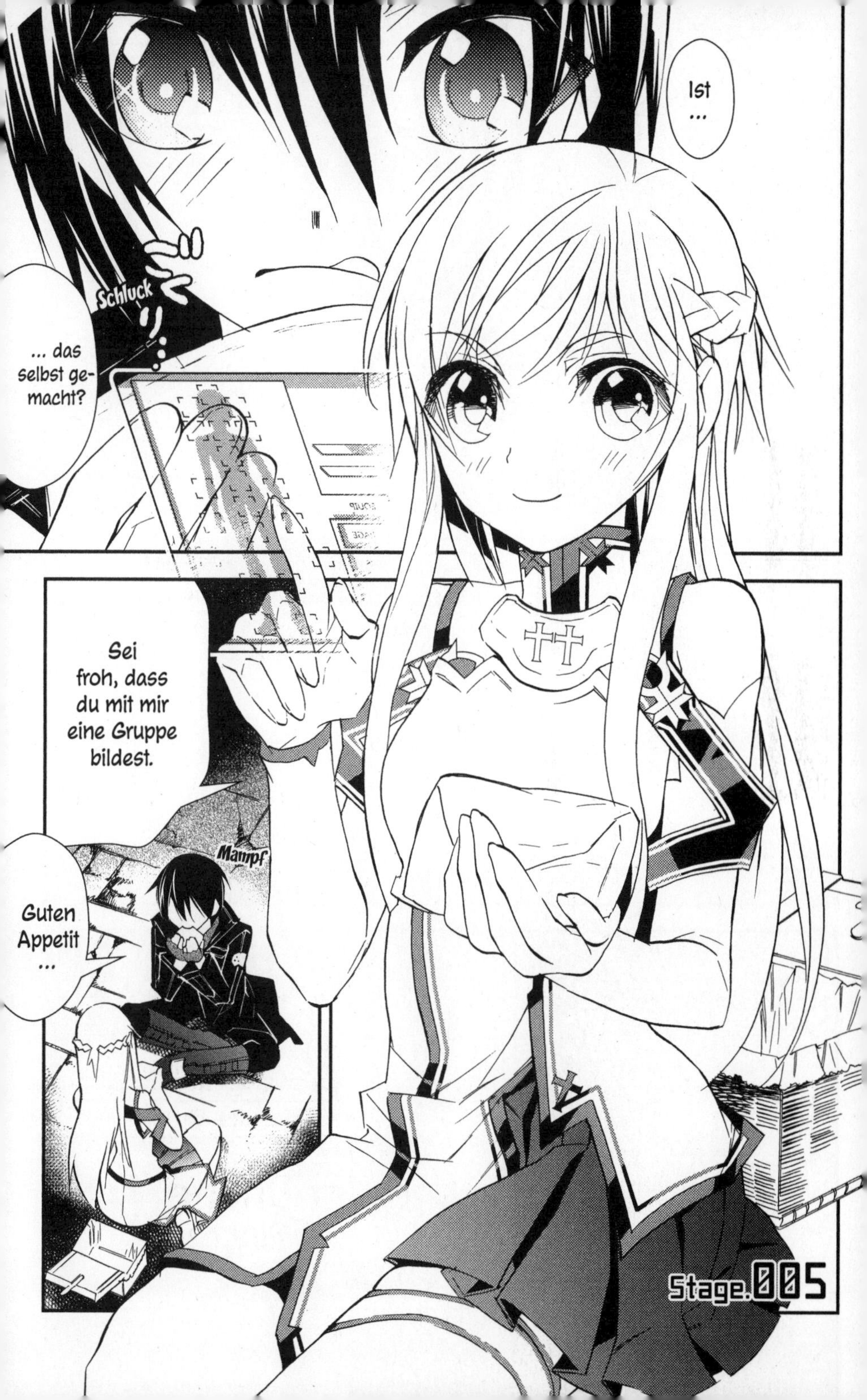
Ist …
Schluck
… das selbst gemacht?
Sei froh, dass du mit mir eine Gruppe bildest.
Mampf
Guten Appetit …
Stage.005

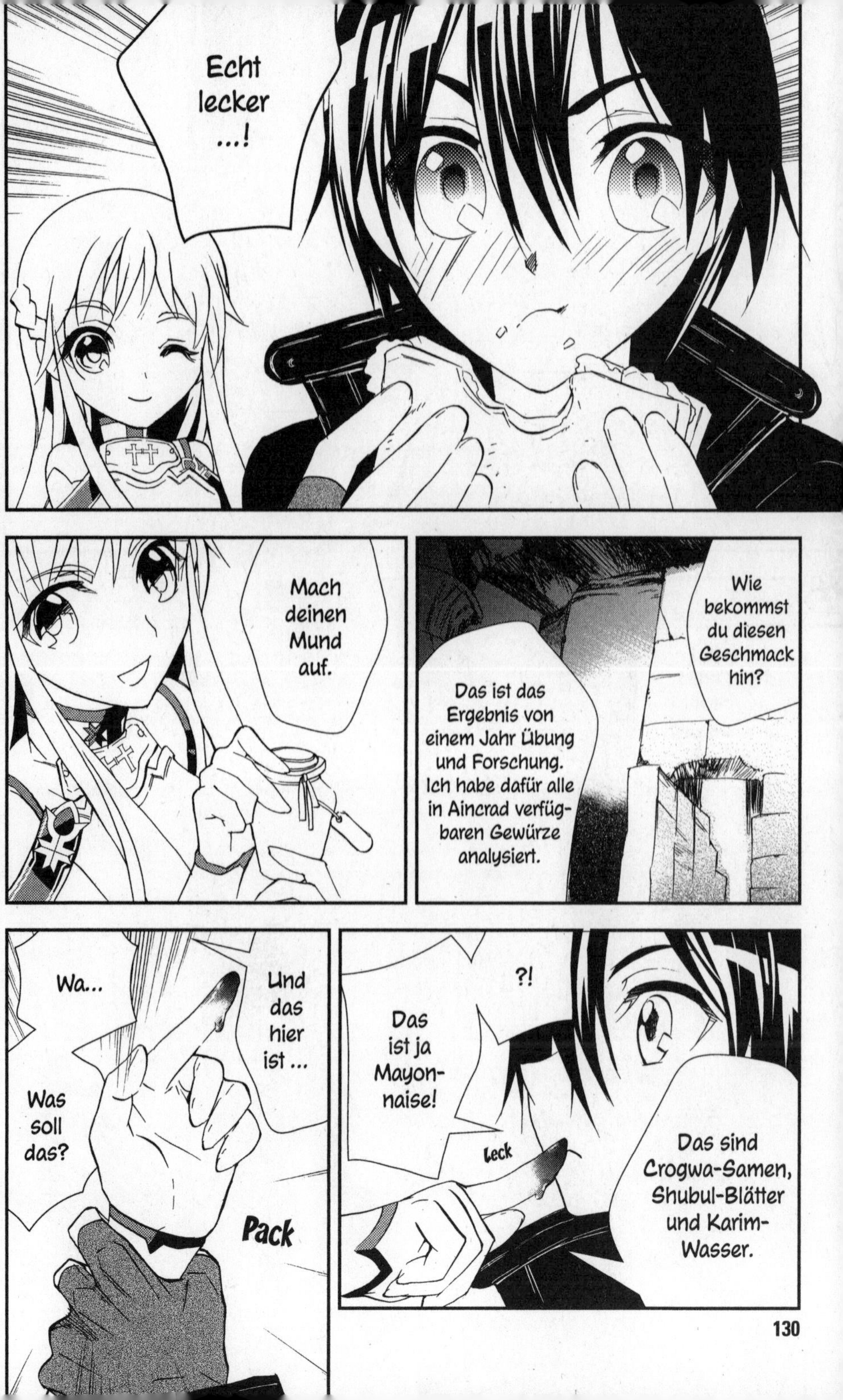
Echt lecker ...!
Wie bekommst du diesen Geschmack hin?
Das ist das Ergebnis von einem Jahr Übung und Forschung. Ich habe dafür alle in Aincrad verfügbaren Gewürze analysiert.
Mach deinen Mund auf.
Das sind Crogwa-Samen, Shubul-Blätter und Karim-Wasser.
Leck
?!
Das ist ja Mayonnaise!
Und das hier ist ...
Pack
Wa...
Was soll das?

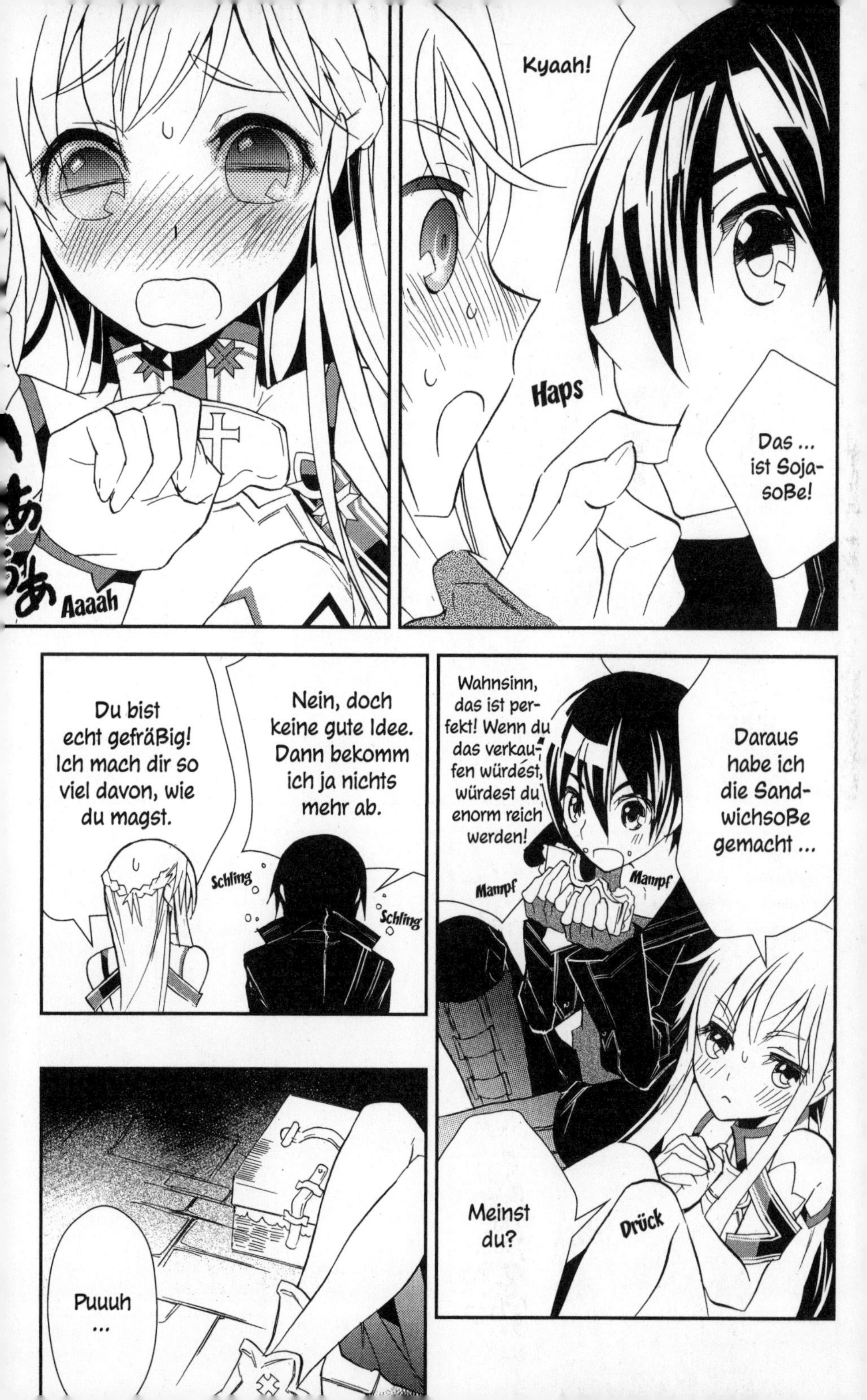
Kyaah!
Haps
Das ... ist Sojasoße!
Aaaah
Daraus habe ich die Sandwichsoße gemacht ...
Wahnsinn, das ist perfekt! Wenn du das verkaufen würdest, würdest du enorm reich werden!
Mampf
Mampf
Nein, doch keine gute Idee. Dann bekomm ich ja nichts mehr ab.
Schling
Schling
Du bist echt gefräßig! Ich mach dir so viel davon, wie du magst.
Meinst du?
Drück
Puuuh ...

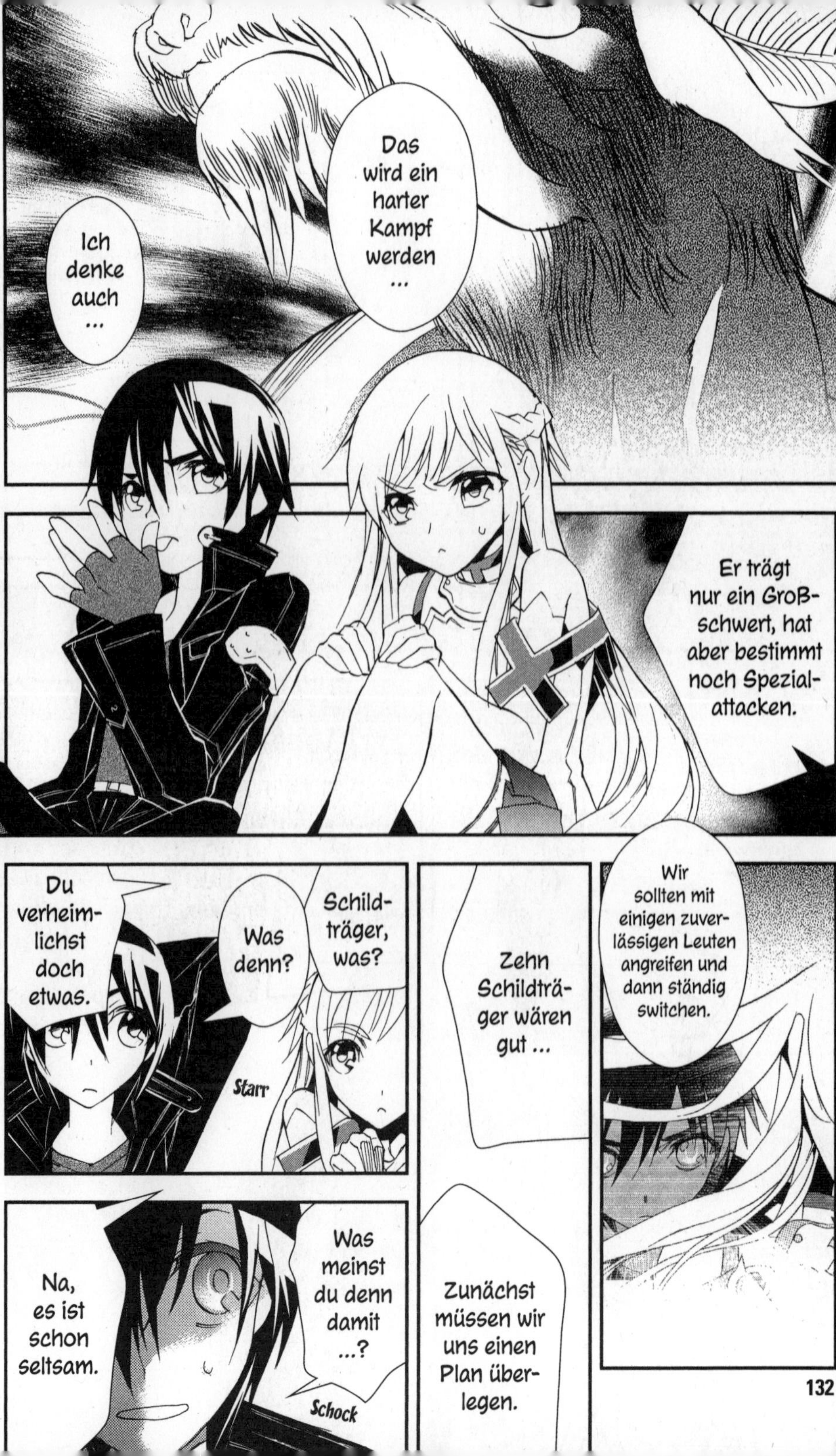
Das wird ein harter Kampf werden ...
Ich denke auch ...
Er trägt nur ein Groß-schwert, hat aber bestimmt noch Spezial-attacken.
Wir sollten mit einigen zuver-lässigen Leuten angreifen und dann ständig switchen.
Zehn Schildträ-ger wären gut ...
Zunächst müssen wir uns einen Plan über-legen.
Schild-träger, was?
Was denn?
Du verheim-lichst doch etwas.
Starr
Was meinst du denn damit ...?
Na, es ist schon seltsam.
Schock

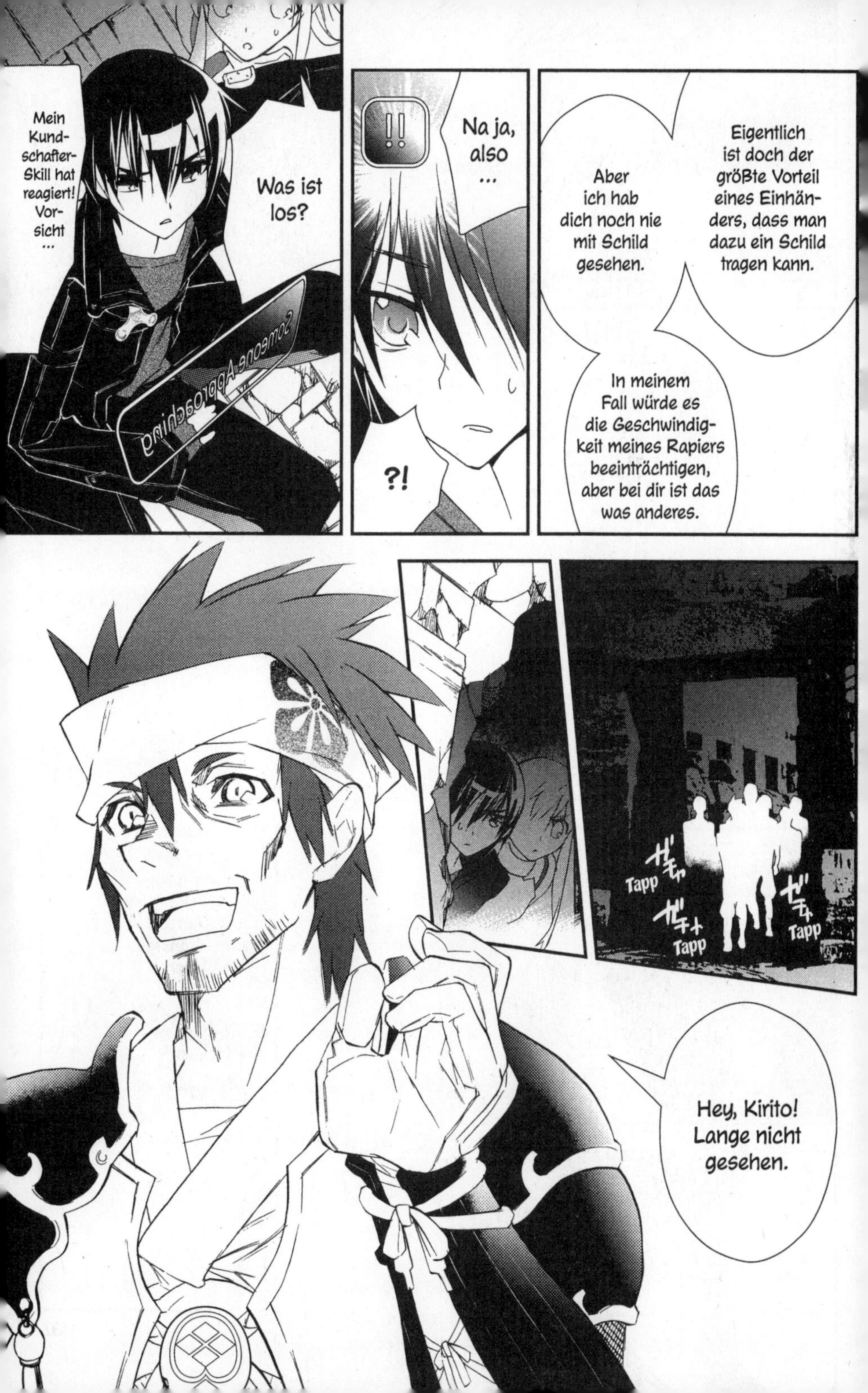
Eigentlich ist doch der größte Vorteil eines Einhänders, dass man dazu ein Schild tragen kann.
Aber ich hab dich noch nie mit Schild gesehen.
In meinem Fall würde es die Geschwindigkeit meines Rapiers beeinträchtigen, aber bei dir ist das was anderes.
Na ja, also ...
!!
?!
Was ist los?
Mein Kundschafter-Skill hat reagiert! Vorsicht ...
Someone Approaching
Tapp
Tapp
Tapp
Hey, Kirito! Lange nicht gesehen.

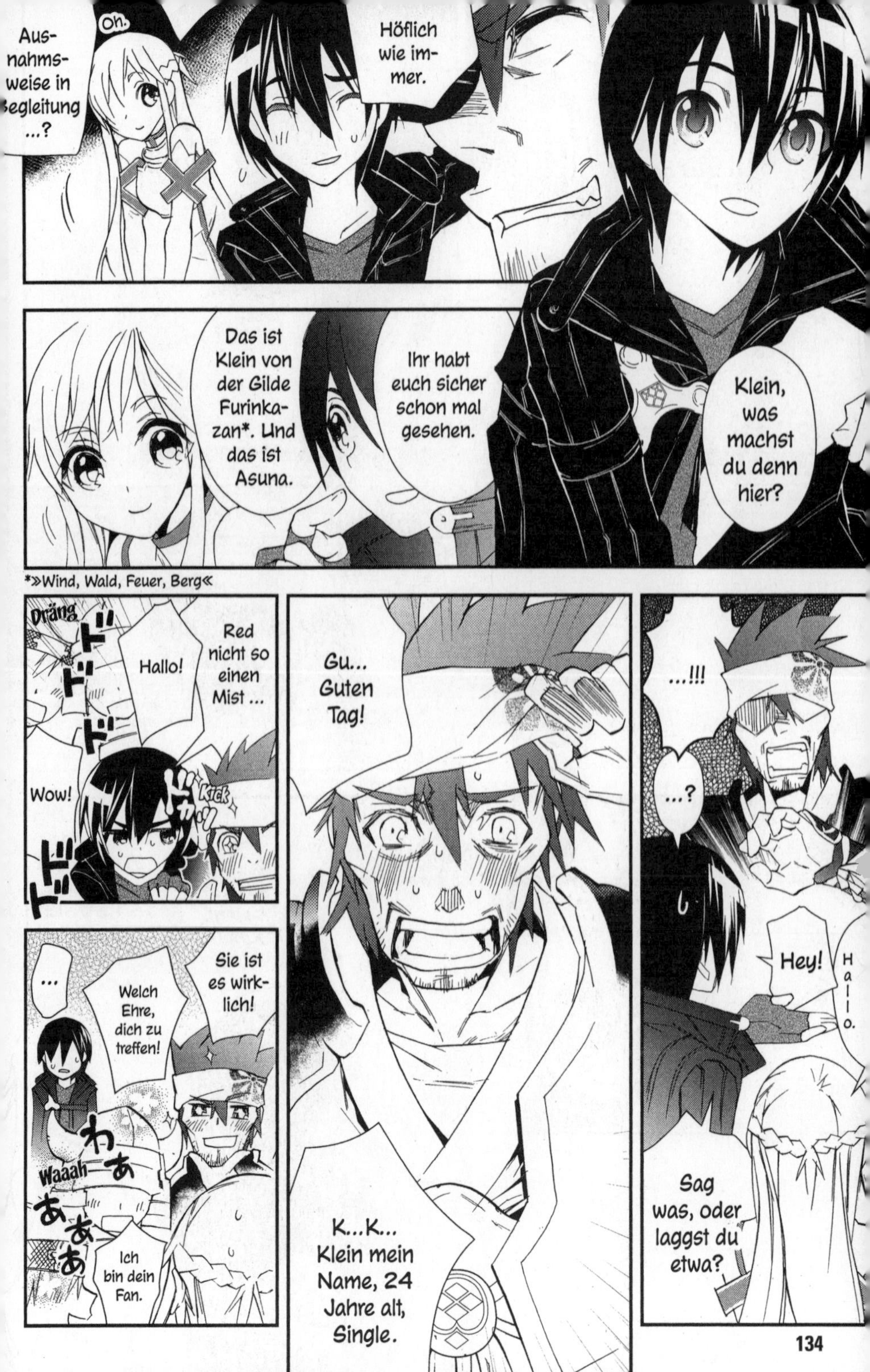

*»Wind, Wald, Feuer, Berg«

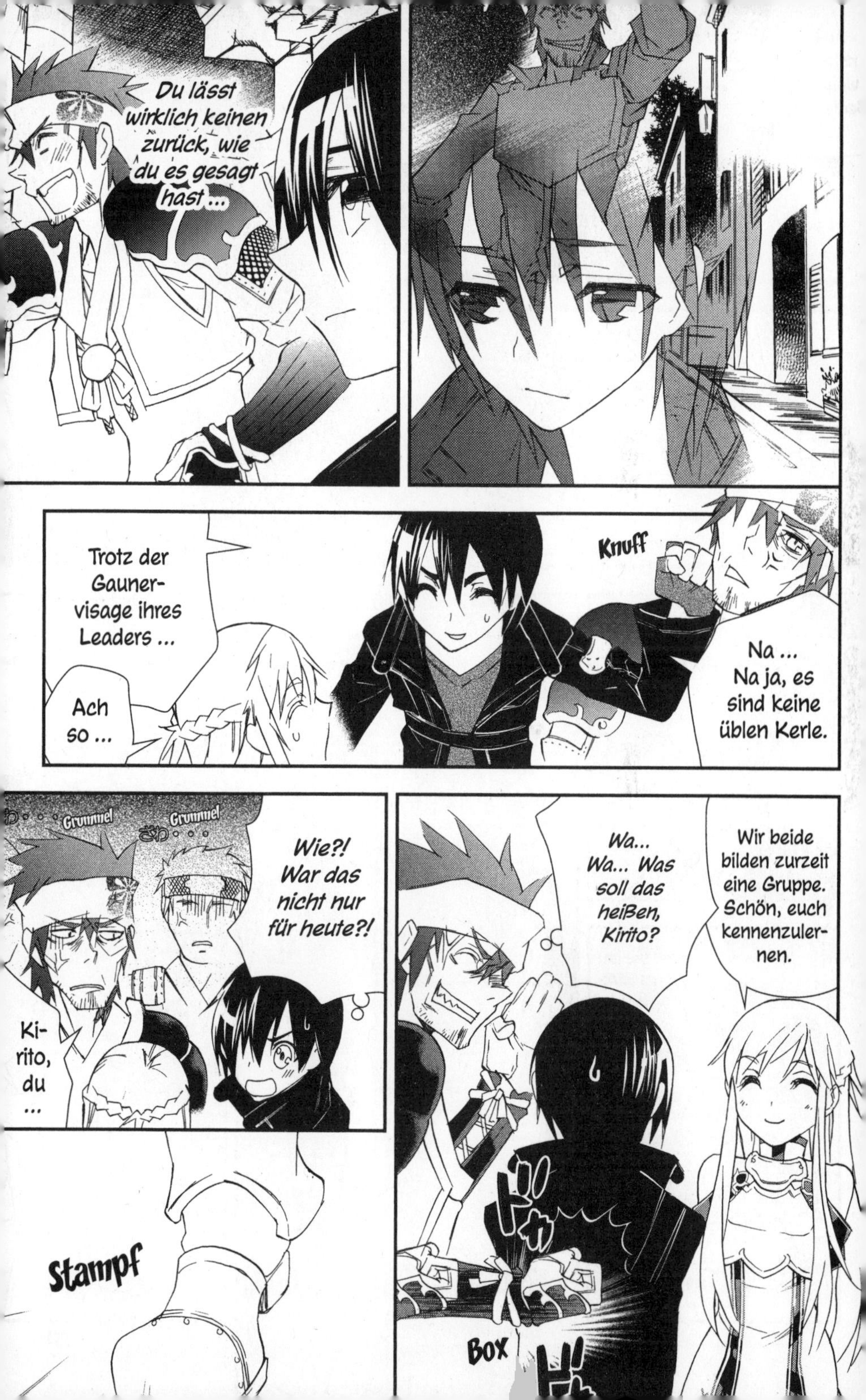
Du lässt wirklich keinen zurück, wie du es gesagt hast ...
Knuff
Na ... Na ja, es sind keine üblen Kerle.
Trotz der Gauner-visage ihres Leaders ...
Ach so ...
Wir beide bilden zurzeit eine Gruppe. Schön, euch kennenzuler-nen.
Wa... Wa... Was soll das heißen, Kirito?
Grummel
Grummel
Wie?! War das nicht nur für heute?!
Ki-rito, du ...
Box
Stampf

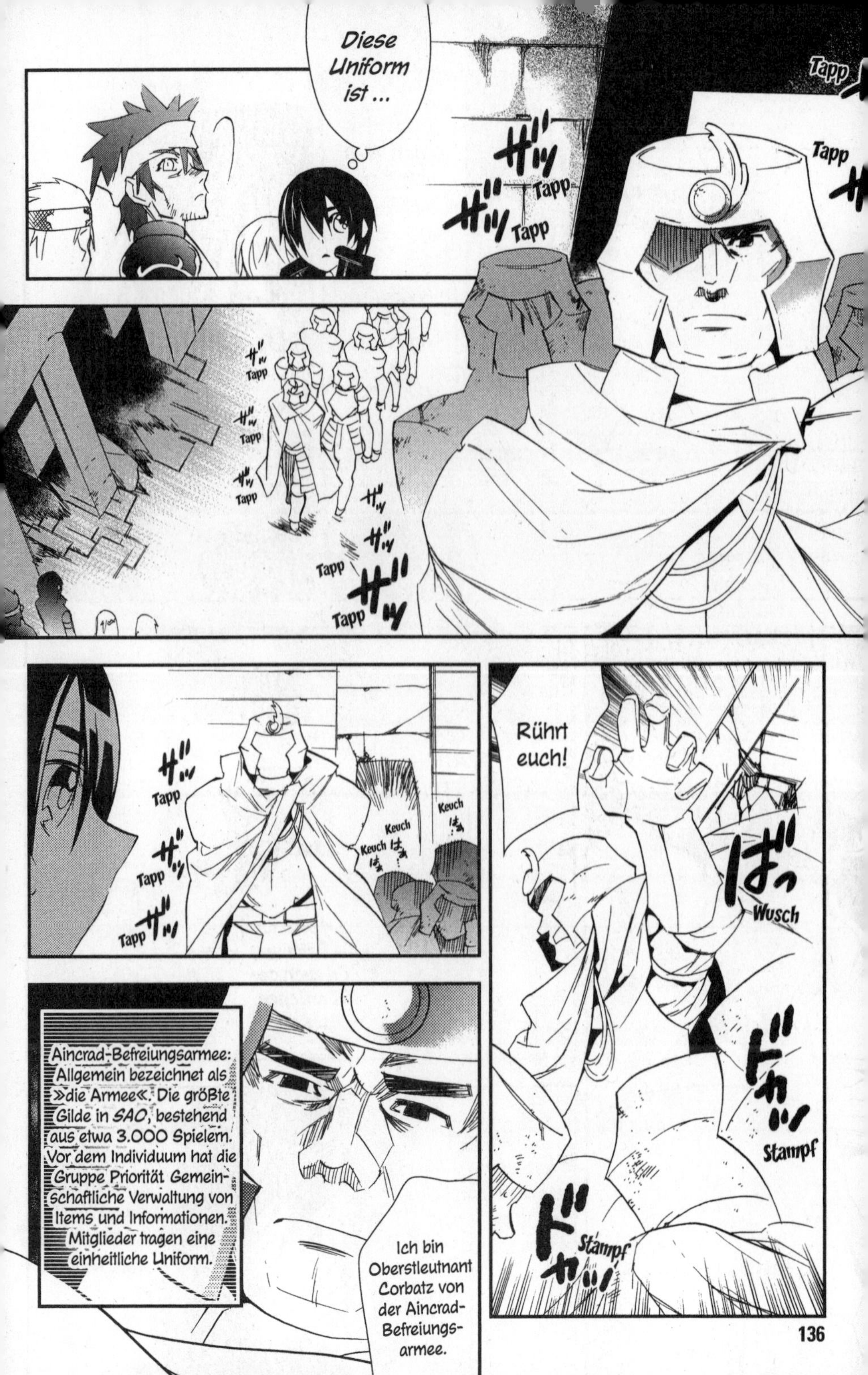
Tapp
Tapp
Diese Uniform ist ...
ザッ
Tapp
ザッ
Tapp
ザッ Tapp
ザッ Tapp
ザッ Tapp
ザッ
Tapp
ザッ
Tapp
Rührt euch!
ばっ
Wusch
ザッ
Tapp
ザッ
Tapp
ザッ
Tapp
Keuch はぁ
Keuch はぁ
Keuch はぁ
ドカッ
Stampf
ドカッ
Stampf
Aincrad-Befreiungsarmee: Allgemein bezeichnet als »die Armee«. Die größte Gilde in SAO, bestehend aus etwa 3.000 Spielern. Vor dem Individuum hat die Gruppe Priorität. Gemeinschaftliche Verwaltung von Items und Informationen. Mitglieder tragen eine einheitliche Uniform.
Ich bin Oberstleutnant Corbatz von der Aincrad-Befreiungsarmee.

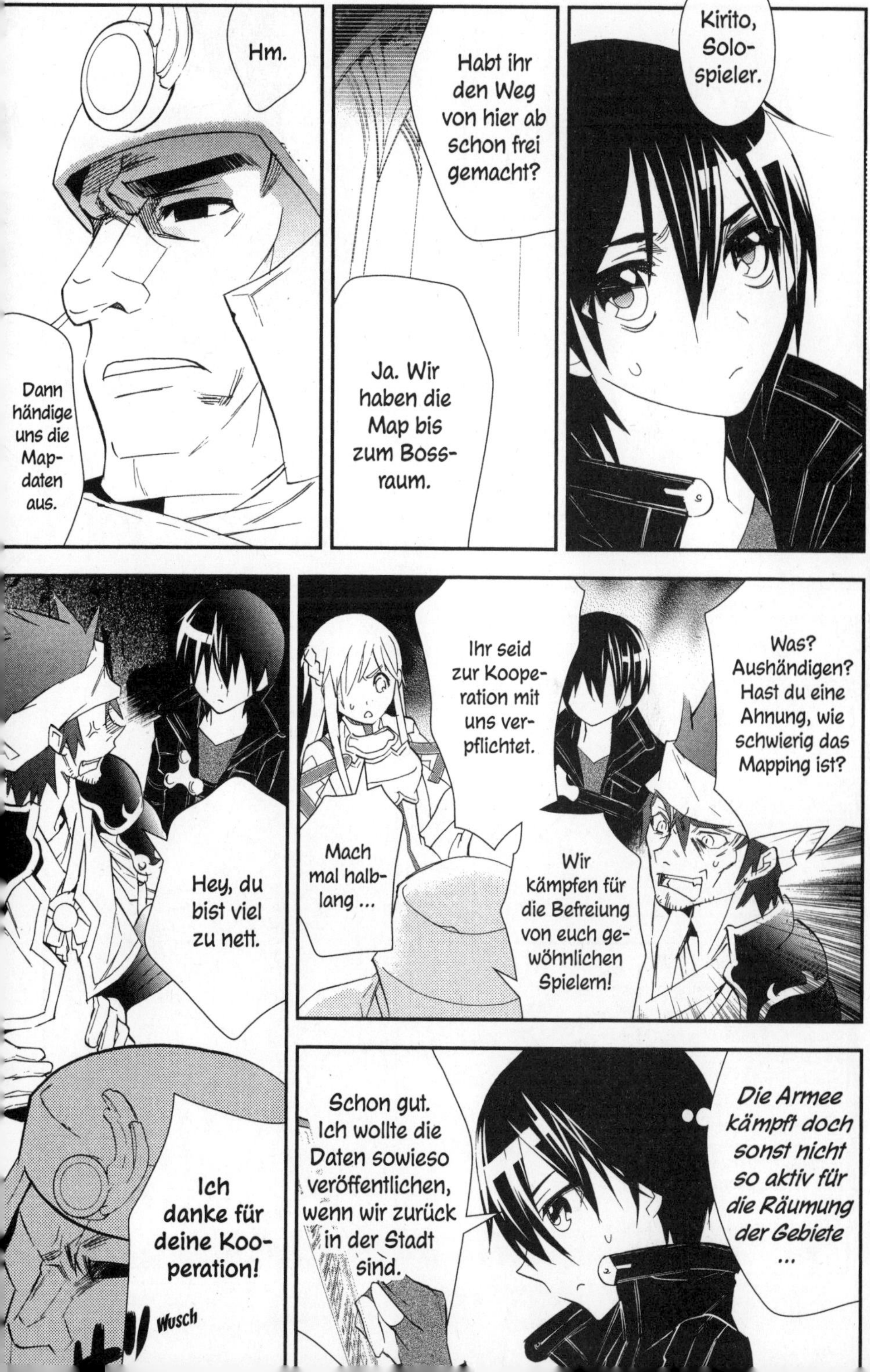
Kirito, Solospieler.
Habt ihr den Weg von hier ab schon frei gemacht?
Ja. Wir haben die Map bis zum Bossraum.
Hm.
Dann händige uns die Mapdaten aus.
Was? Aushändigen? Hast du eine Ahnung, wie schwierig das Mapping ist?
Wir kämpfen für die Befreiung von euch gewöhnlichen Spielern!
Ihr seid zur Kooperation mit uns verpflichtet.
Mach mal halblang ...
Hey, du bist viel zu nett.
Die Armee kämpft doch sonst nicht so aktiv für die Räumung der Gebiete ...
Schon gut. Ich wollte die Daten sowieso veröffentlichen, wenn wir zurück in der Stadt sind.
Ich danke für deine Kooperation!
Wusch

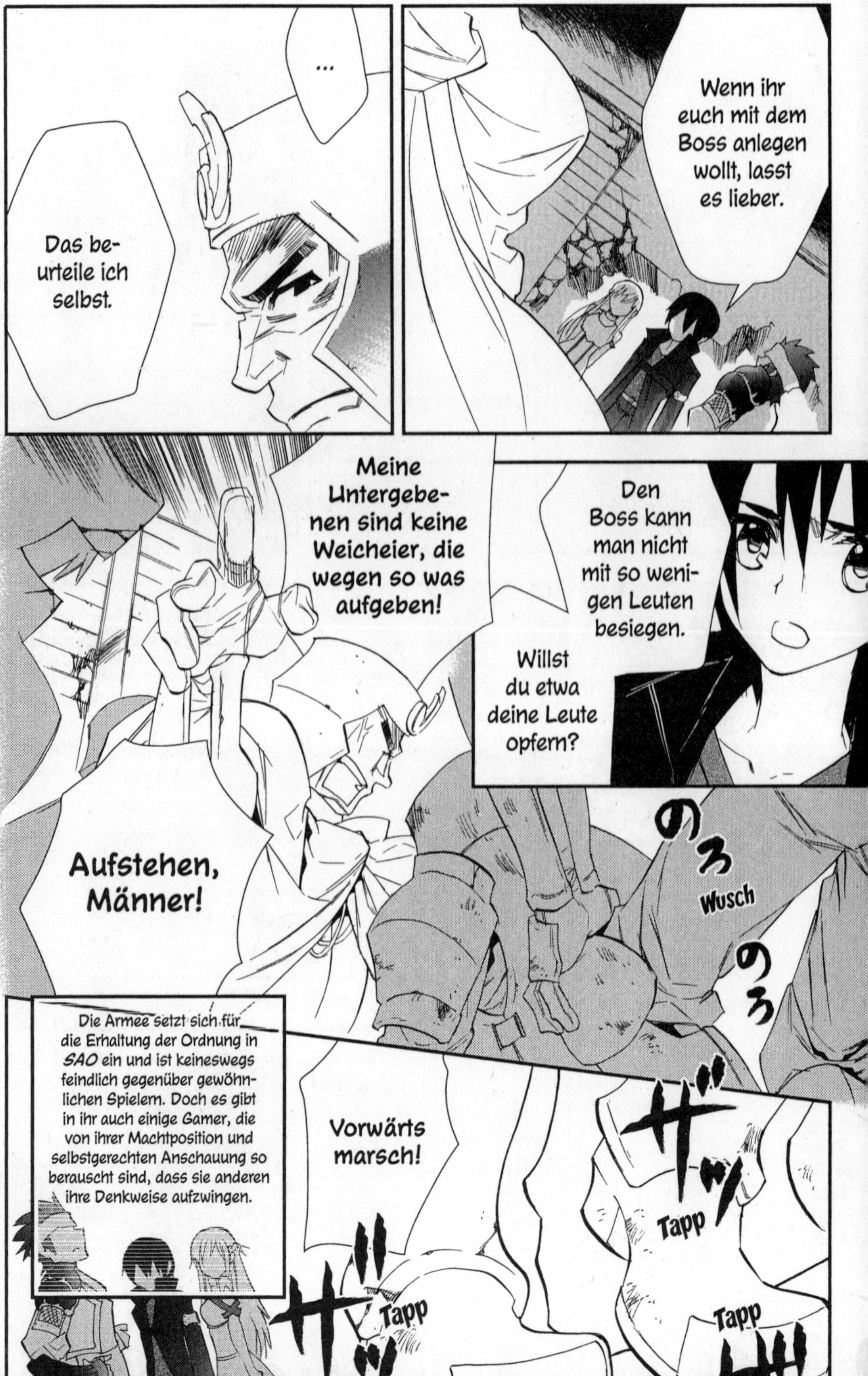
Wenn ihr euch mit dem Boss anlegen wollt, lasst es lieber.
...
Das beurteile ich selbst.
Den Boss kann man nicht mit so wenigen Leuten besiegen.
Willst du etwa deine Leute opfern?
Meine Untergebenen sind keine Weicheier, die wegen so was aufgeben!
Aufstehen, Männer!
のろ
Wusch
のろ
Die Armee setzt sich für die Erhaltung der Ordnung in SAO ein und ist keineswegs feindlich gegenüber gewöhnlichen Spielern. Doch es gibt in ihr auch einige Gamer, die von ihrer Machtposition und selbstgerechten Anschauung so berauscht sind, dass sie anderen ihre Denkweise aufzwingen.
Vorwärts marsch!
ザッ
Tapp
Tapp
Tapp

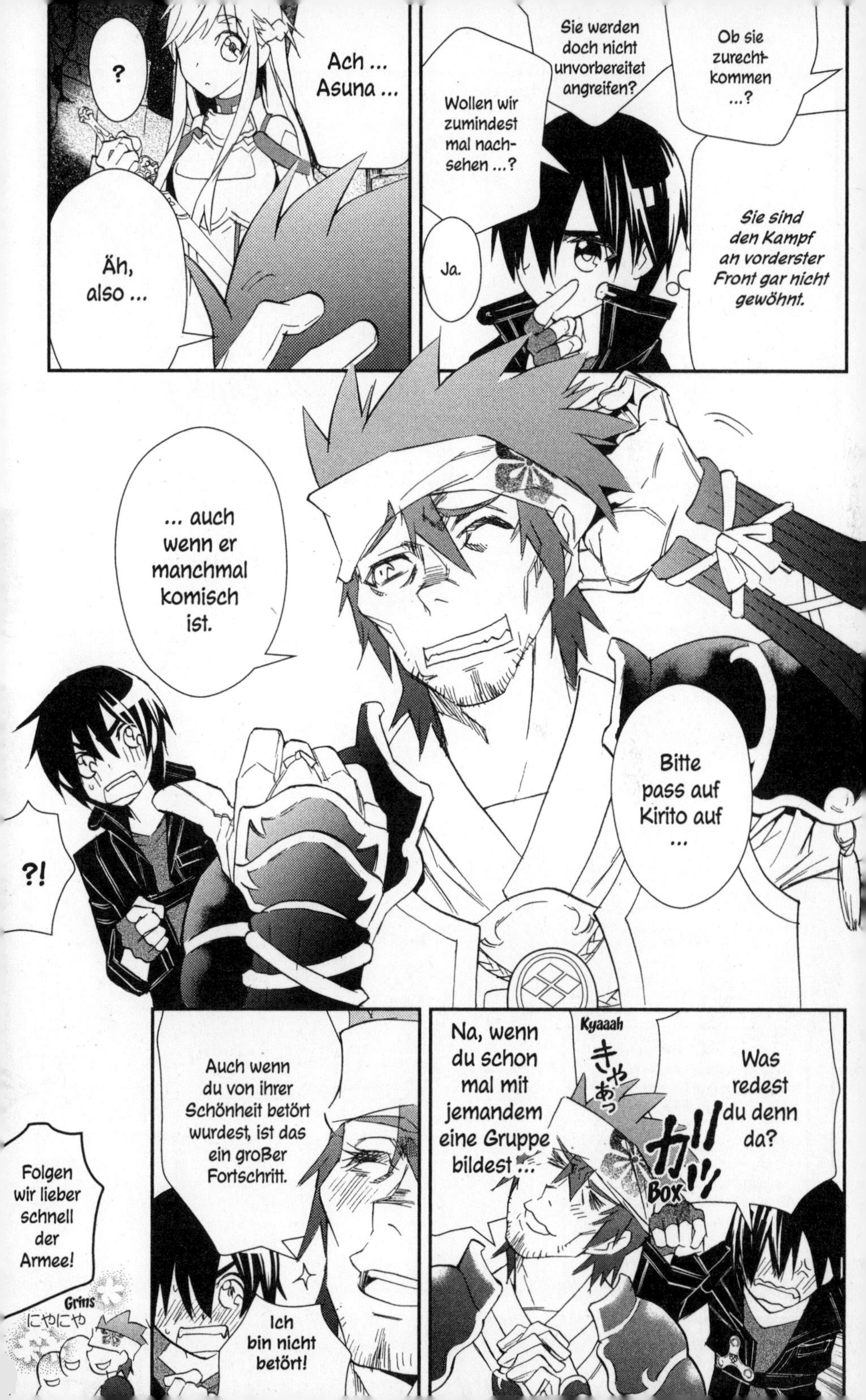
Ob sie zurecht-kommen ...?
Sie werden doch nicht unvorbereitet angreifen?
Sie sind den Kampf an vorderster Front gar nicht gewöhnt.
Wollen wir zumindest mal nach-sehen ...?
Ja.
Ach ... Asuna ...
?
Äh, also ...
Bitte pass auf Kirito auf ...
... auch wenn er manchmal komisch ist.
?!
Was redest du denn da?
Na, wenn du schon mal mit jemandem eine Gruppe bildest ...
Kyaaah
きゃあっ
カッ
Box
Auch wenn du von ihrer Schönheit betört wurdest, ist das ein großer Fortschritt.
Ich bin nicht betört!
Folgen wir lieber schnell der Armee!
Grins
にやにや

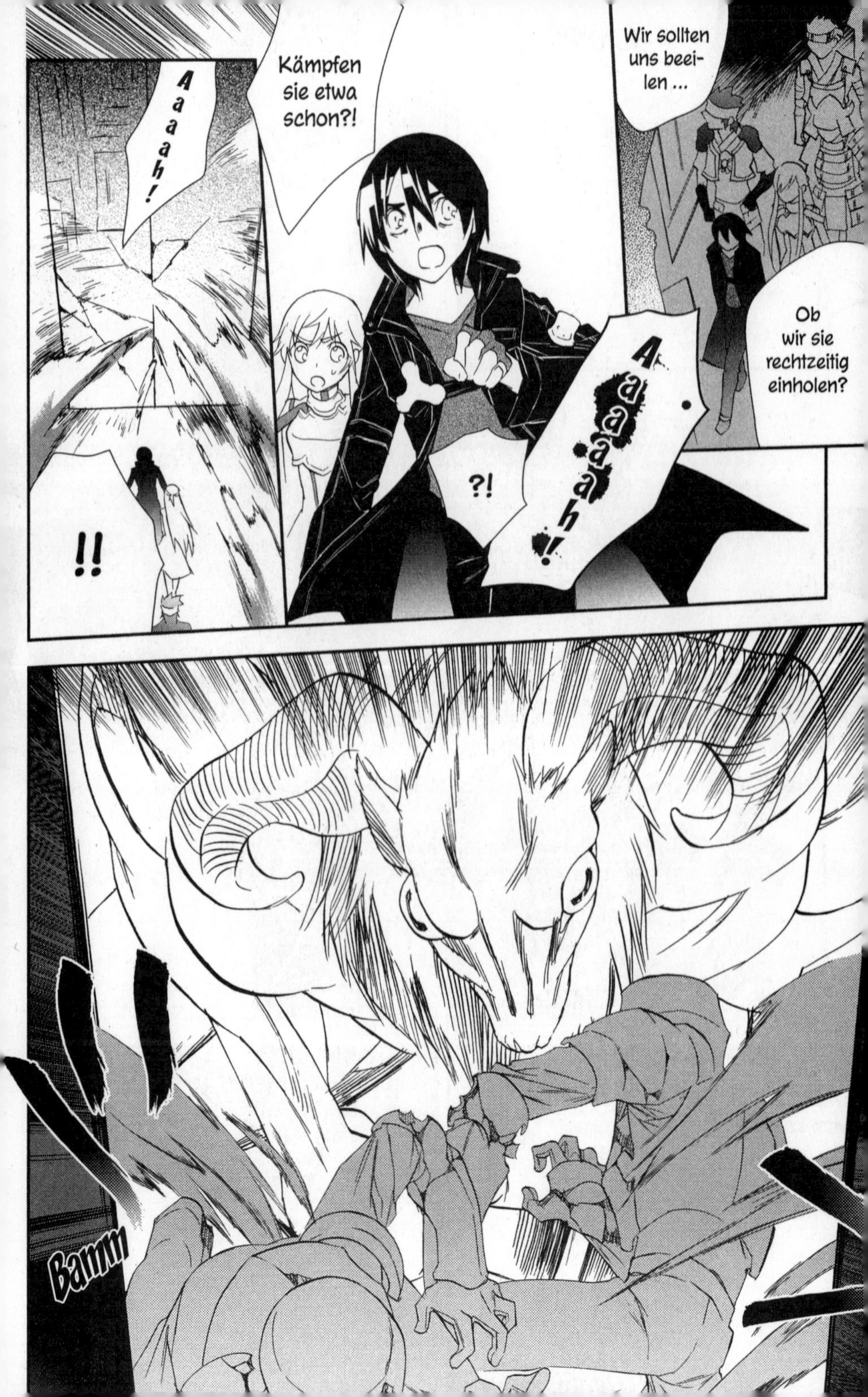
Wir sollten uns beeilen ...
Ob wir sie rechtzeitig einholen?
Aaaaaah!!
?!
Kämpfen sie etwa schon?!
Aaaah!
!!
Bamm

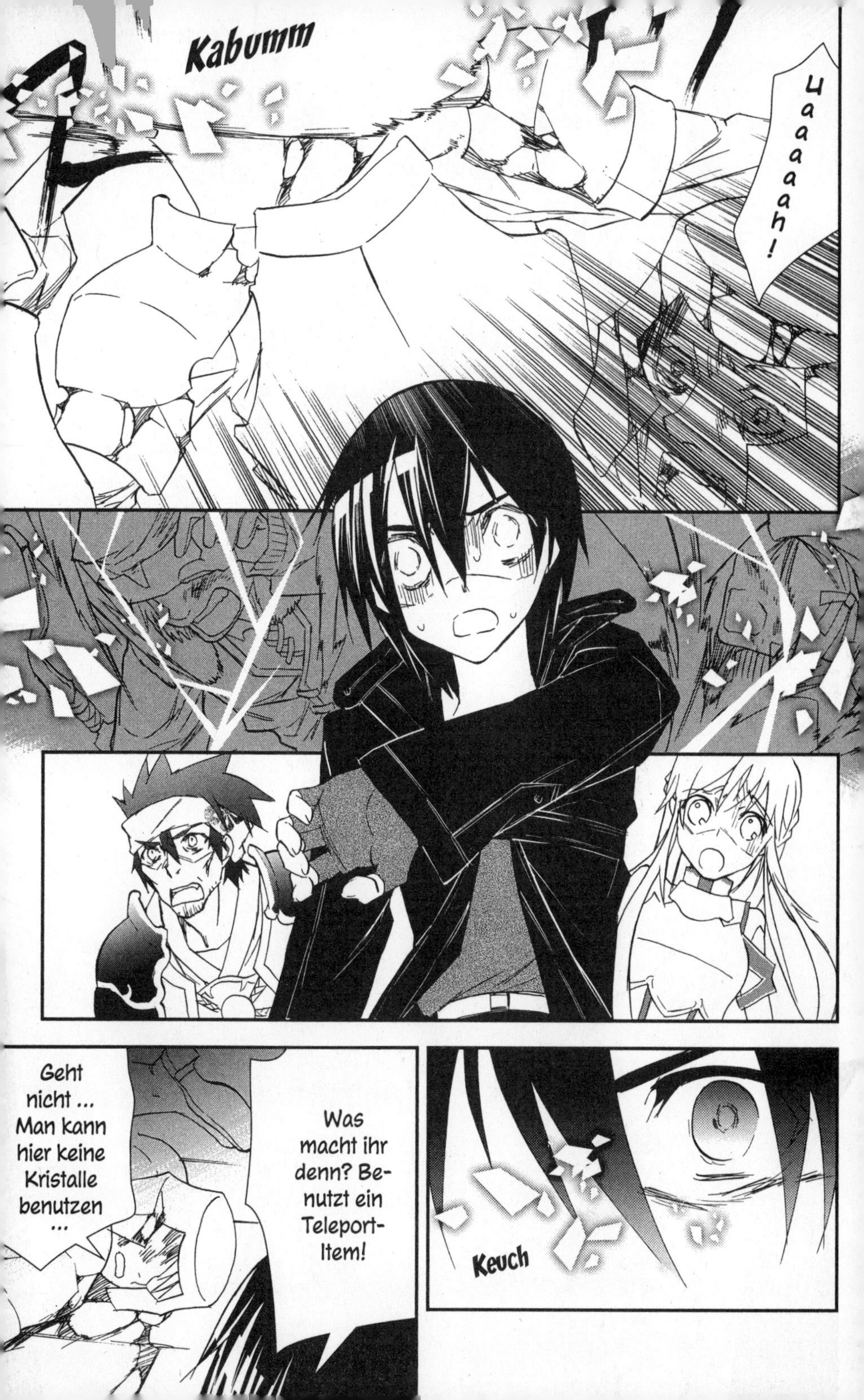
Uaaaaaah!
Kabumm
Keuch
Was macht ihr denn? Benutzt ein Teleport-Item!
Geht nicht ... Man kann hier keine Kristalle benutzen ...

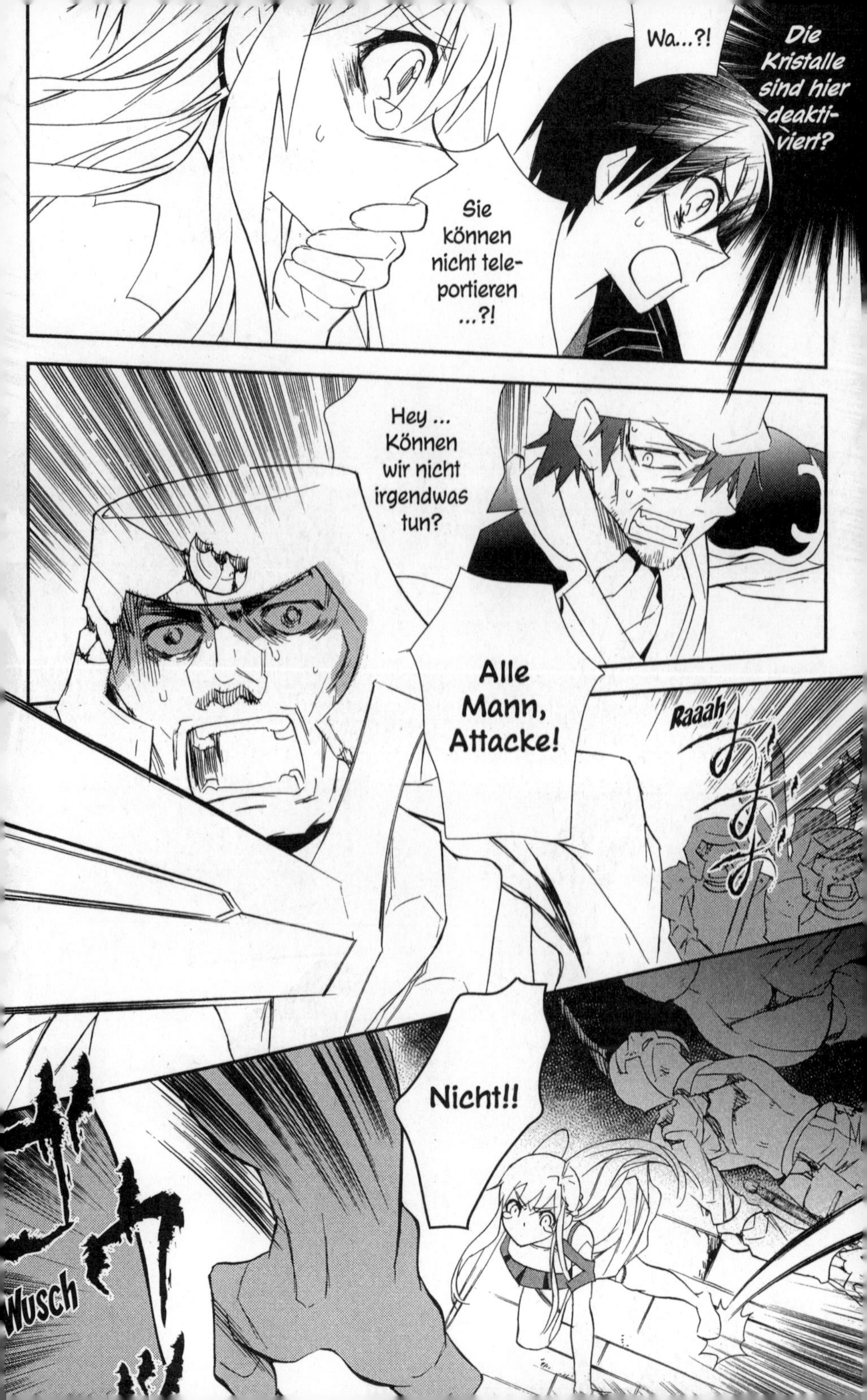
Die Kristalle sind hier deaktiviert?
Wa...?!
Sie können nicht teleportieren ...?!
Hey ... Können wir nicht irgendwas tun?
Alle Mann, Attacke!
Raaah
Nicht!!
Wusch

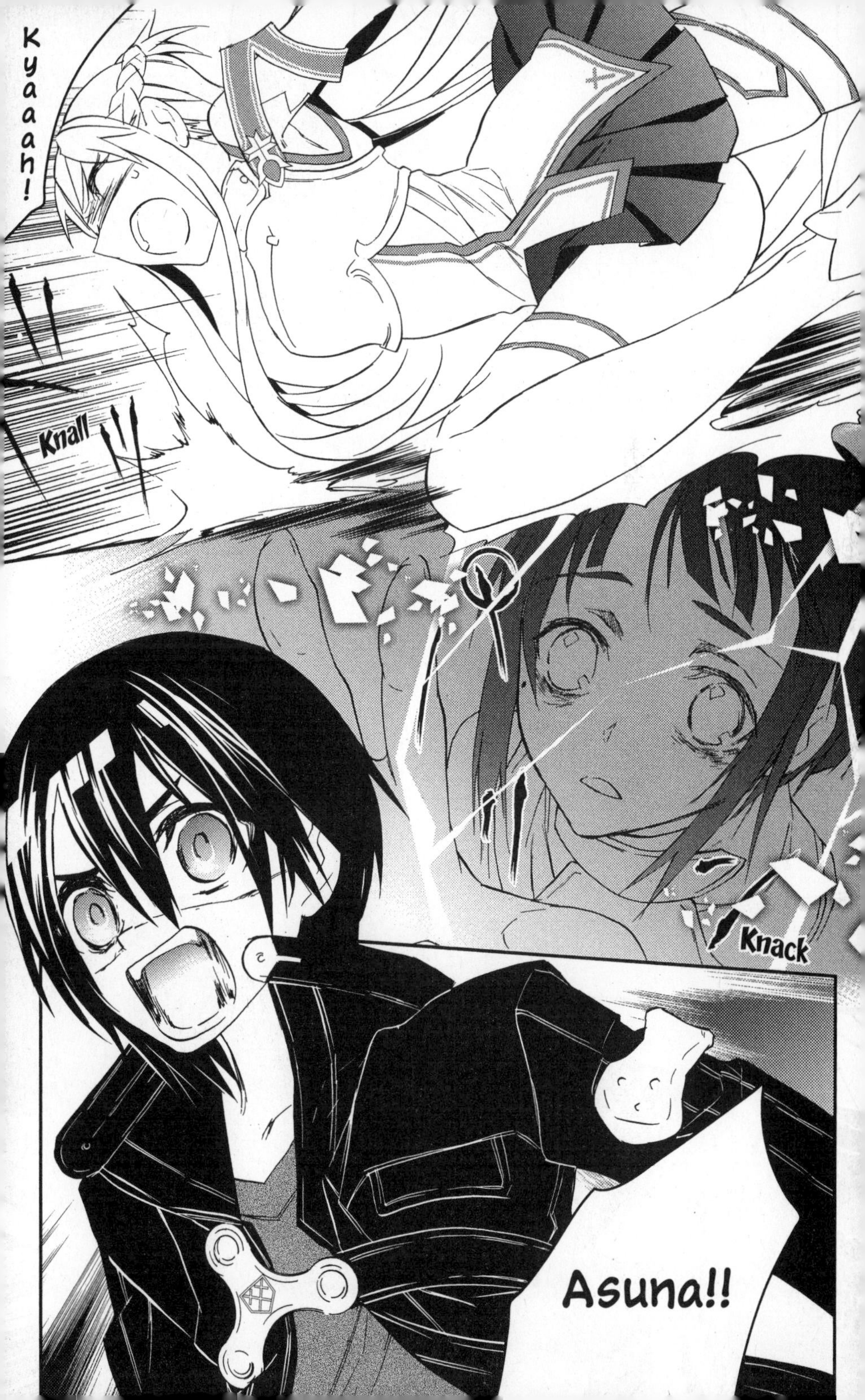
Kyaaaah!
Knall
Knack
Asuna!!

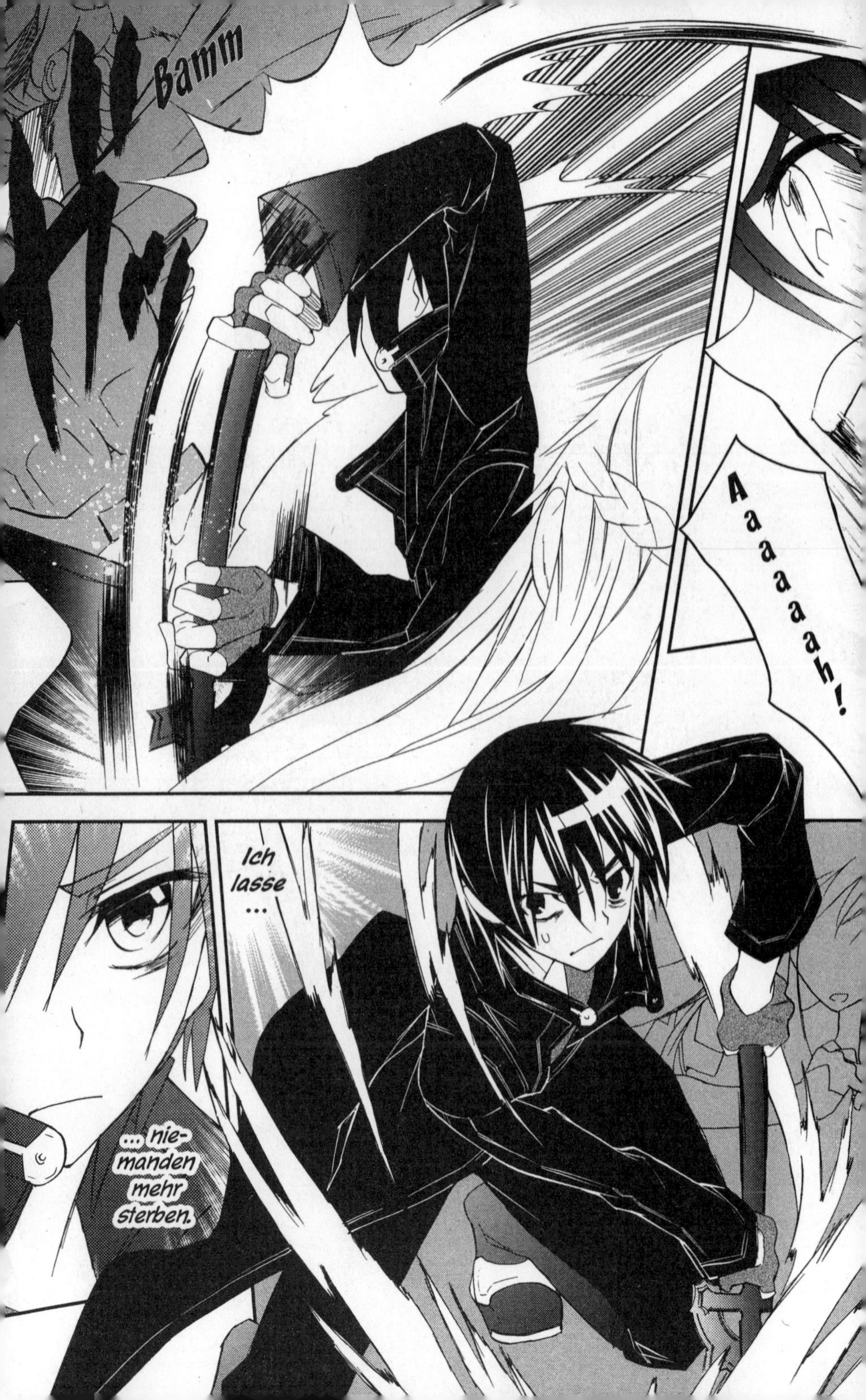
Aaaaaah!
Bamm
Ich lasse ...
... niemanden mehr sterben.

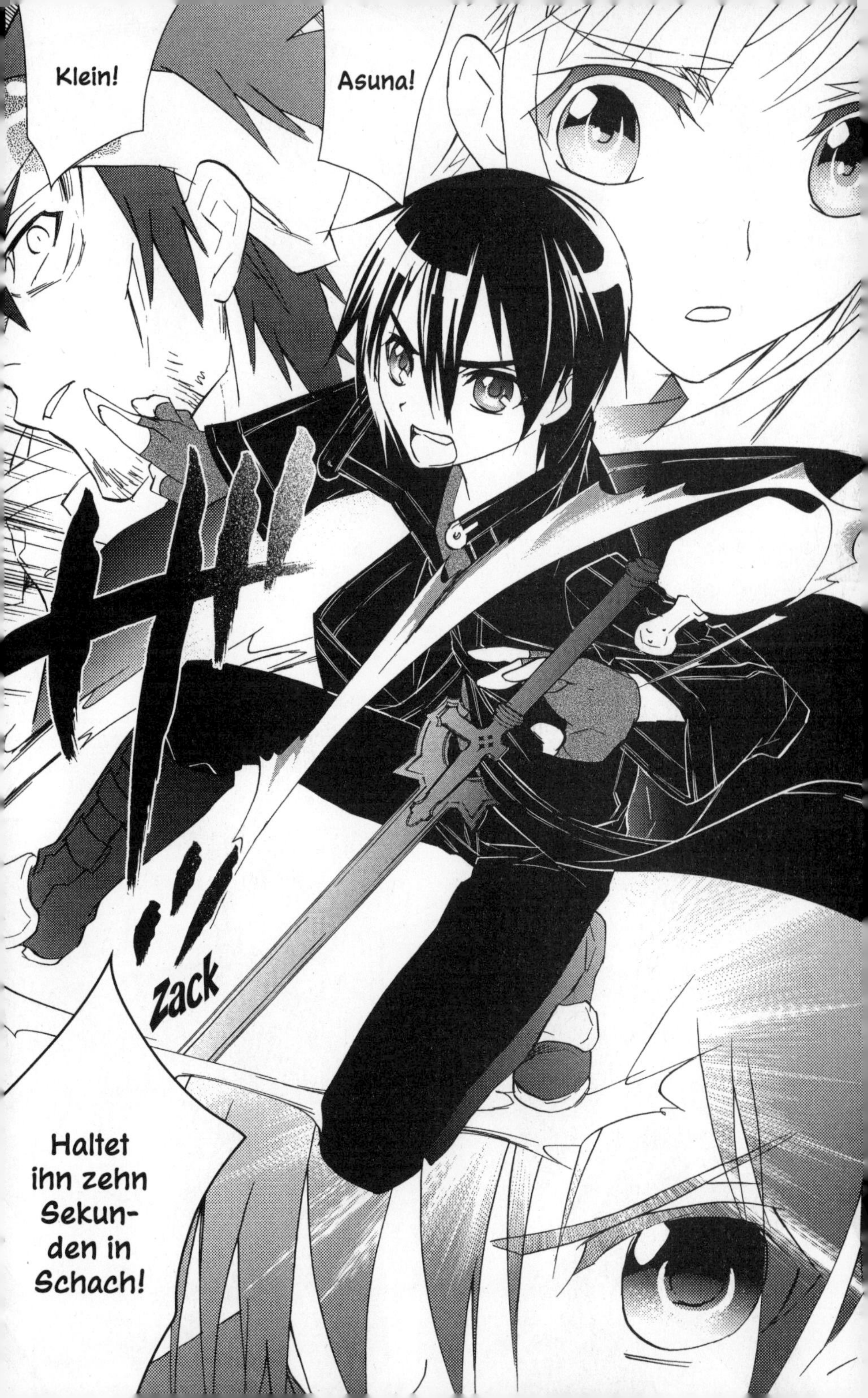
Asuna!
Klein!
Zack
Haltet ihn zehn Sekunden in Schach!

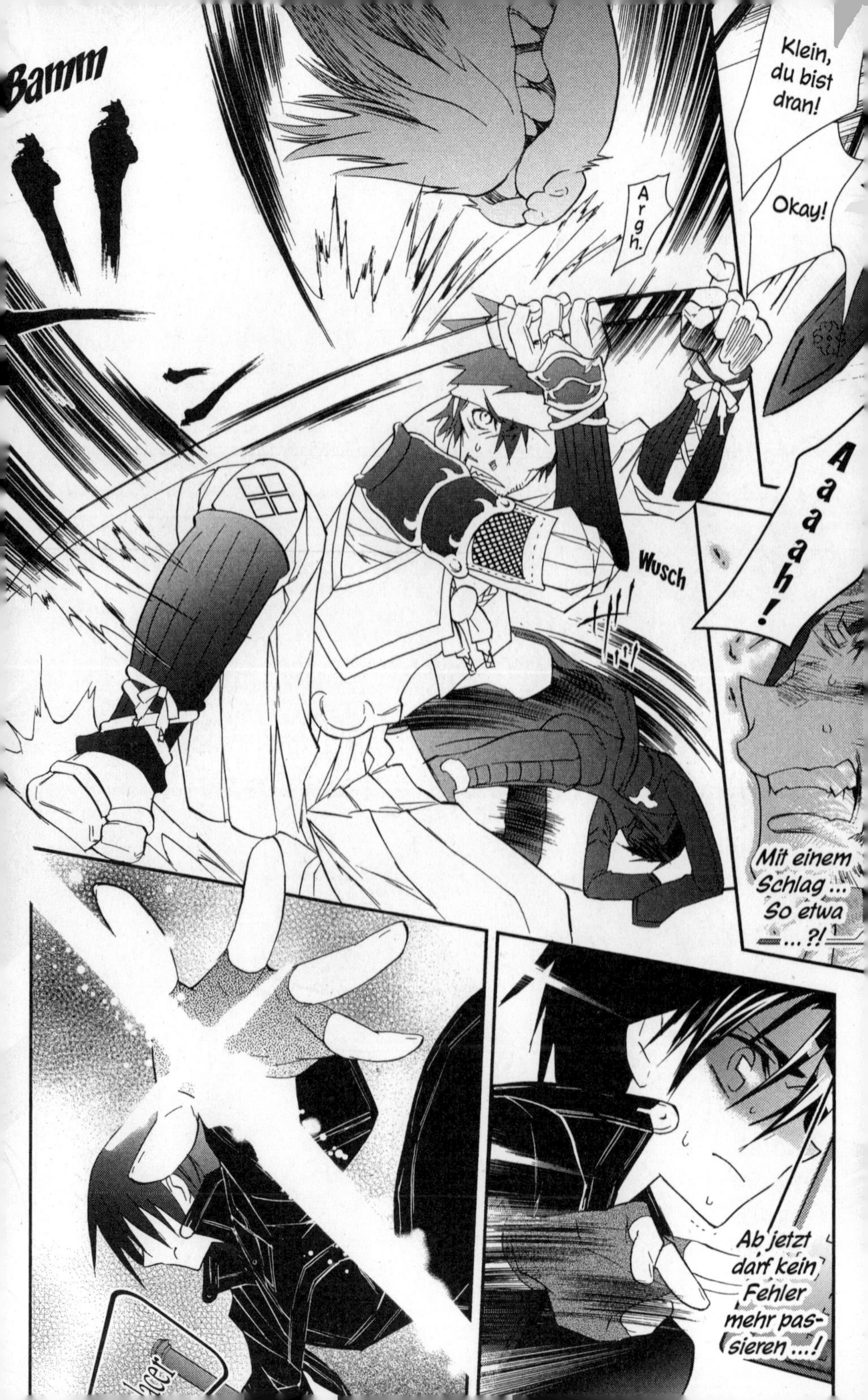
Klein, du bist dran!
Okay!
Argh.
Bamm
Aaaaah!
Wusch
Mit einem Schlag ... So etwa ...?!
Ab jetzt darf kein Fehler mehr passieren ...!

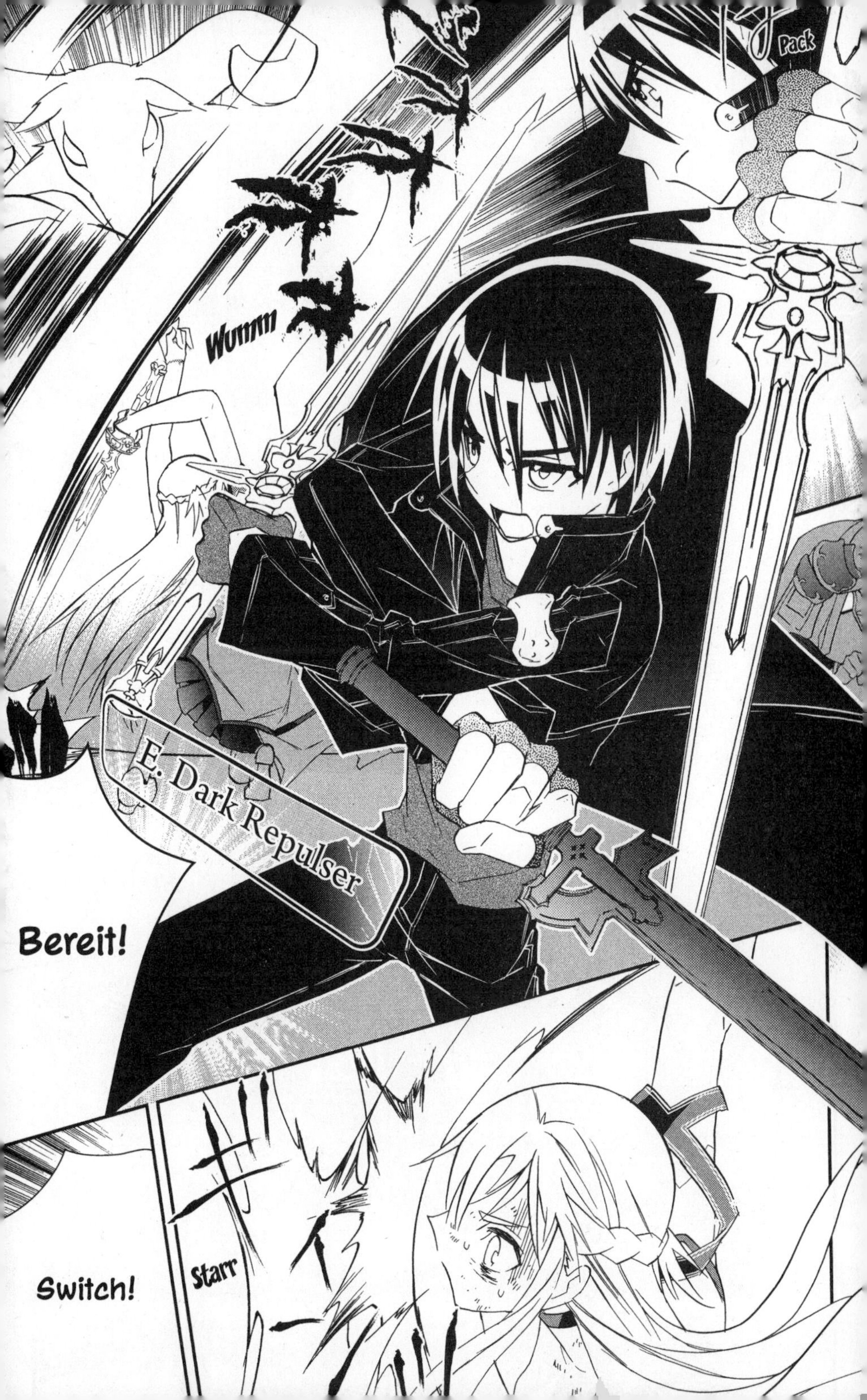
Pack
Wunnn
E. Dark Repulser
Bereit!
Starr
Switch!

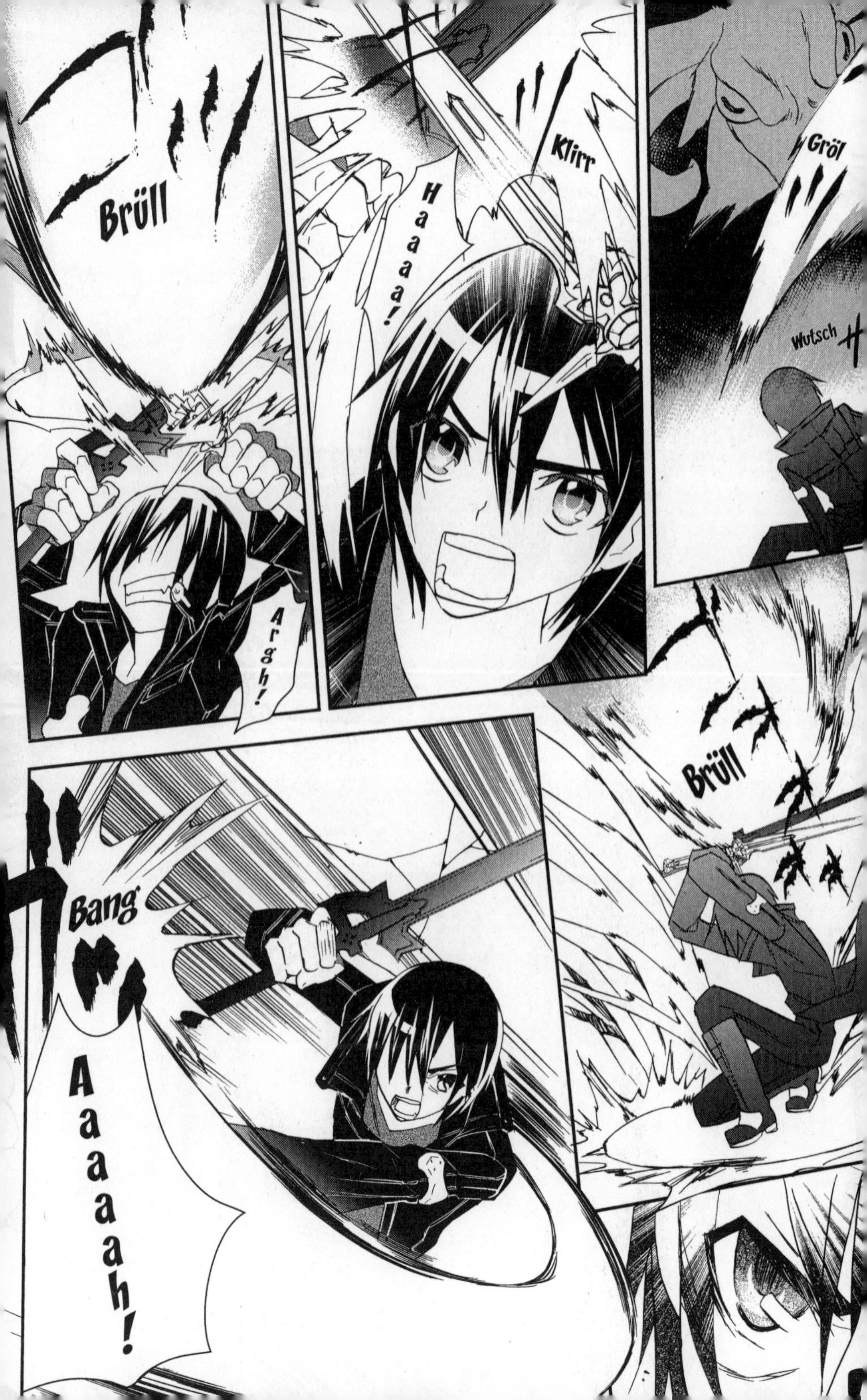
Gröl
Wutsch
Klirr
Haaaaa!
Brüll
Argh!
Brüll
Bang
Aaaaaah!

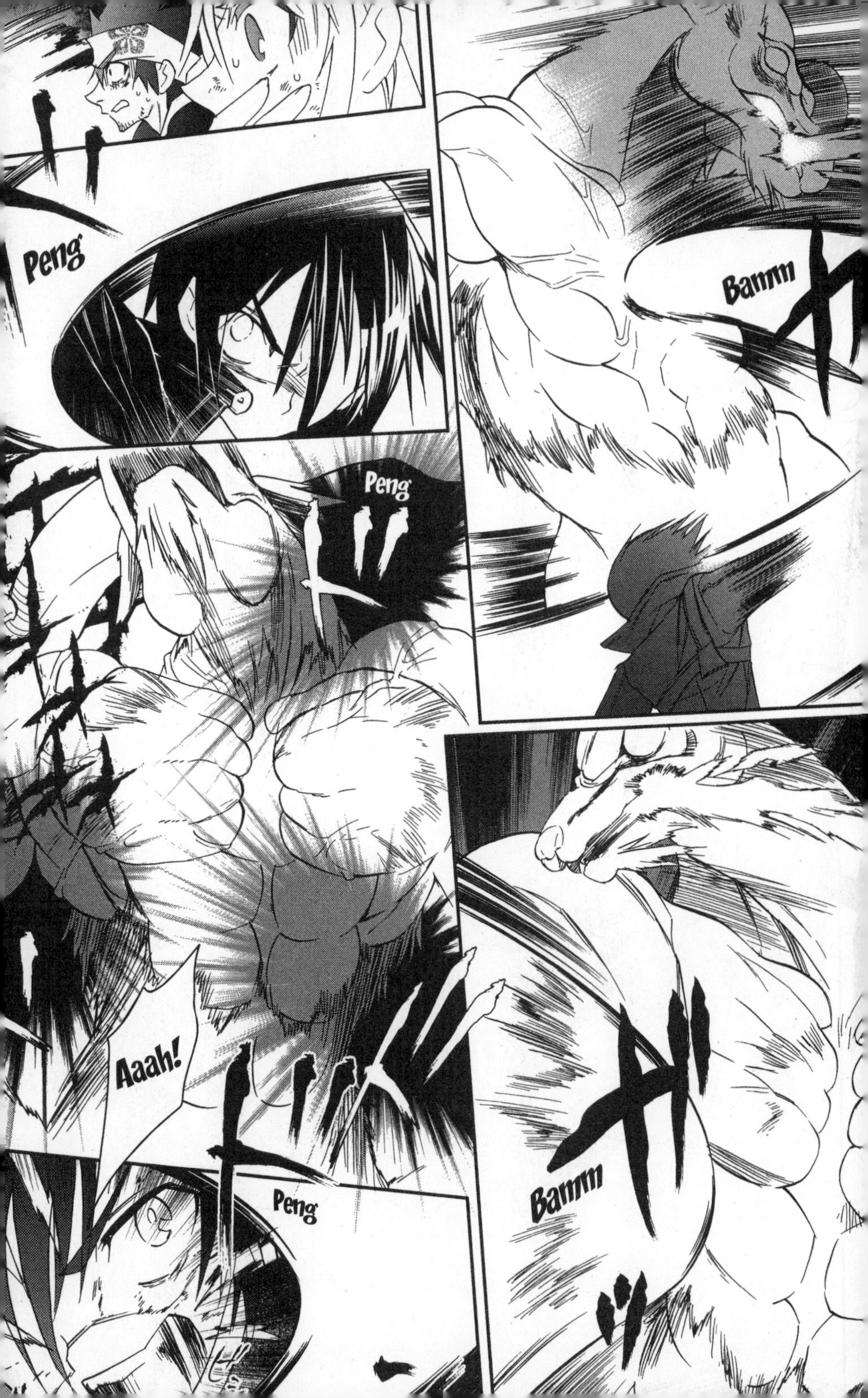
Bamm
Peng
Peng
Bamm
Aaah!
Peng

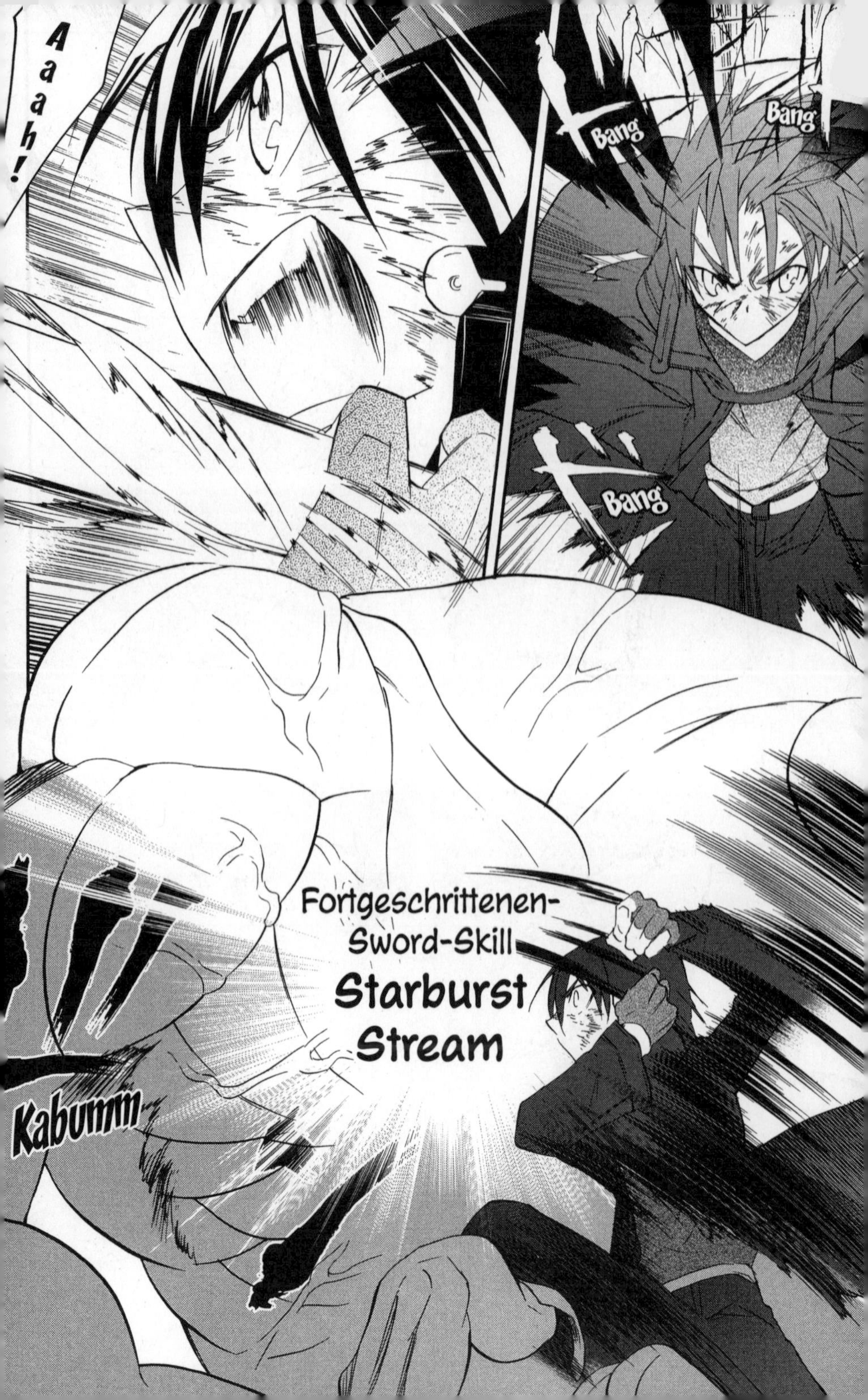
Bang
Bang
Aaaah!
Bang
Fortgeschrittenen-Sword-Skill
Starburst Stream
Kabumm

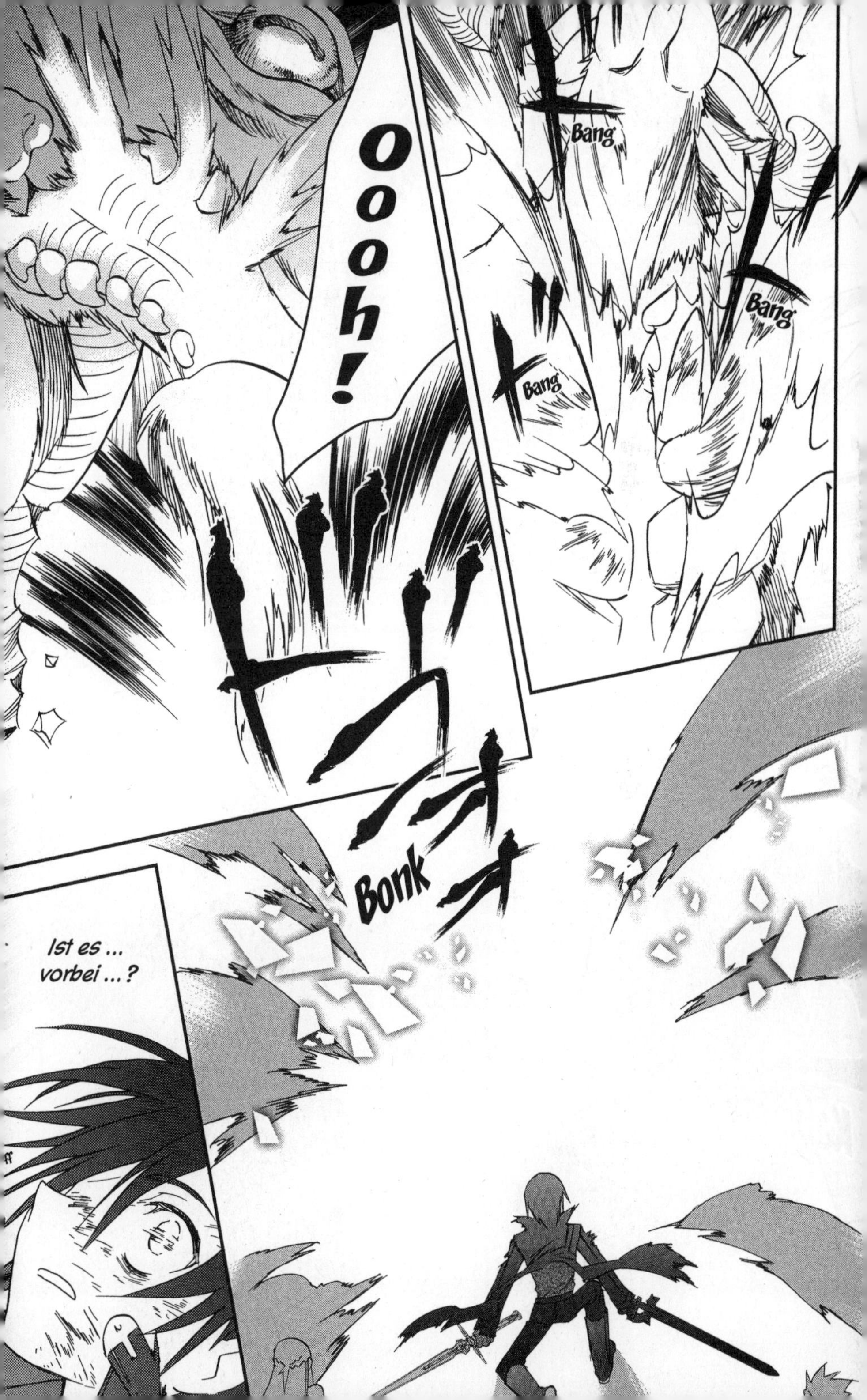
Oooh!
Bang
Bang
Bang
Bonk
Ist es ...
vorbei ...?

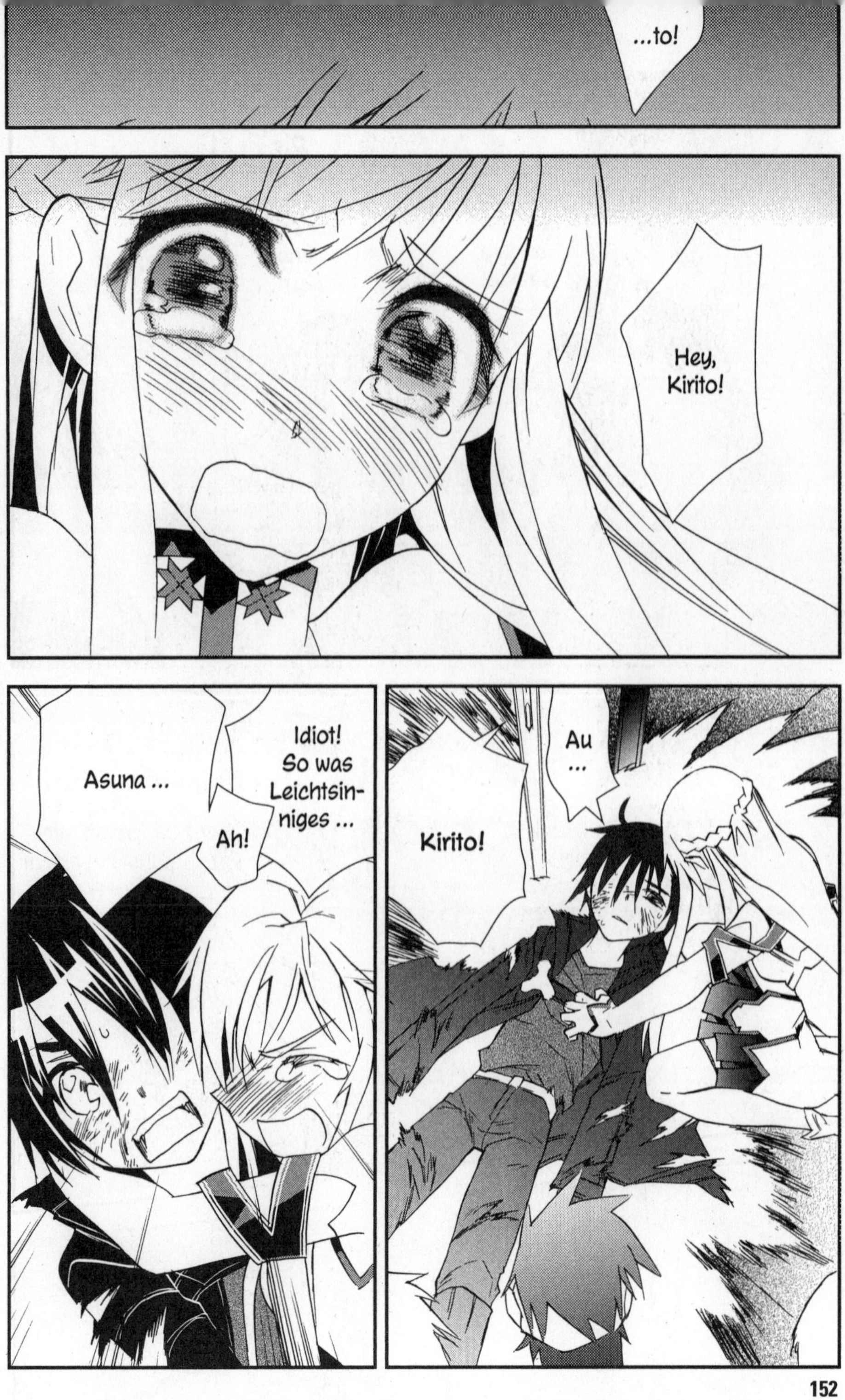
...to!
Hey,
Kirito!
Au
...
Kirito!
Idiot!
So was
Leichtsin-
niges ...
Asuna ...
Ah!

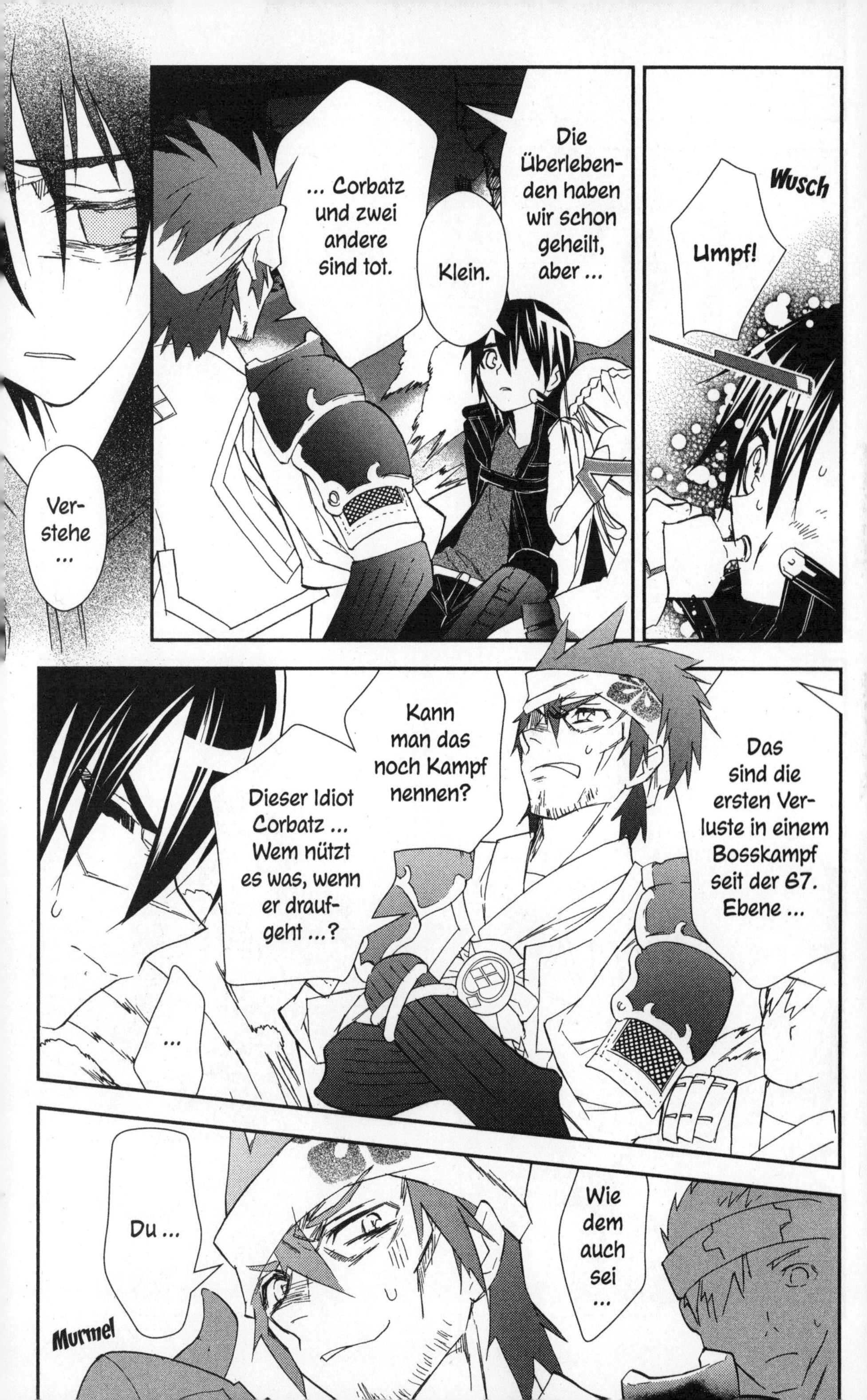
Wusch
Umpf!
Die Überlebenden haben wir schon geheilt, aber ...
Klein.
... Corbatz und zwei andere sind tot.
Verstehe ...
Das sind die ersten Verluste in einem Bosskampf seit der 67. Ebene ...
Kann man das noch Kampf nennen?
Dieser Idiot Corbatz ... Wem nützt es was, wenn er draufgeht ...?
...
Wie dem auch sei ...
Du ...
Murmel

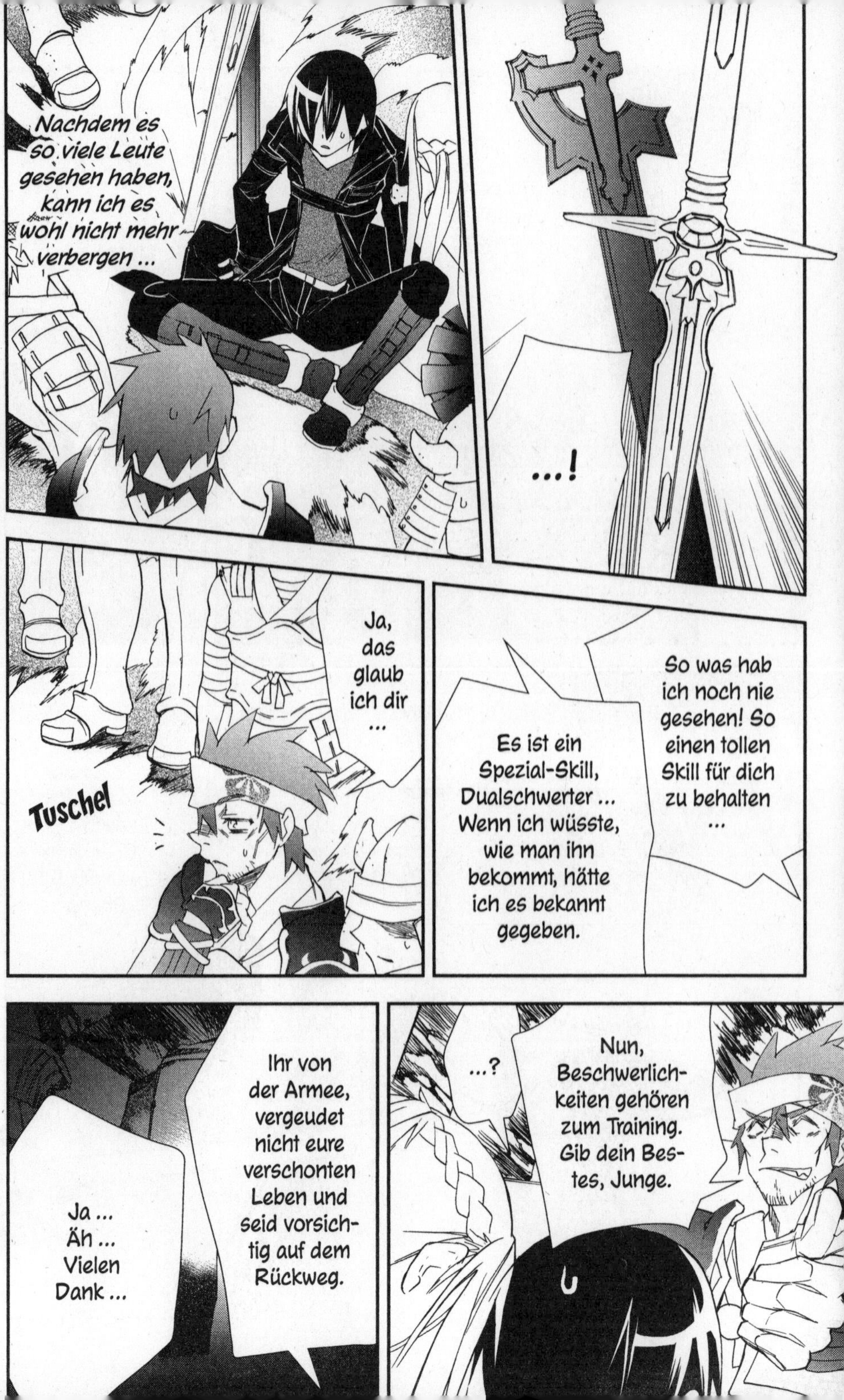
...!
Nachdem es so viele Leute gesehen haben, kann ich es wohl nicht mehr verbergen ...
So was hab ich noch nie gesehen! So einen tollen Skill für dich zu behalten ...
Es ist ein Spezial-Skill, Dualschwerter ... Wenn ich wüsste, wie man ihn bekommt, hätte ich es bekannt gegeben.
Ja, das glaub ich dir ...
Tuschel
Nun, Beschwerlichkeiten gehören zum Training. Gib dein Bestes, Junge.
...?
Ihr von der Armee, vergeudet nicht eure verschonten Leben und seid vorsichtig auf dem Rückweg.
Ja ... Äh ... Vielen Dank ...

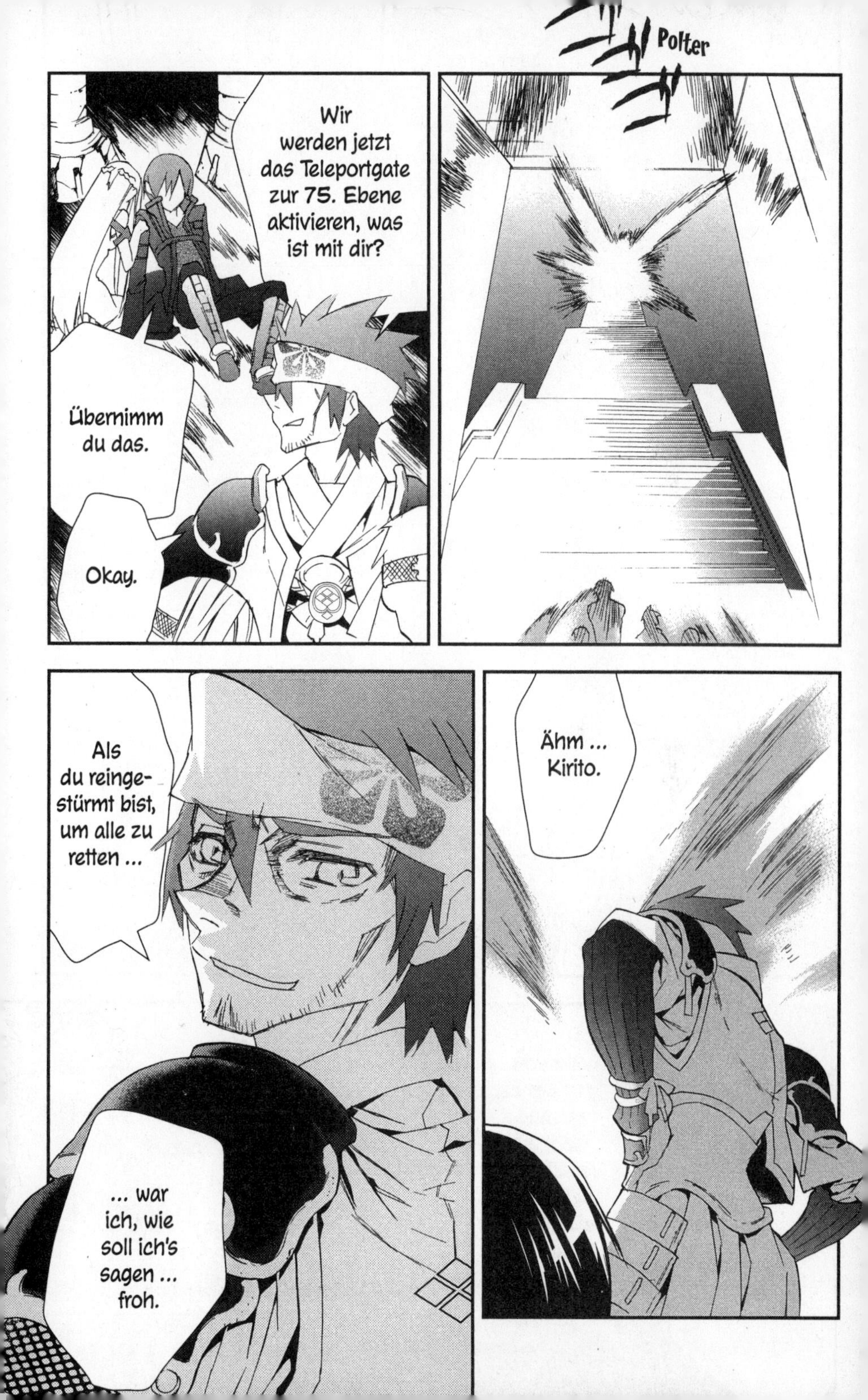
Polter
Wir werden jetzt das Teleportgate zur 75. Ebene aktivieren, was ist mit dir?
Übernimm du das.
Okay.
Ähm ... Kirito.
Als du reingestürmt bist, um alle zu retten ...
... war ich, wie soll ich's sagen ... froh.

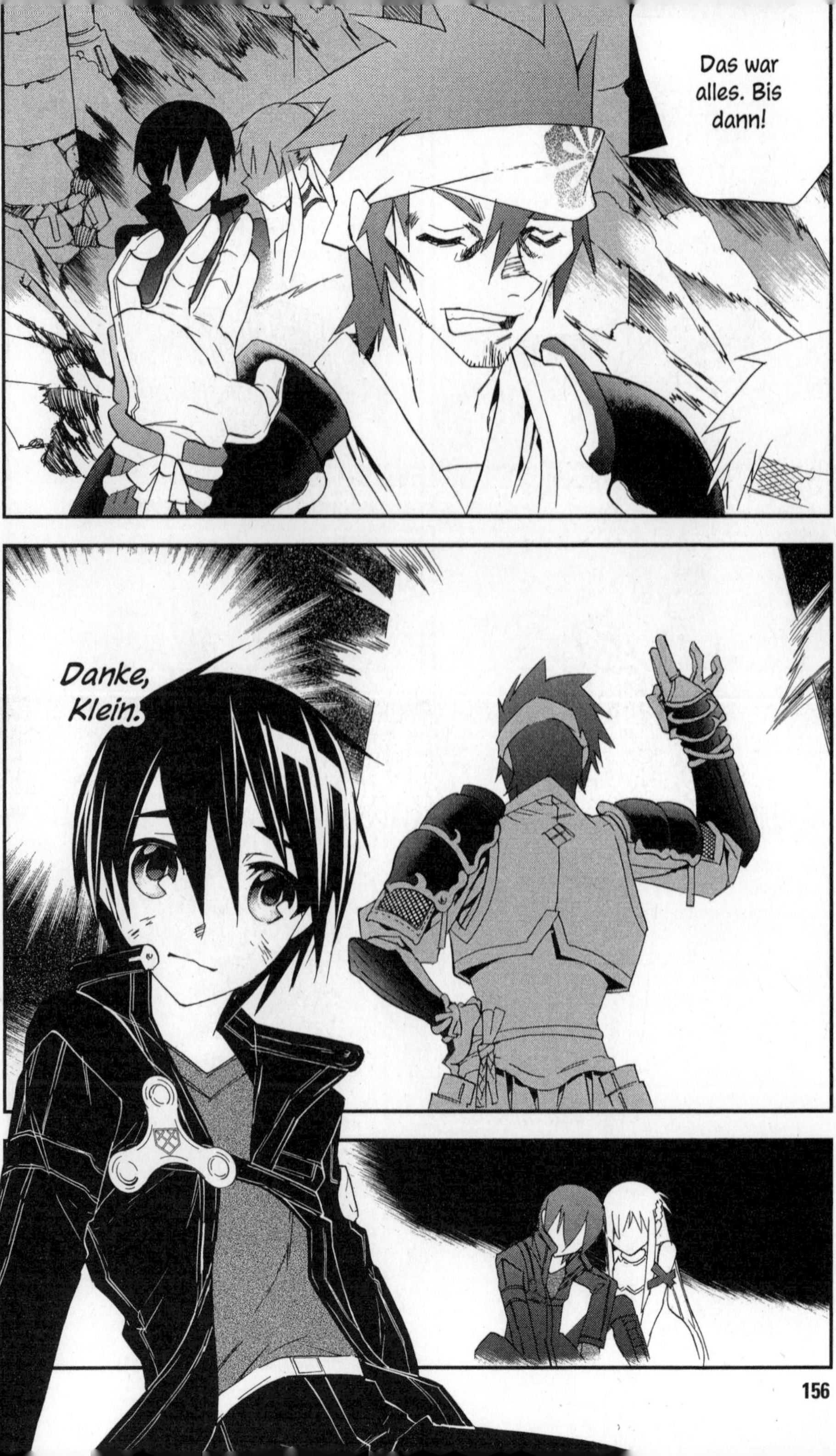
Das war alles. Bis dann!
Danke, Klein.

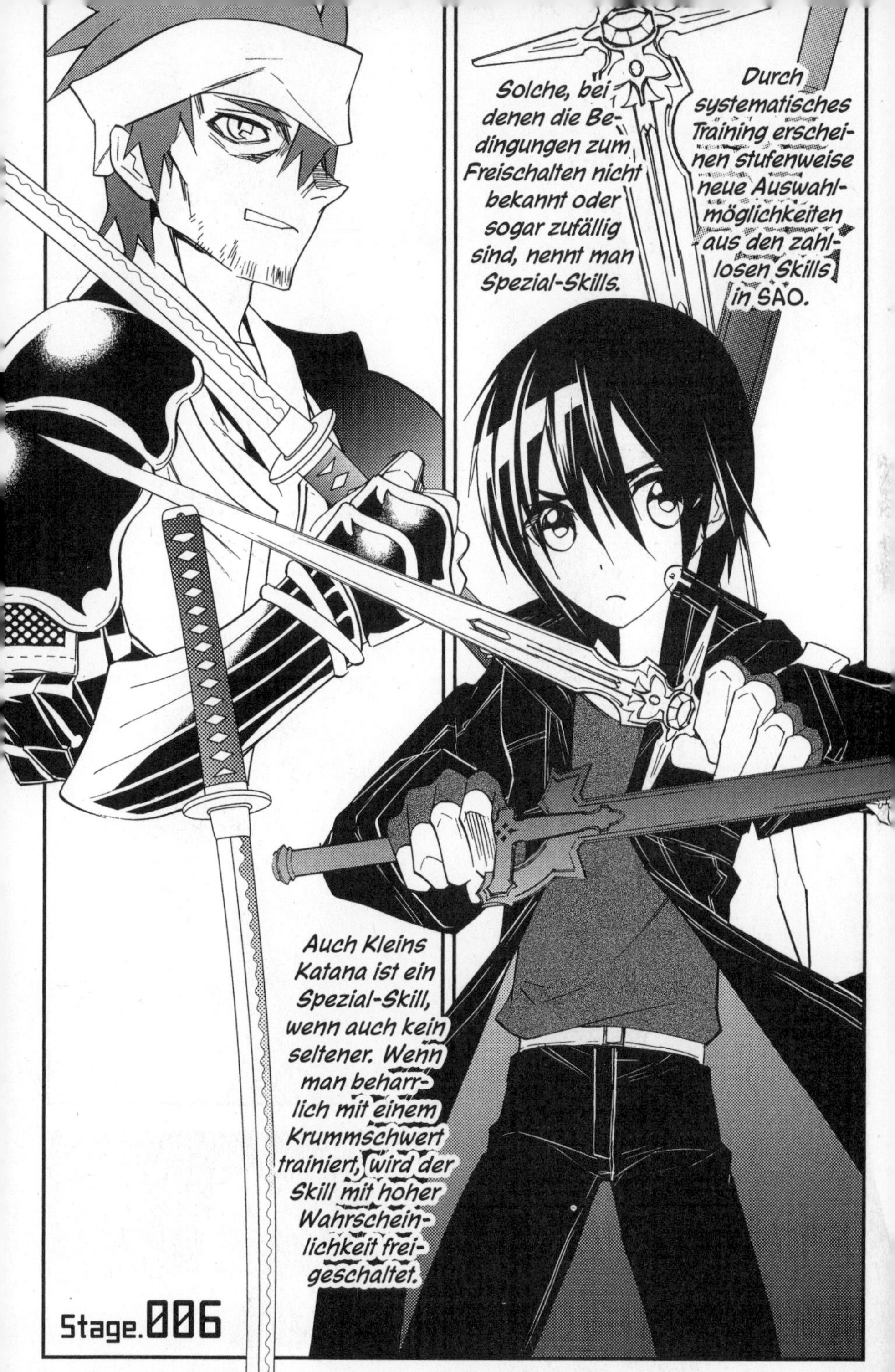
Durch systematisches Training erscheinen stufenweise neue Auswahlmöglichkeiten aus den zahllosen Skills in SAO.
Solche, bei denen die Bedingungen zum Freischalten nicht bekannt oder sogar zufällig sind, nennt man Spezial-Skills.
Auch Kleins Katana ist ein Spezial-Skill, wenn auch kein seltener. Wenn man beharrlich mit einem Krummschwert trainiert, wird der Skill mit hoher Wahrscheinlichkeit freigeschaltet.
Stage.006

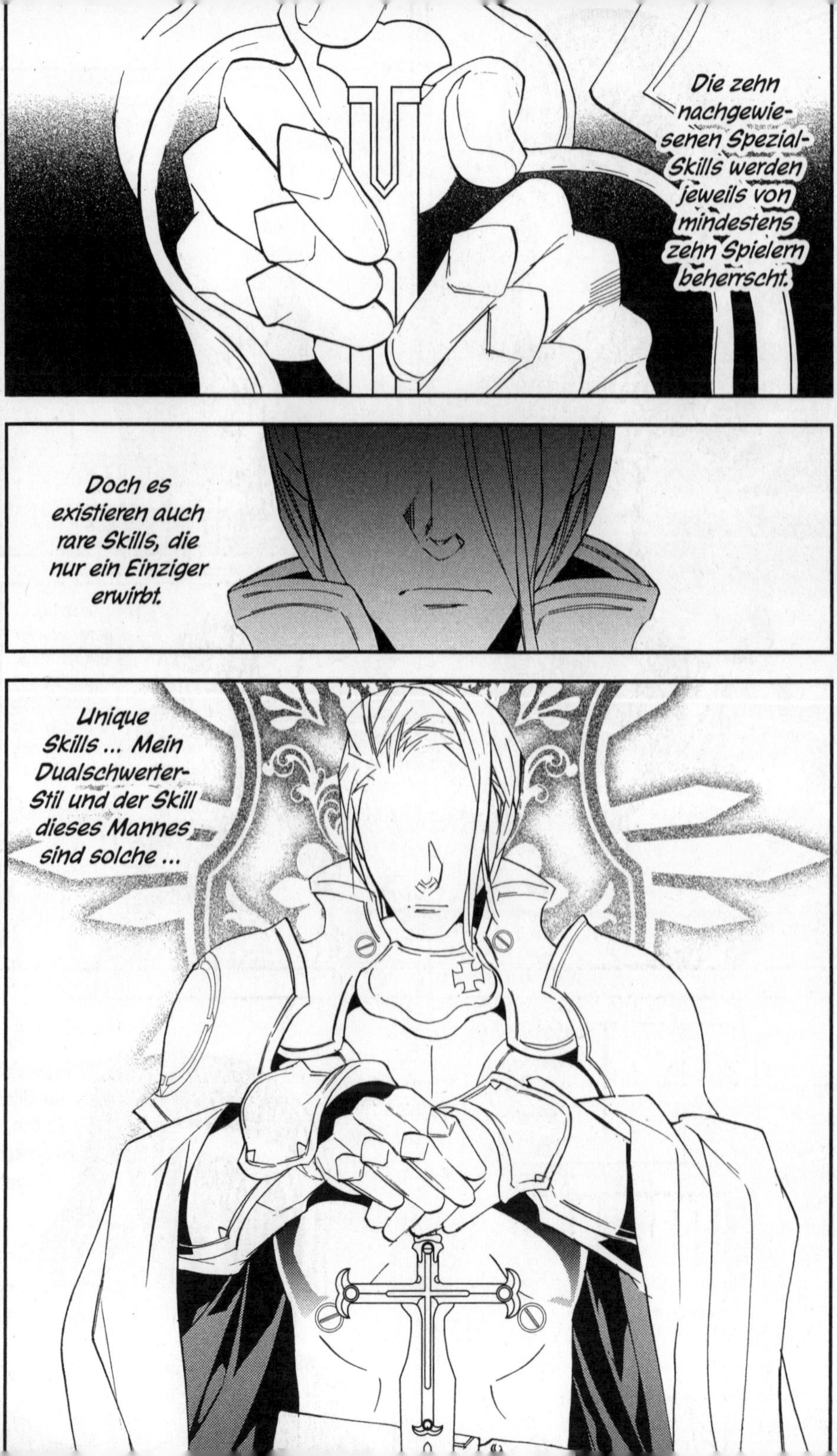
Die zehn nachgewiesenen Spezial-Skills werden jeweils von mindestens zehn Spielern beherrscht.
Doch es existieren auch rare Skills, die nur ein Einziger erwirbt.
Unique Skills ... Mein Dualschwerter-Stil und der Skill dieses Mannes sind solche ...

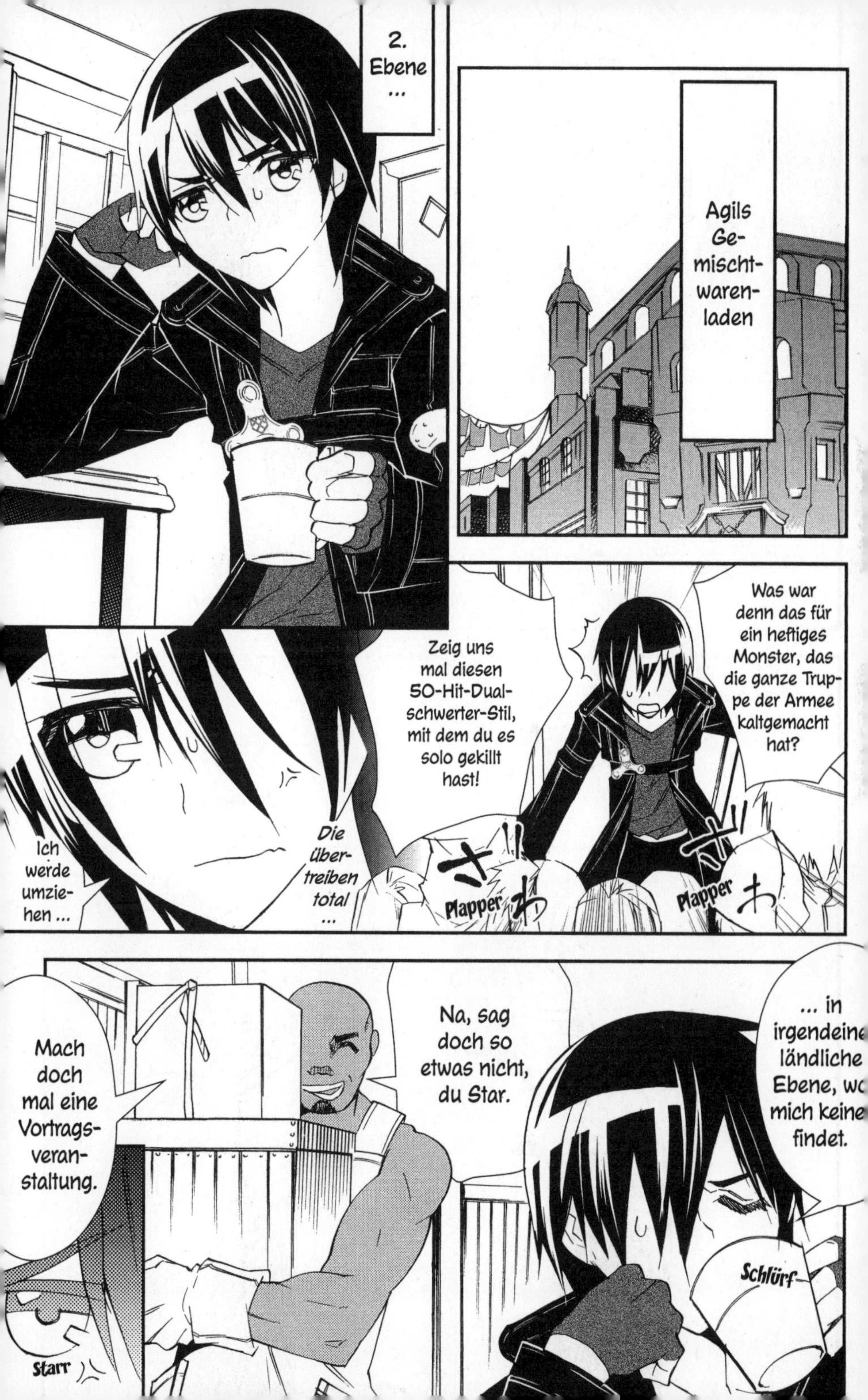
2. Ebene …
Agils Gemischtwarenladen
Was war denn das für ein heftiges Monster, das die ganze Truppe der Armee kaltgemacht hat?
Zeig uns mal diesen 50-Hit-Dualschwerter-Stil, mit dem du es solo gekillt hast!
Plapper
Plapper
Die übertreiben total …
Ich werde umziehen …
… in irgendeine ländliche Ebene, wo mich keiner findet.
Schlürf
Na, sag doch so etwas nicht, du Star.
Mach doch mal eine Vortragsveranstaltung.
Starr

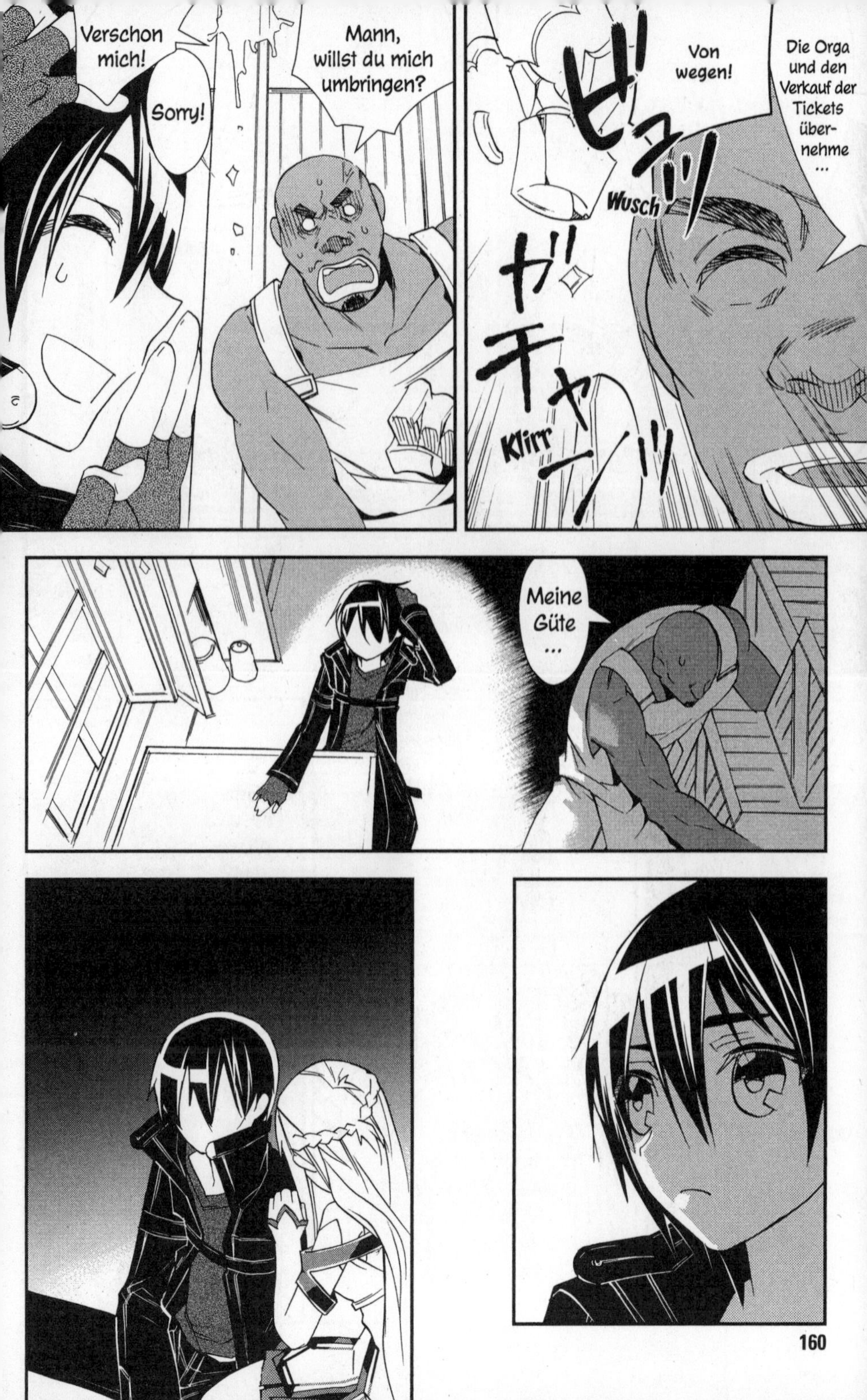
Die Orga und den Verkauf der Tickets über-nehme …
Von wegen!
Wusch
Klirr
Mann, willst du mich umbringen?
Sorry!
Verschon mich!
Meine Güte …

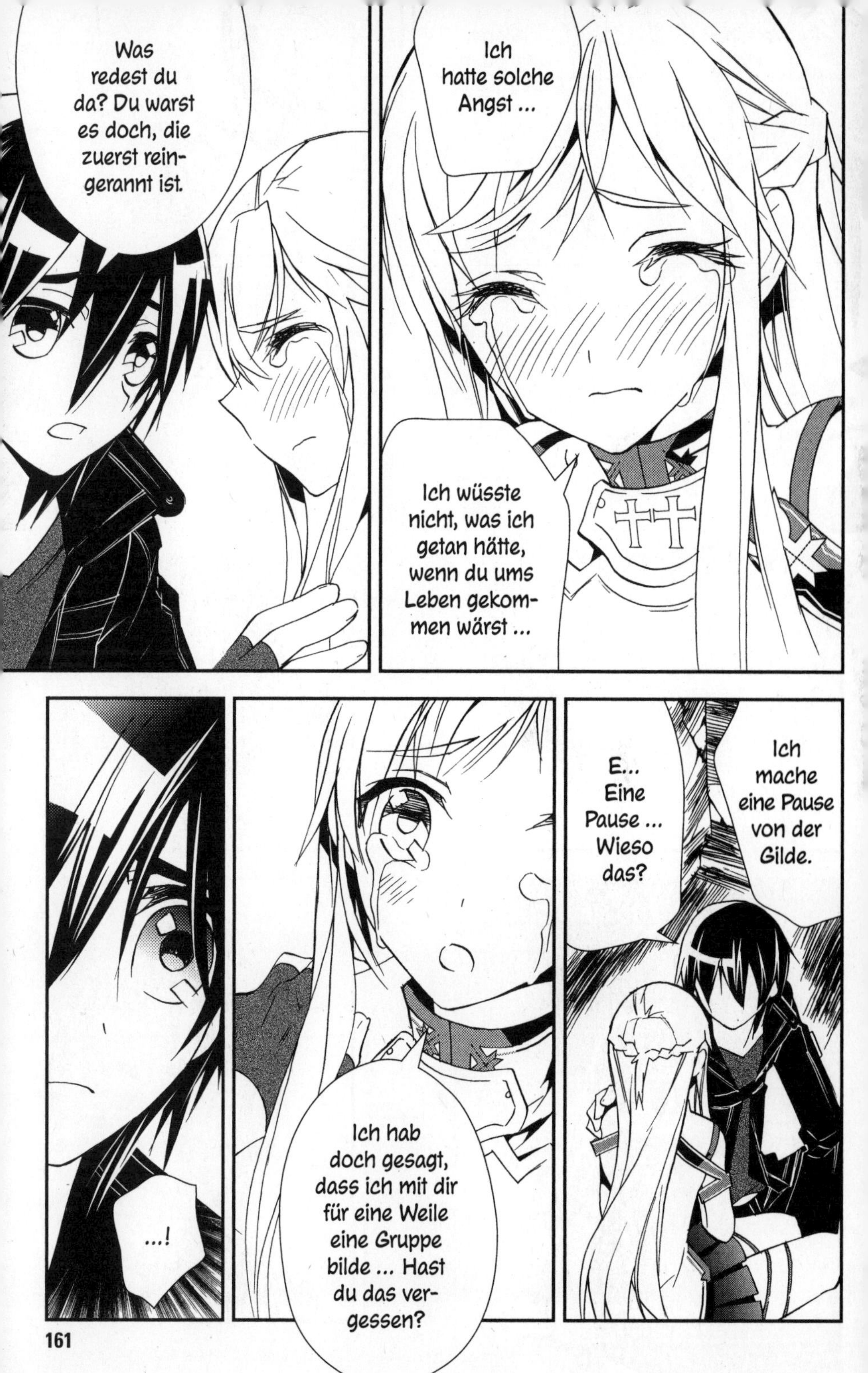
Ich hatte solche Angst ...
Ich wüsste nicht, was ich getan hätte, wenn du ums Leben gekommen wärst ...
Was redest du da? Du warst es doch, die zuerst reingerannt ist.
Ich mache eine Pause von der Gilde.
E... Eine Pause ... Wieso das?
Ich hab doch gesagt, dass ich mit dir für eine Weile eine Gruppe bilde ... Hast du das vergessen?
...!

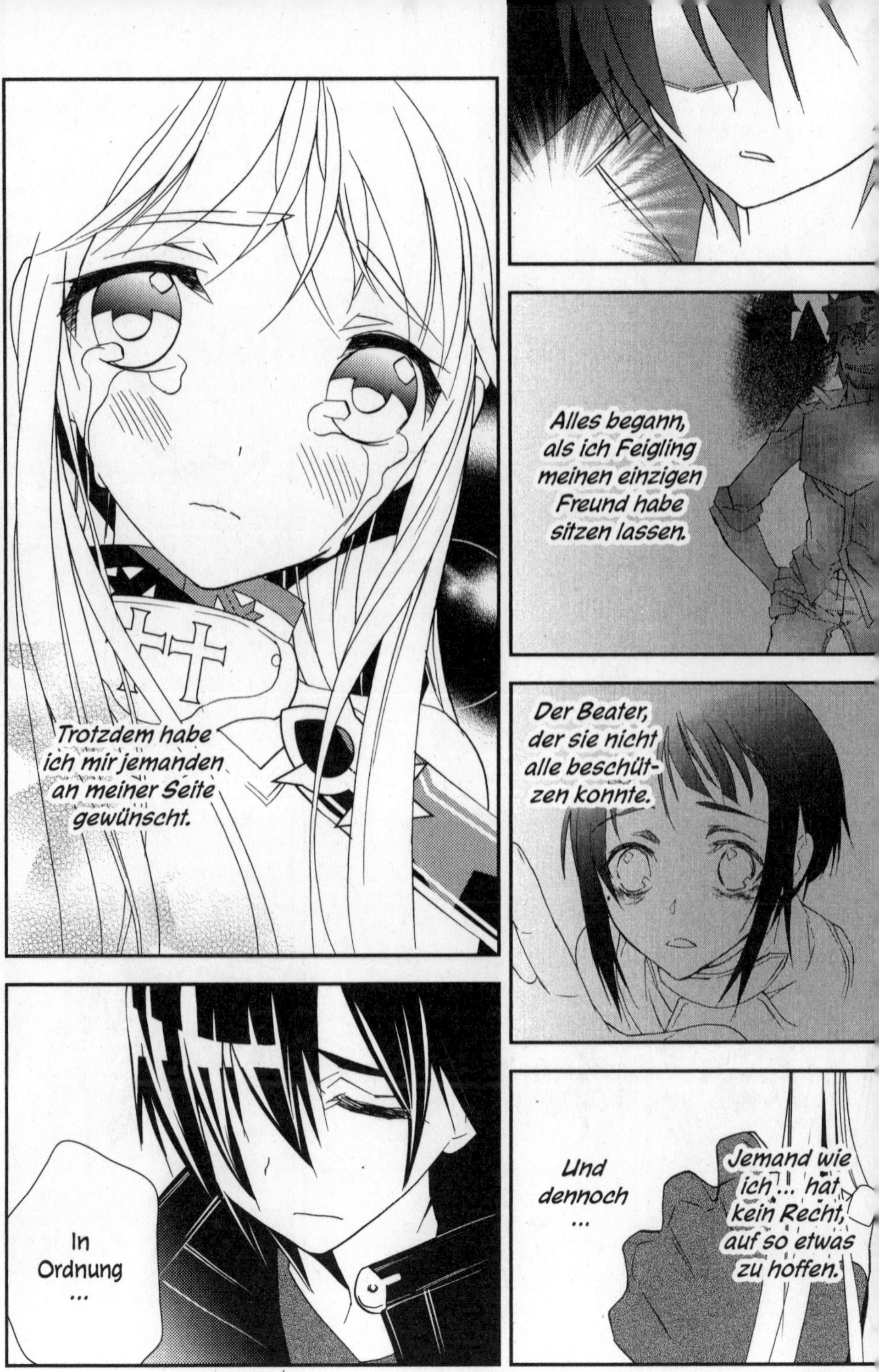
Alles begann, als ich Feigling meinen einzigen Freund habe sitzen lassen.
Der Beater, der sie nicht alle beschützen konnte.
Jemand wie ich ... hat kein Recht, auf so etwas zu hoffen.
Und dennoch ...
Trotzdem habe ich mir jemanden an meiner Seite gewünscht.
In Ordnung ...

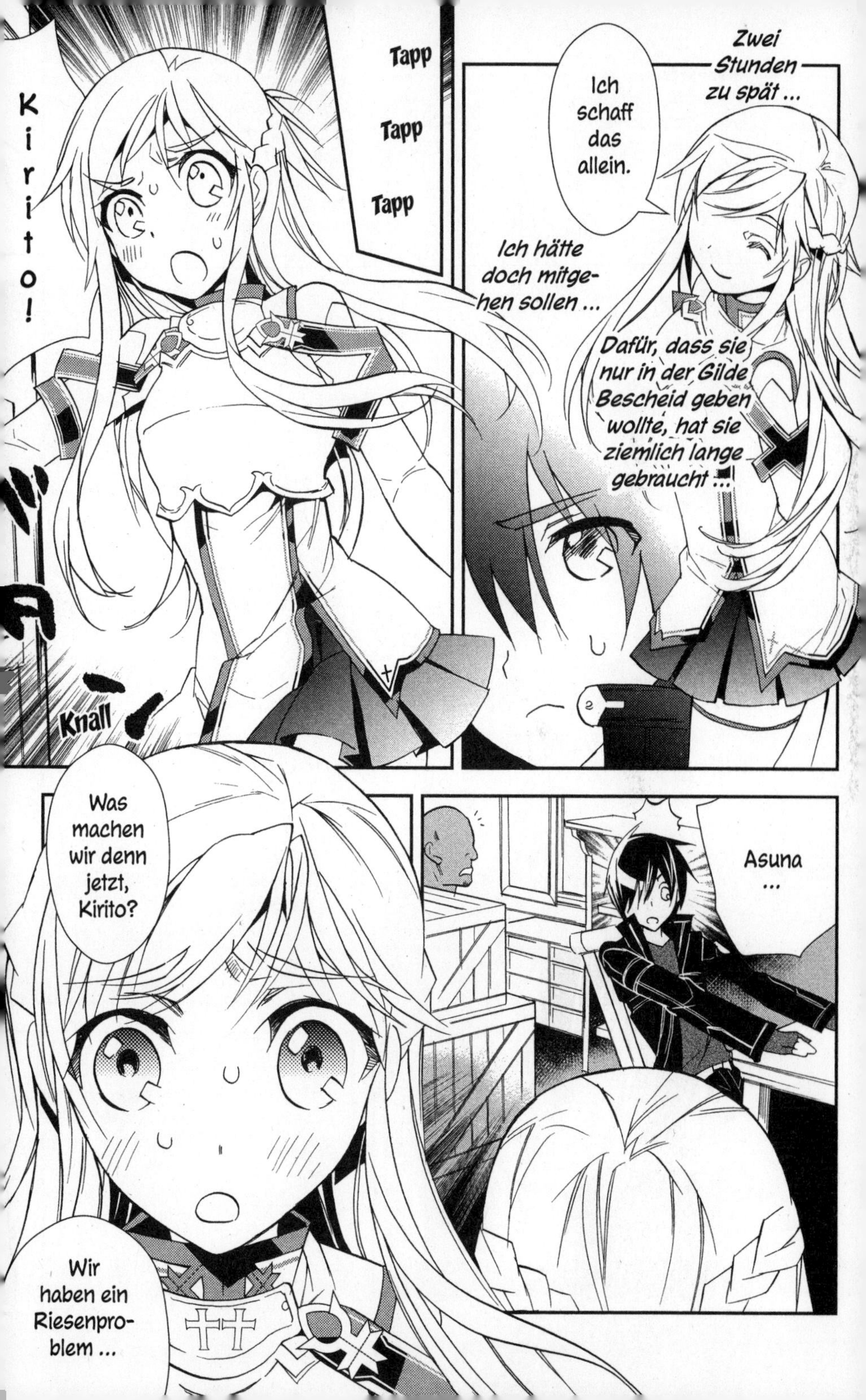

Zwei Stunden zu spät ...
Ich schaff das allein.
Ich hätte doch mitgehen sollen ...
Dafür, dass sie nur in der Gilde Bescheid geben wollte, hat sie ziemlich lange gebraucht ...
Tapp
Tapp
Tapp
Knall
Kirito!
Asuna ...
Was machen wir denn jetzt, Kirito?
Wir haben ein Riesenproblem ...

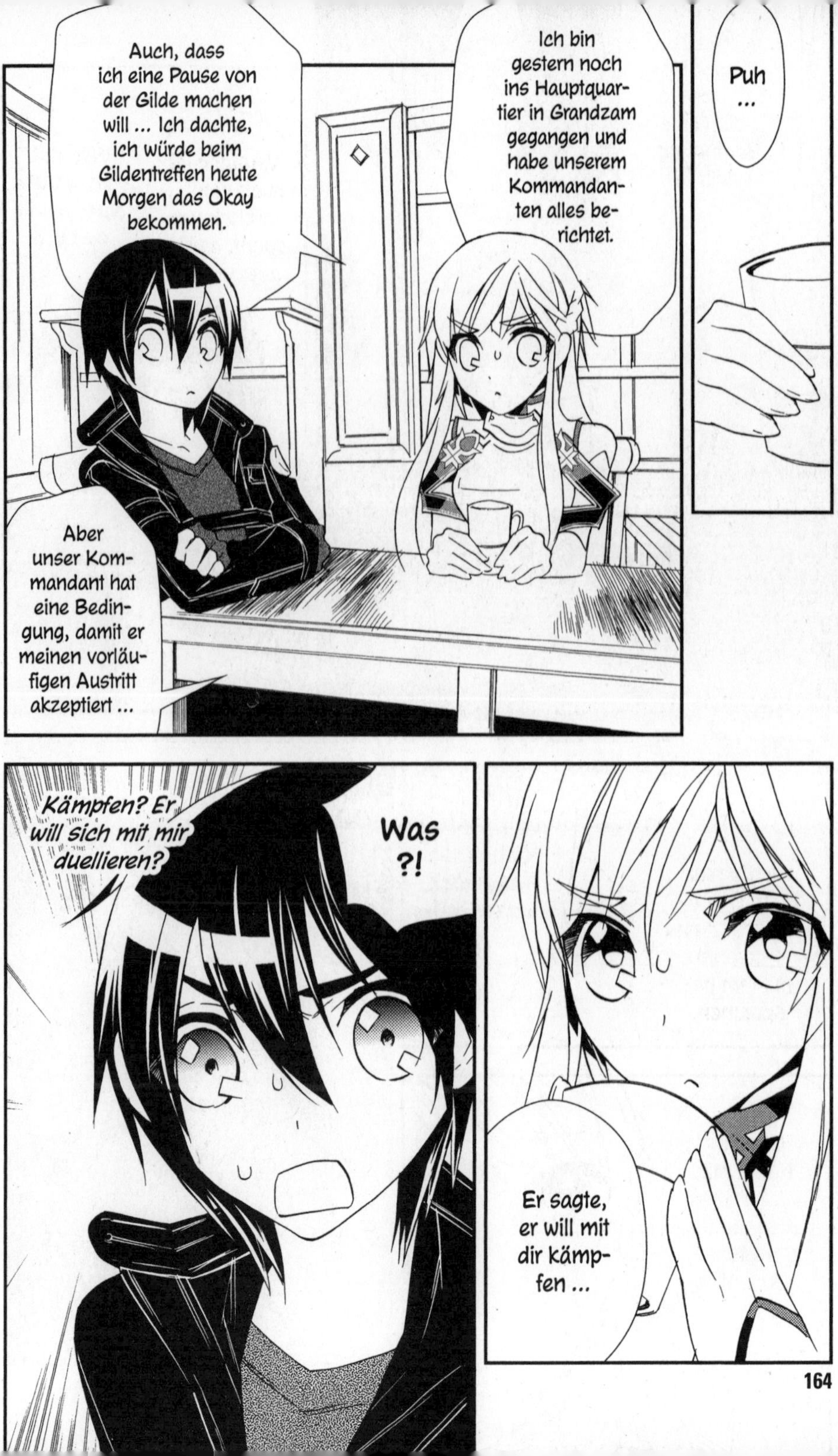
Puh ...
Ich bin gestern noch ins Hauptquartier in Grandzam gegangen und habe unserem Kommandanten alles berichtet.
Auch, dass ich eine Pause von der Gilde machen will ... Ich dachte, ich würde beim Gildentreffen heute Morgen das Okay bekommen.
Aber unser Kommandant hat eine Bedingung, damit er meinen vorläufigen Austritt akzeptiert ...
Er sagte, er will mit dir kämpfen ...
Was ?!
Kämpfen? Er will sich mit mir duellieren?

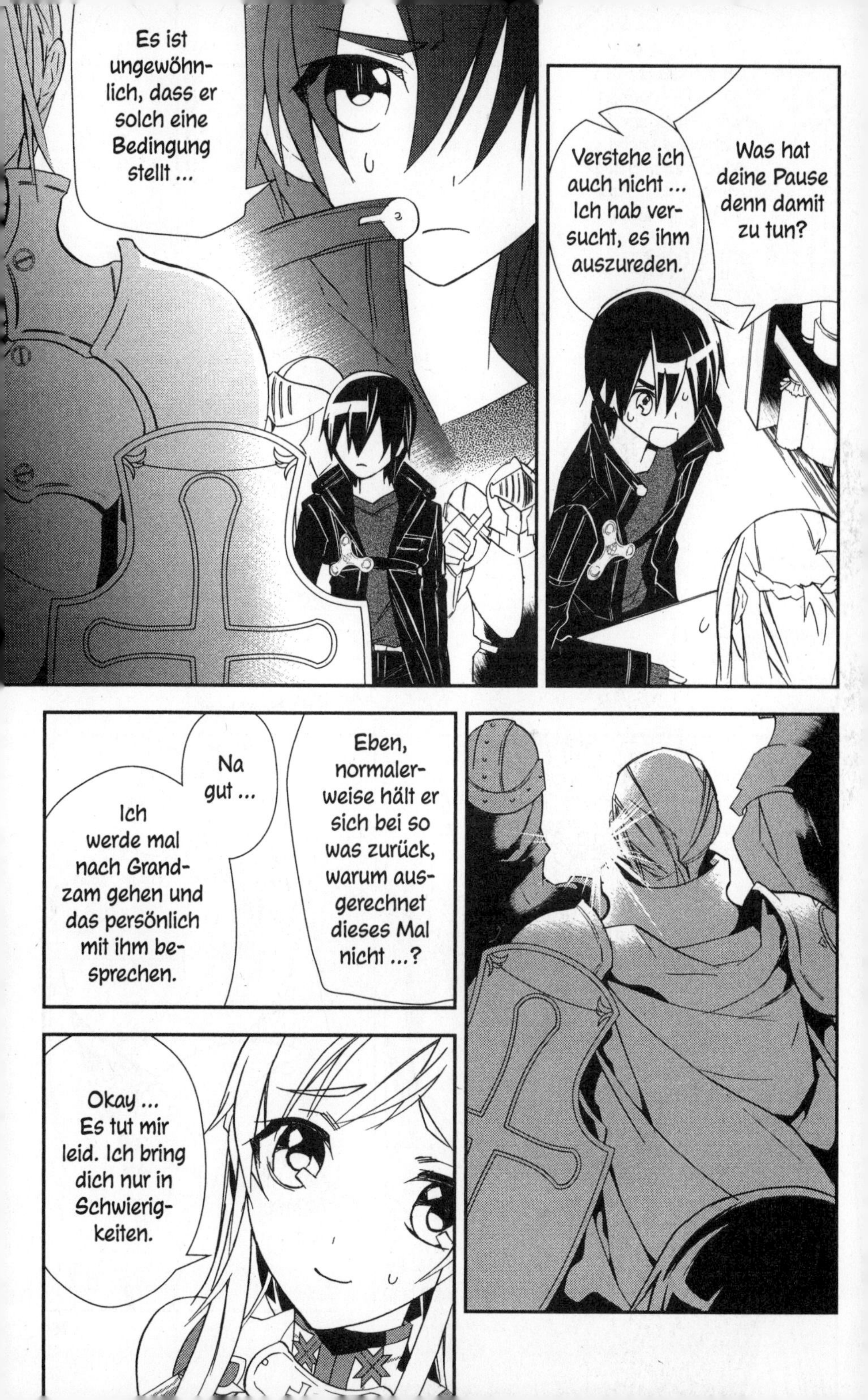
Was hat deine Pause denn damit zu tun?
Verstehe ich auch nicht ... Ich hab versucht, es ihm auszureden.
Es ist ungewöhnlich, dass er solch eine Bedingung stellt ...
Eben, normalerweise hält er sich bei so was zurück, warum ausgerechnet dieses Mal nicht ...?
Na gut ...
Ich werde mal nach Grandzam gehen und das persönlich mit ihm besprechen.
Okay ... Es tut mir leid. Ich bring dich nur in Schwierigkeiten.

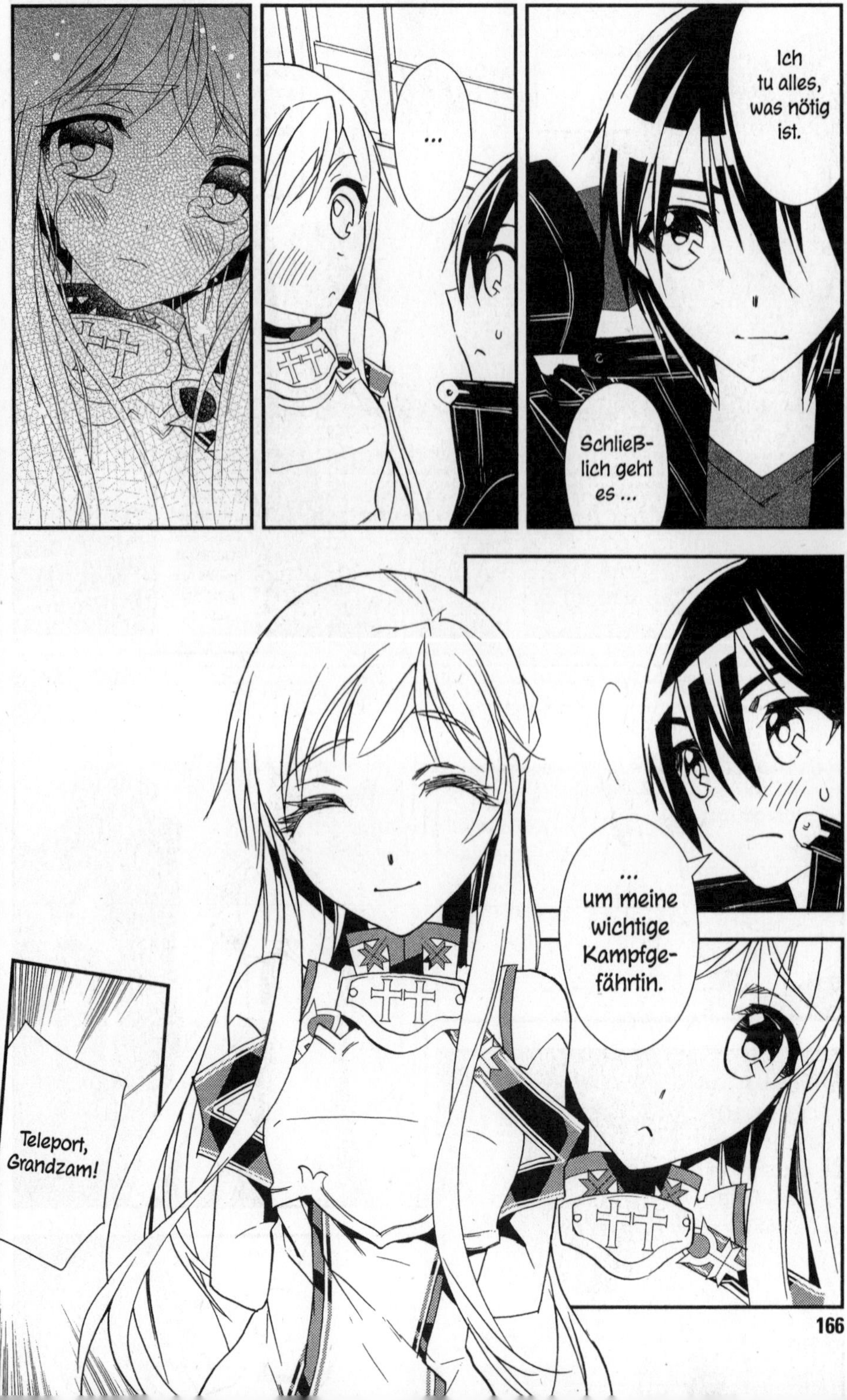
Ich tu alles, was nötig ist.
Schließlich geht es ...
...
... um meine wichtige Kampfgefährtin.
Teleport, Grandzam!

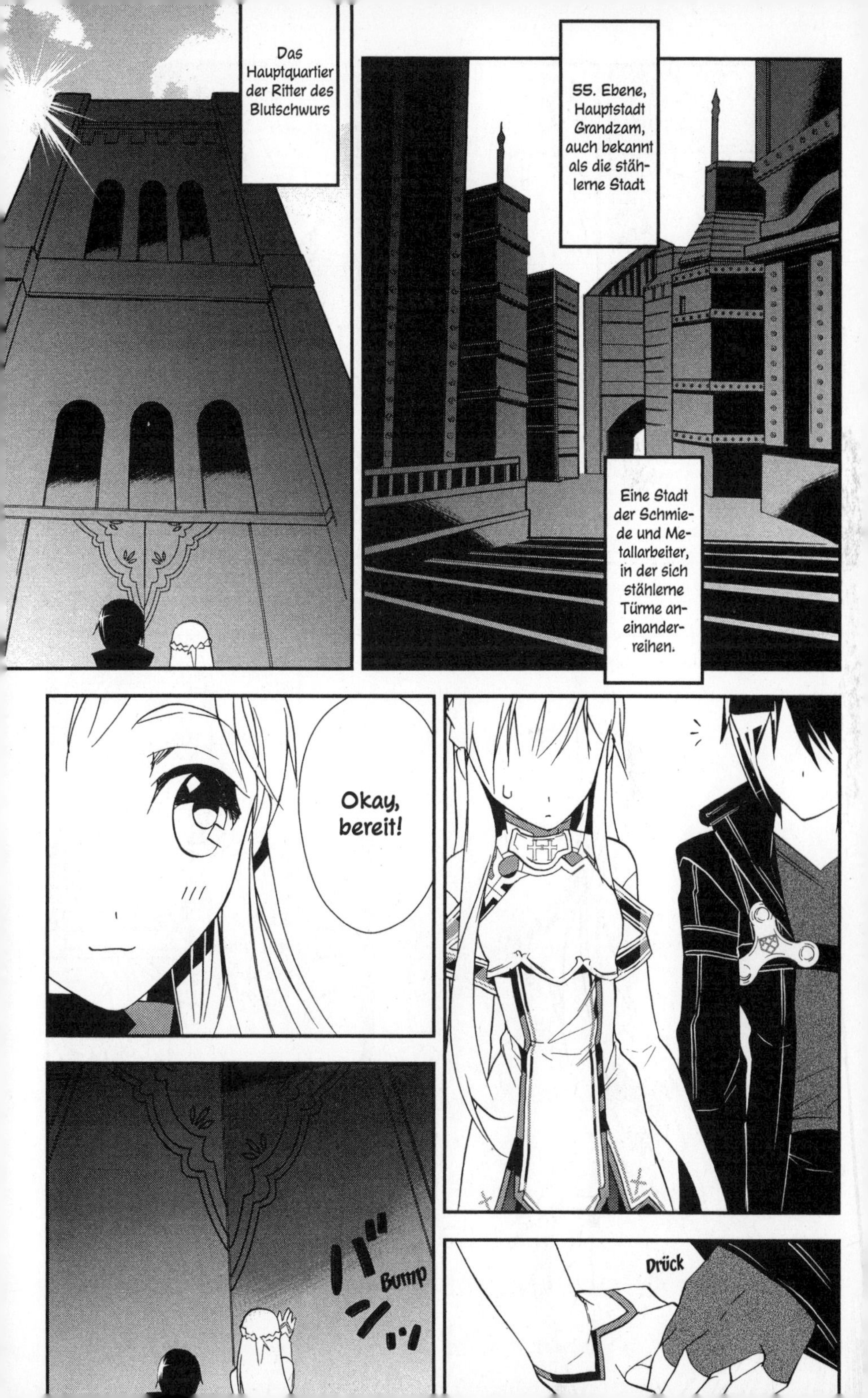
55. Ebene, Hauptstadt Grandzam, auch bekannt als die stählerne Stadt
Das Hauptquartier der Ritter des Blutschwurs
Eine Stadt der Schmiede und Metallarbeiter, in der sich stählerne Türme aneinanderreihen.
Okay, bereit!
Drück
Bump

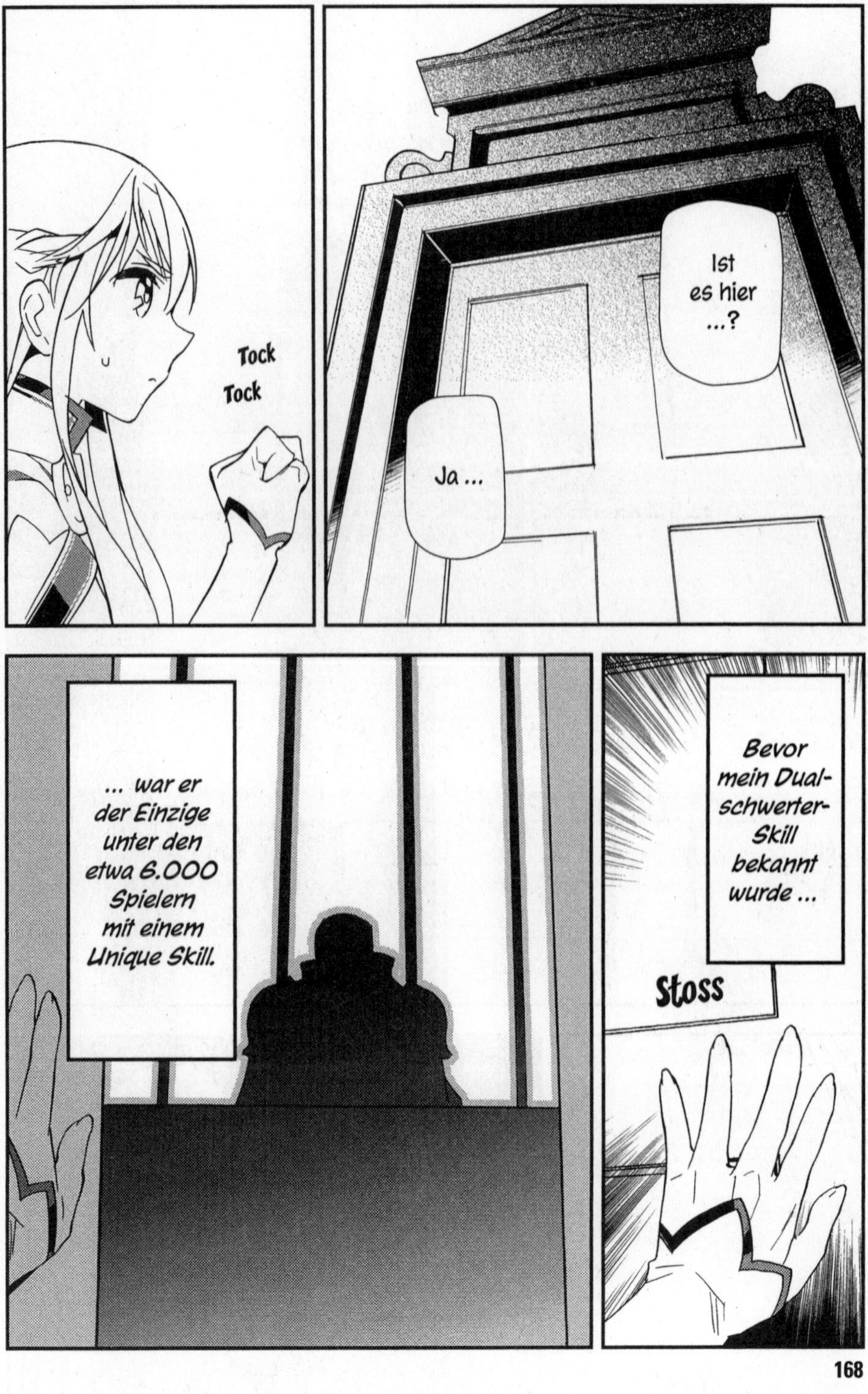
Ist es hier ...?
Ja ...
Tock
Tock
Bevor mein Dual-schwerter-Skill bekannt wurde ...
Stoss
... war er der Einzige unter den etwa 6.000 Spielern mit einem Unique Skill.

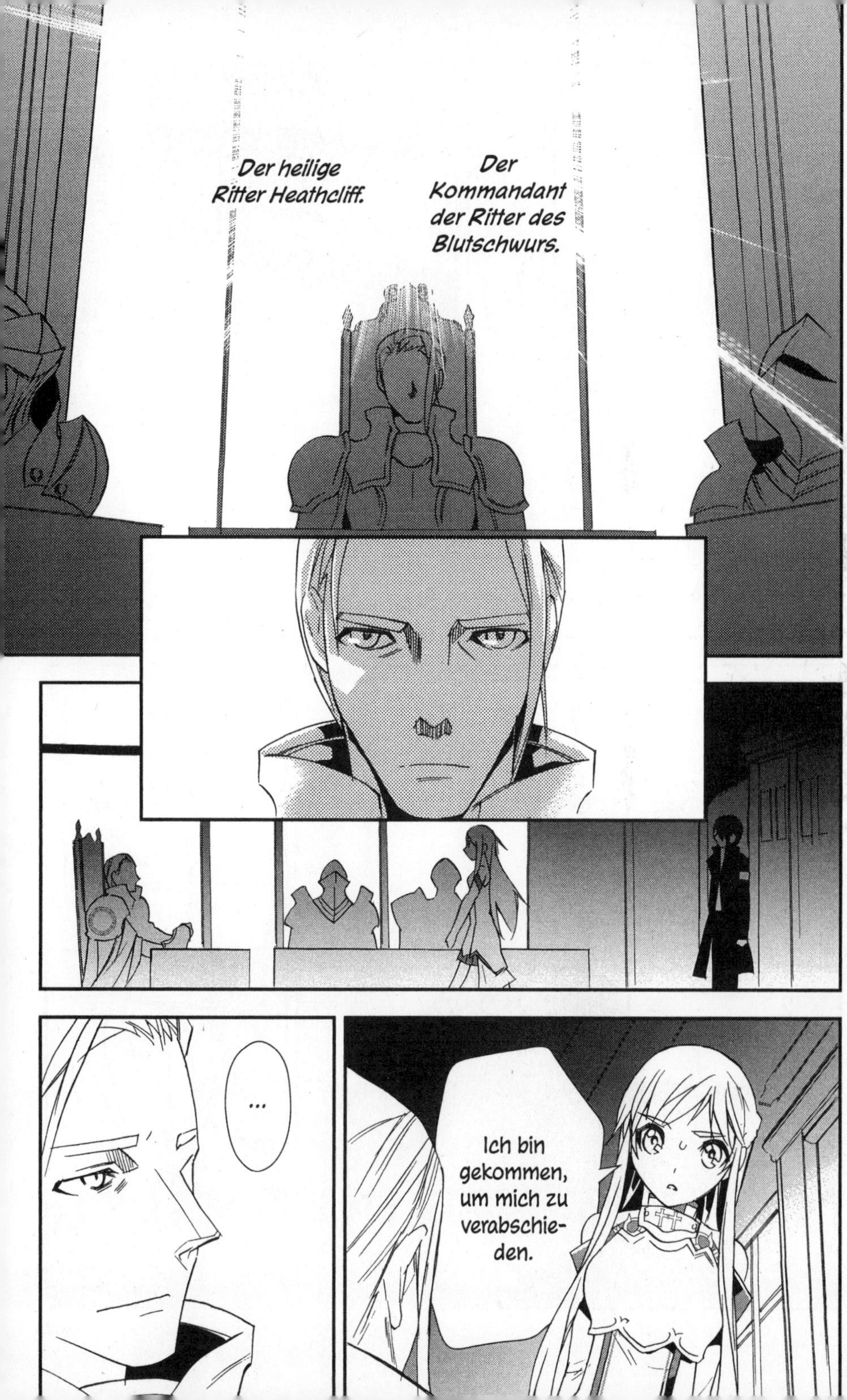
Der Kommandant der Ritter des Blutschwurs.
Der heilige Ritter Heathcliff.
Ich bin gekommen, um mich zu verabschieden.
...

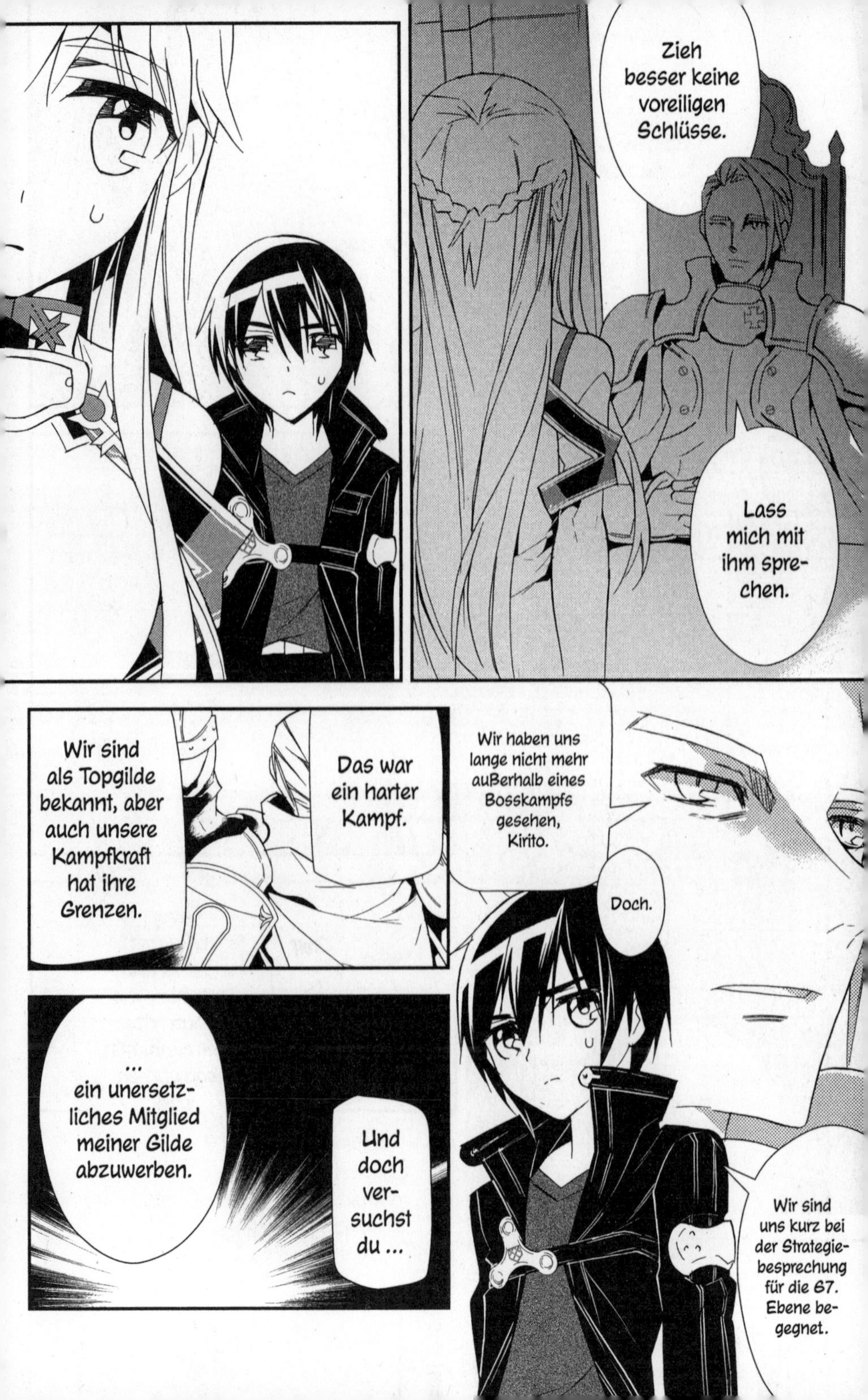

Zieh besser keine voreiligen Schlüsse.
Lass mich mit ihm sprechen.
Wir haben uns lange nicht mehr außerhalb eines Bosskampfs gesehen, Kirito.
Doch.
Wir sind uns kurz bei der Strategiebesprechung für die 67. Ebene begegnet.
Das war ein harter Kampf.
Wir sind als Topgilde bekannt, aber auch unsere Kampfkraft hat ihre Grenzen.
Und doch versuchst du ...
... ein unersetzliches Mitglied meiner Gilde abzuwerben.

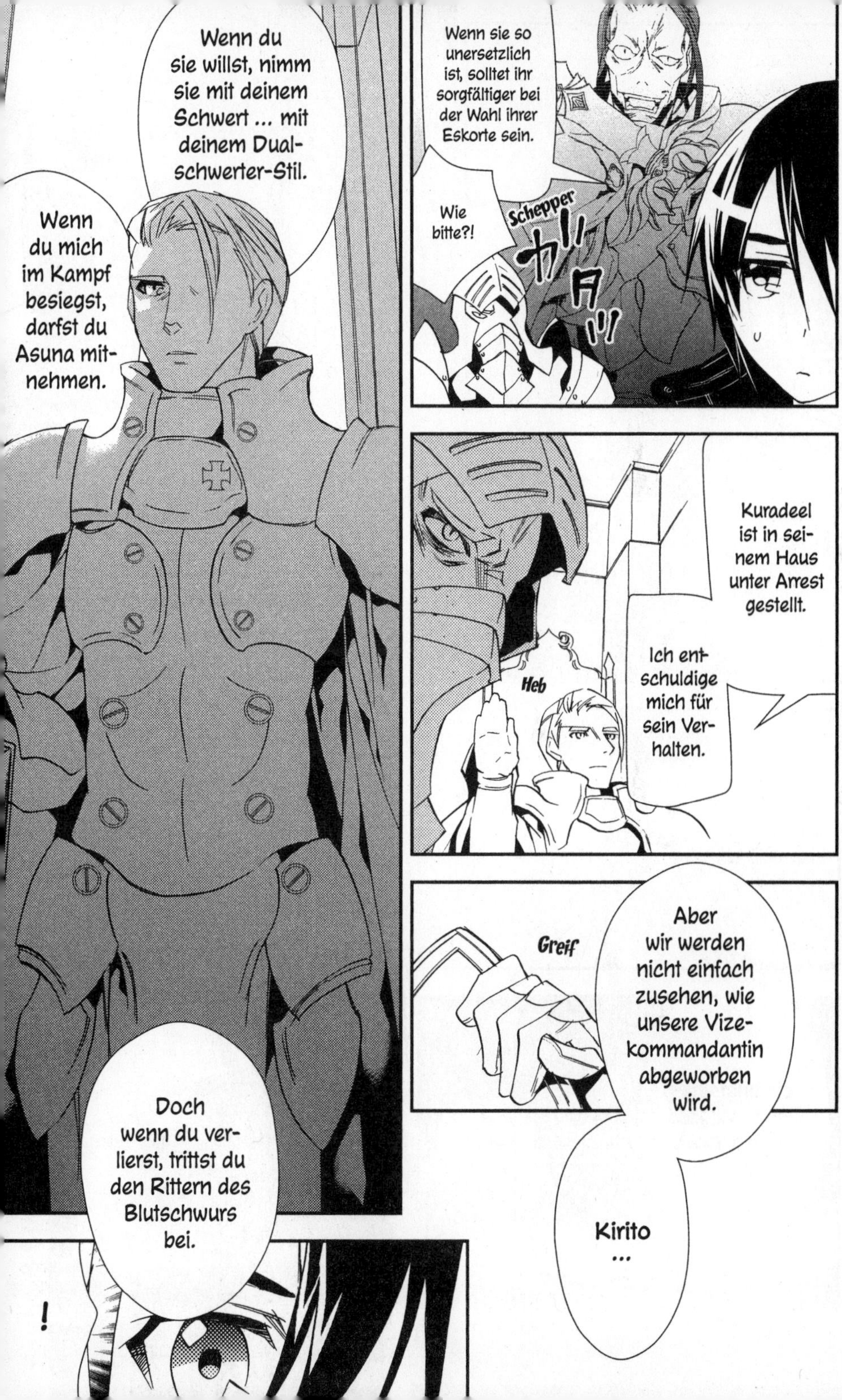
Wenn sie so unersetzlich ist, solltet ihr sorgfältiger bei der Wahl ihrer Eskorte sein.
Wie bitte?!
Schepper
Kuradeel ist in seinem Haus unter Arrest gestellt.
Ich entschuldige mich für sein Verhalten.
Heb
Aber wir werden nicht einfach zusehen, wie unsere Vizekommandantin abgeworben wird.
Greif
Kirito …
Wenn du sie willst, nimm sie mit deinem Schwert … mit deinem Dualschwerter-Stil.
Wenn du mich im Kampf besiegst, darfst du Asuna mitnehmen.
Doch wenn du verlierst, trittst du den Rittern des Blutschwurs bei.
!

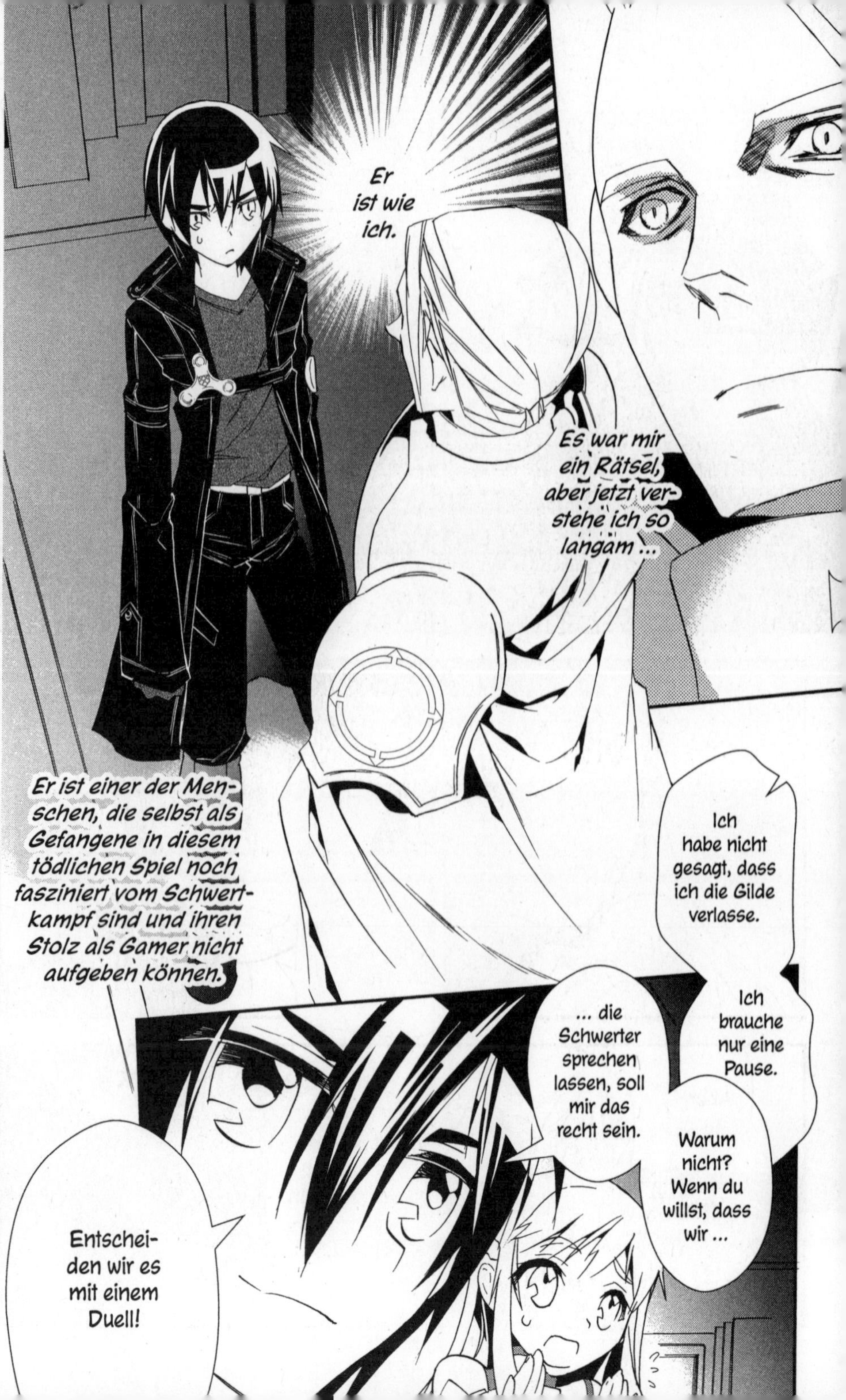
Es war mir ein Rätsel, aber jetzt verstehe ich so langam ...
Er ist wie ich.
Er ist einer der Menschen, die selbst als Gefangene in diesem tödlichen Spiel noch fasziniert vom Schwertkampf sind und ihren Stolz als Gamer nicht aufgeben können.
Ich habe nicht gesagt, dass ich die Gilde verlasse.
Ich brauche nur eine Pause.
Warum nicht? Wenn du willst, dass wir ...
... die Schwerter sprechen lassen, soll mir das recht sein.
Entscheiden wir es mit einem Duell!

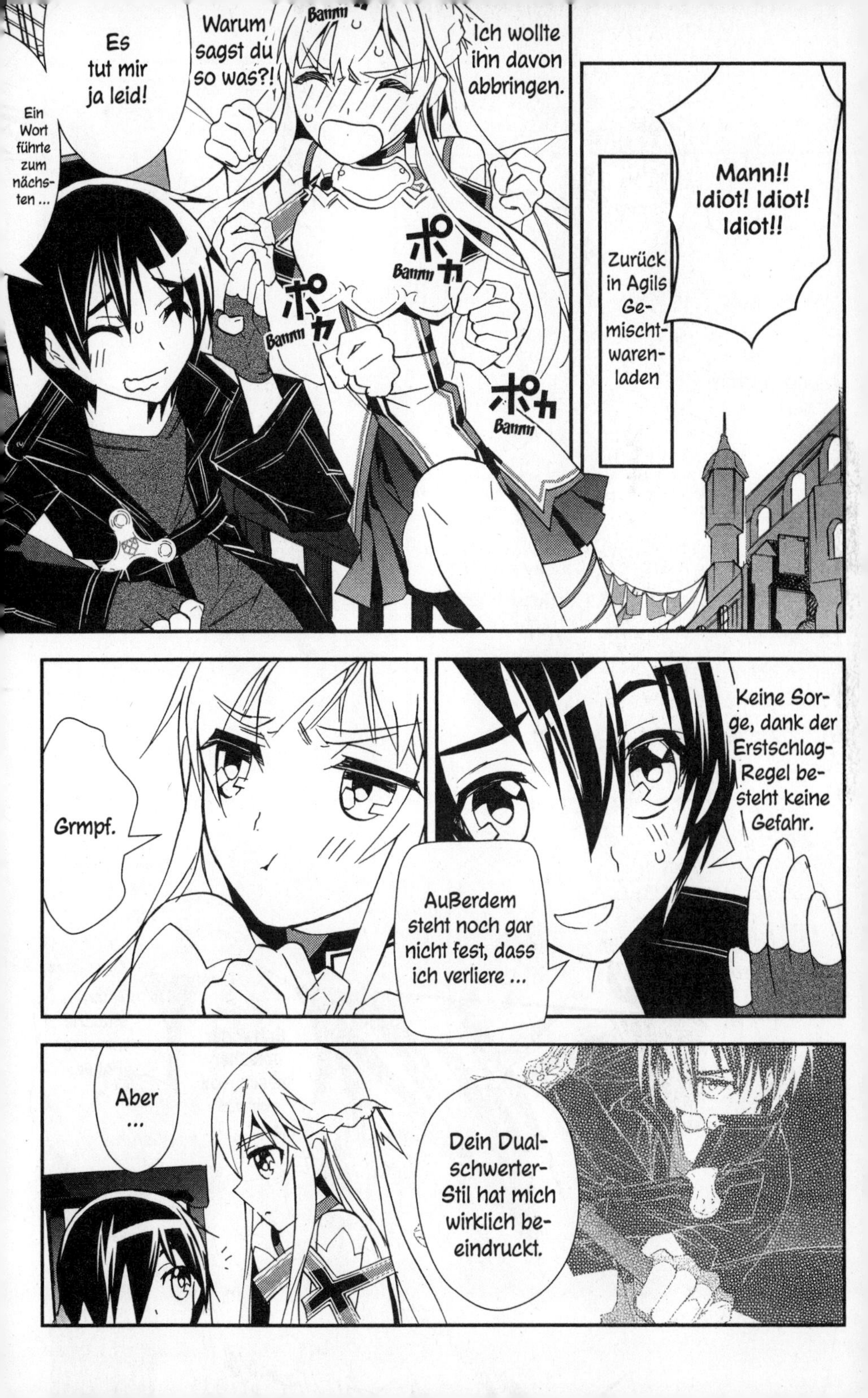
Zurück in Agils Gemischtwarenladen
Mann!! Idiot! Idiot! Idiot!!
ポカ Bamm
ポカ Bamm
ポカ Bamm
Bamm
Ich wollte ihn davon abbringen.
Warum sagst du so was?!
Es tut mir ja leid!
Ein Wort führte zum nächsten ...
Keine Sorge, dank der Erstschlag-Regel besteht keine Gefahr.
Außerdem steht noch gar nicht fest, dass ich verliere ...
Grmpf.
Dein Dualschwerter-Stil hat mich wirklich beeindruckt.
Aber ...

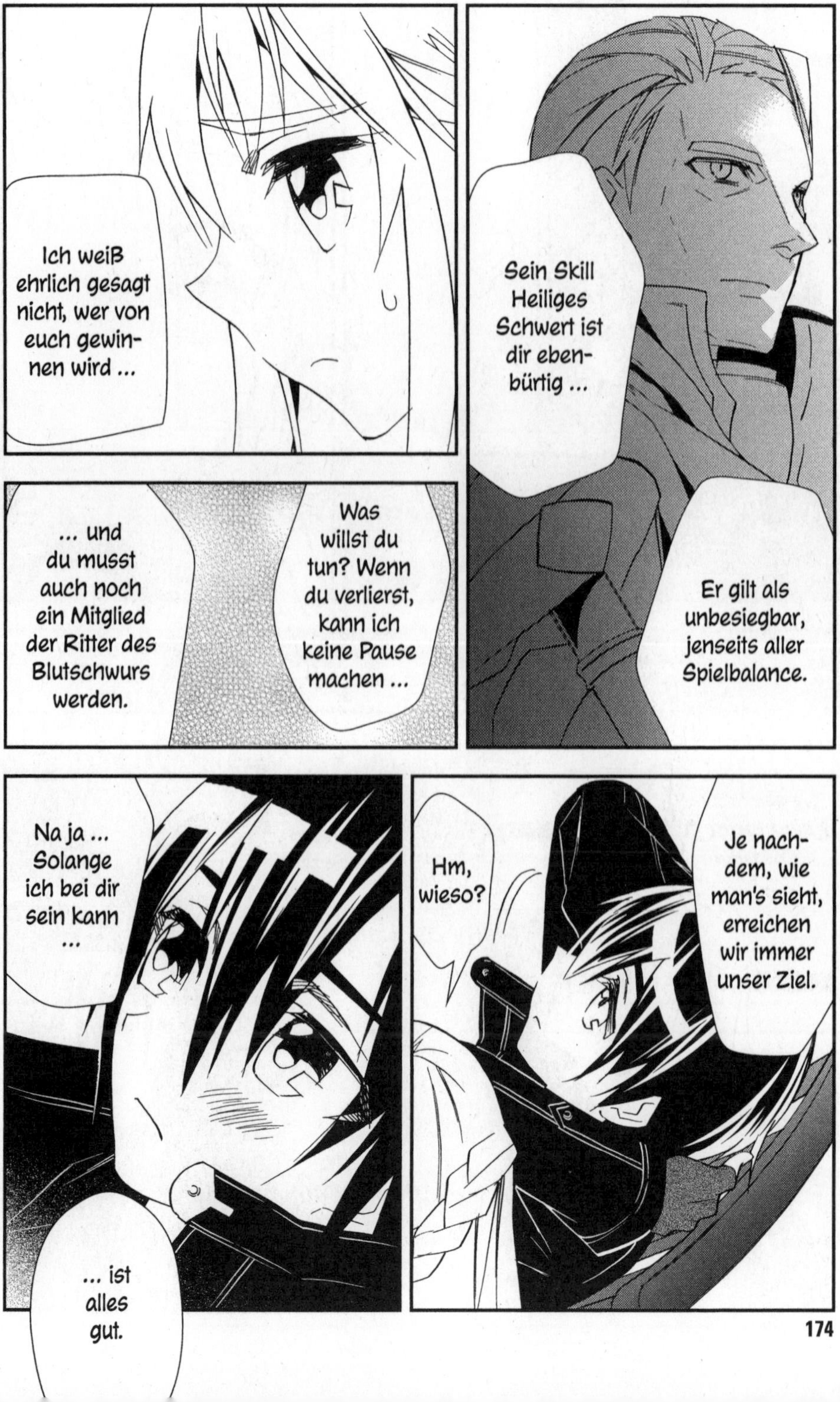
Sein Skill Heiliges Schwert ist dir ebenbürtig ...
Er gilt als unbesiegbar, jenseits aller Spielbalance.
Ich weiß ehrlich gesagt nicht, wer von euch gewinnen wird ...
Was willst du tun? Wenn du verlierst, kann ich keine Pause machen ...
... und du musst auch noch ein Mitglied der Ritter des Blutschwurs werden.
Je nachdem, wie man's sieht, erreichen wir immer unser Ziel.
Hm, wieso?
Na ja ... Solange ich bei dir sein kann ...
... ist alles gut.

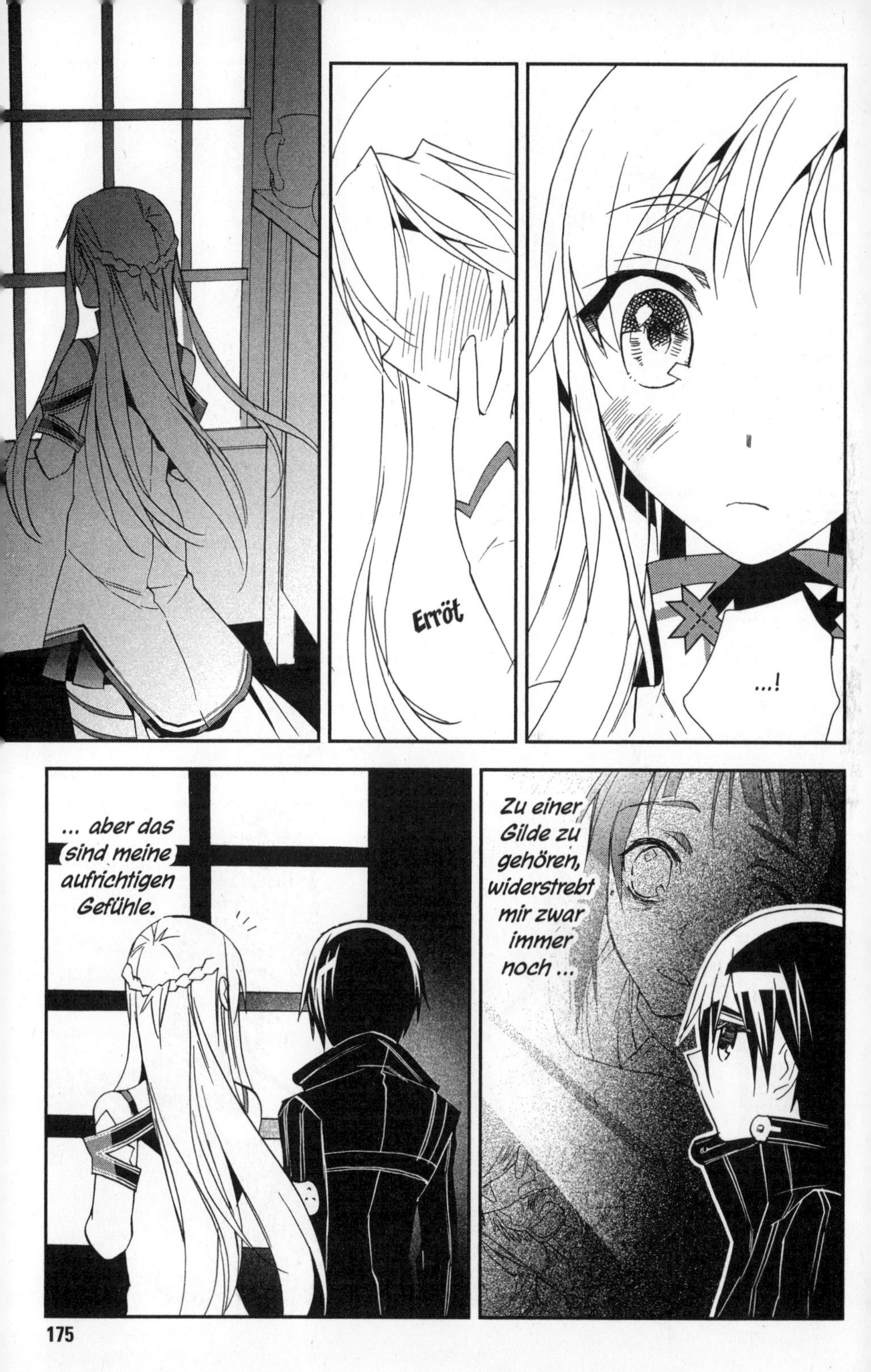
...!
Erröt
Zu einer Gilde zu gehören, widerstrebt mir zwar immer noch ...
... aber das sind meine aufrichtigen Gefühle.

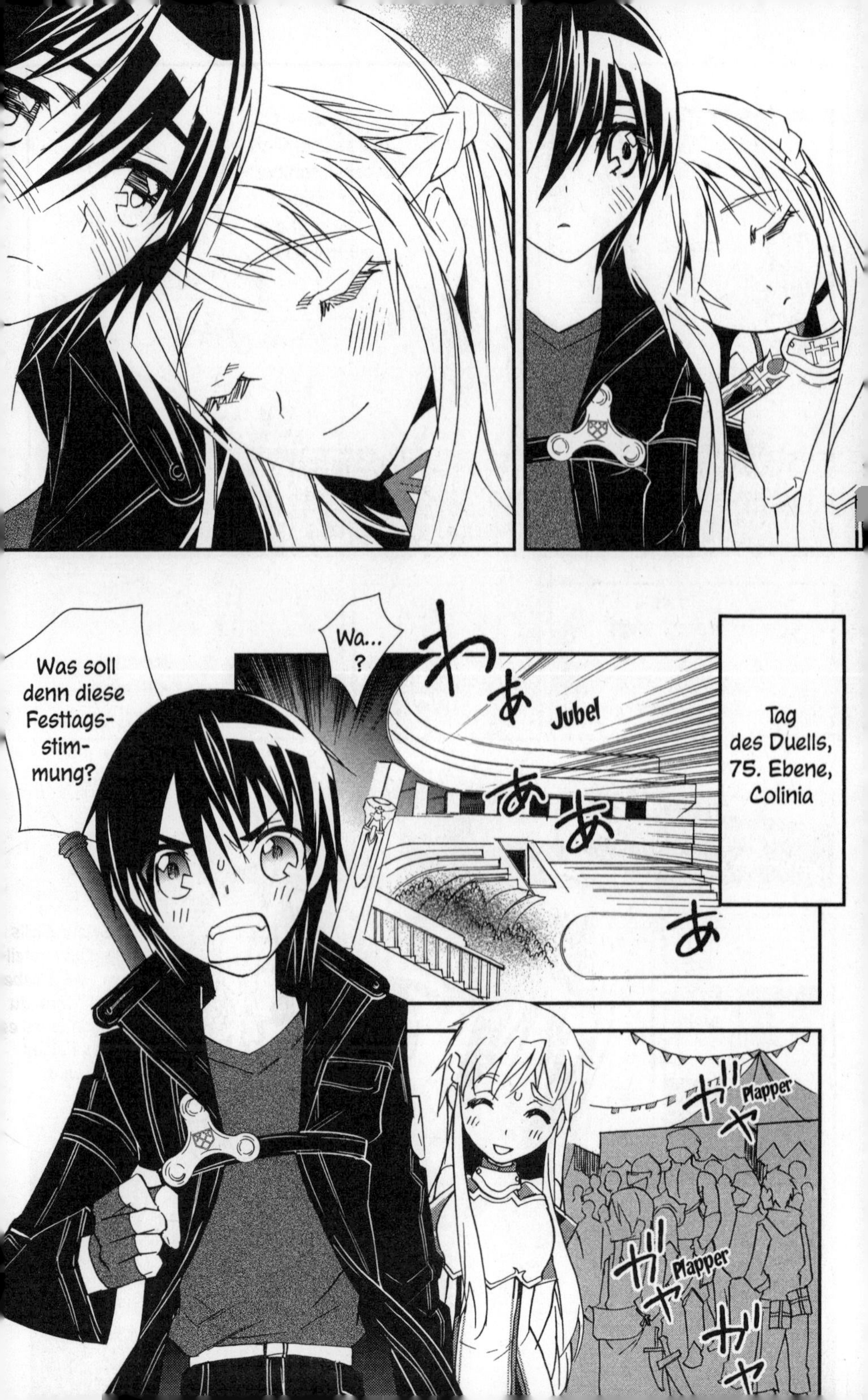
Tag des Duells, 75. Ebene, Colinia
わぁあぁあ
Jubel
Wa…?
Was soll denn diese Festtags-stim-mung?
ザワ
Plapper
ザワ
Plapper
ザワ

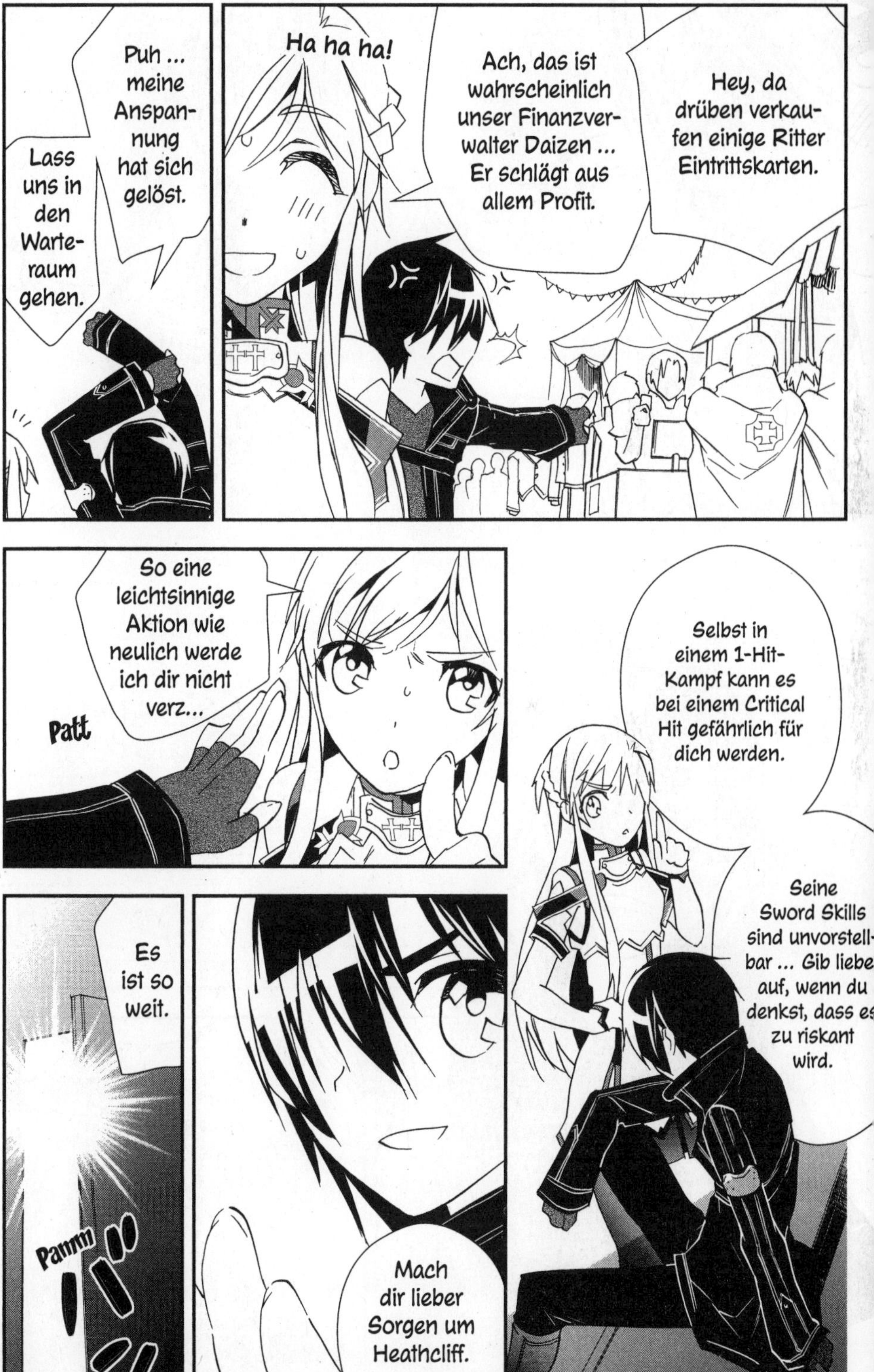
Hey, da drüben verkaufen einige Ritter Eintrittskarten.
Ach, das ist wahrscheinlich unser Finanzverwalter Daizen ... Er schlägt aus allem Profit.
Ha ha ha!
Puh ... meine Anspannung hat sich gelöst.
Lass uns in den Warteraum gehen.
Selbst in einem 1-Hit-Kampf kann es bei einem Critical Hit gefährlich für dich werden.
Seine Sword Skills sind unvorstellbar ... Gib liebe auf, wenn du denkst, dass es zu riskant wird.
So eine leichtsinnige Aktion wie neulich werde ich dir nicht verz...
Patt
Mach dir lieber Sorgen um Heathcliff.
Es ist so weit.
Pannn

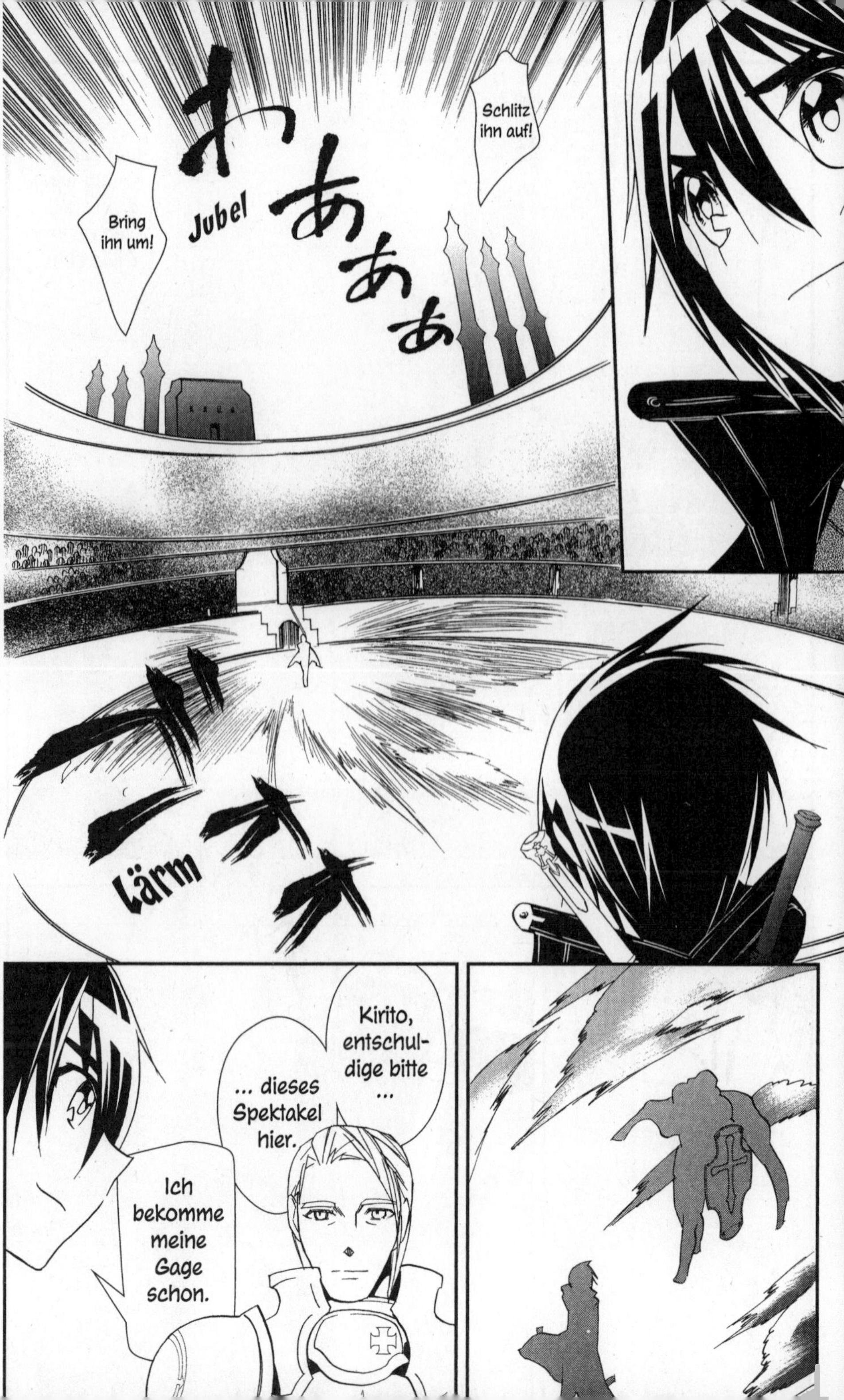
Schlitz ihn auf!
わあああ
Jubel
Bring ihn um!
Lärm
Kirito, entschuldige bitte ...
... dieses Spektakel hier.
Ich bekomme meine Gage schon.

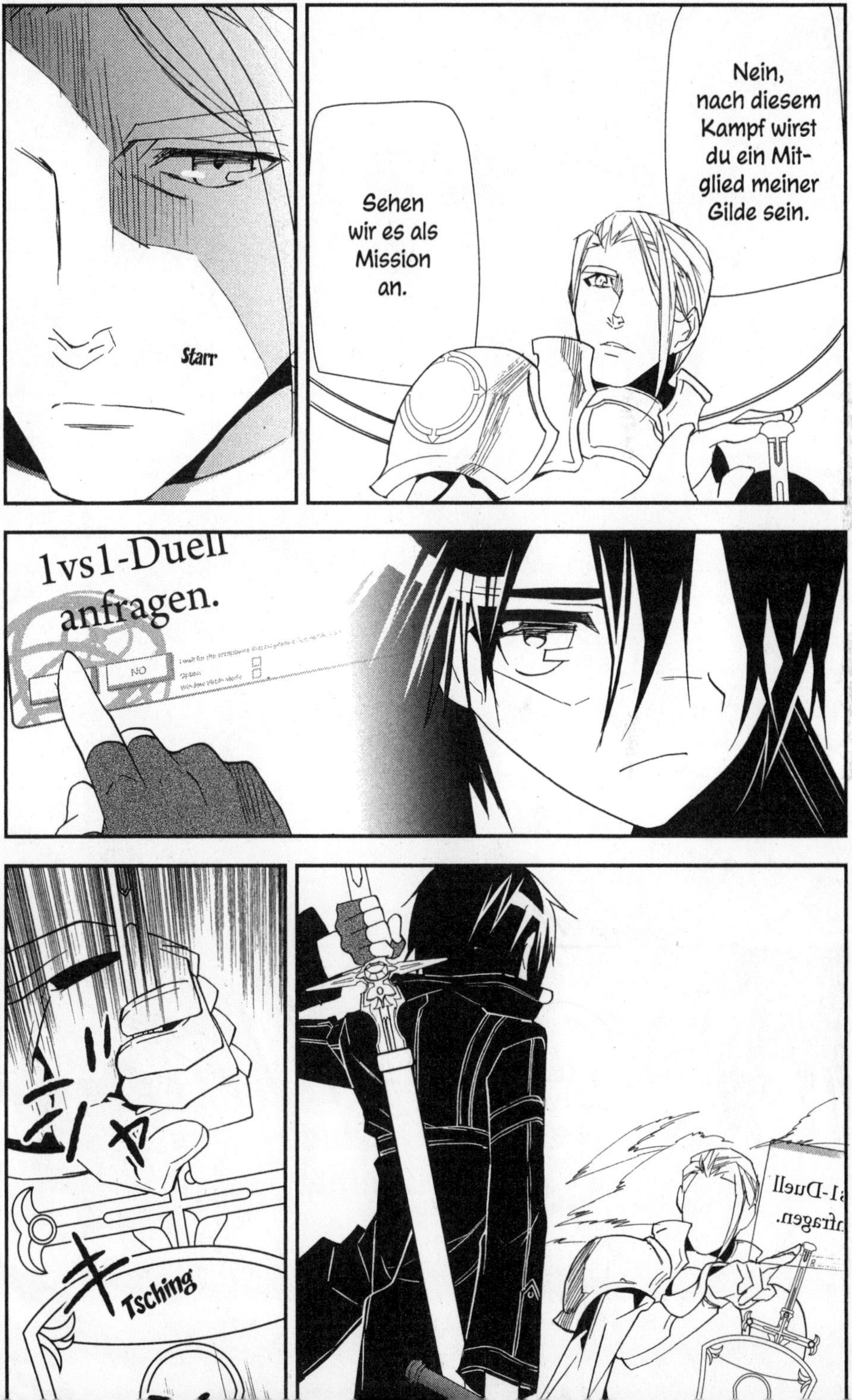
Nein, nach diesem Kampf wirst du ein Mitglied meiner Gilde sein.
Sehen wir es als Mission an.
Starr
1vs1-Duell anfragen.
NO
Tsching

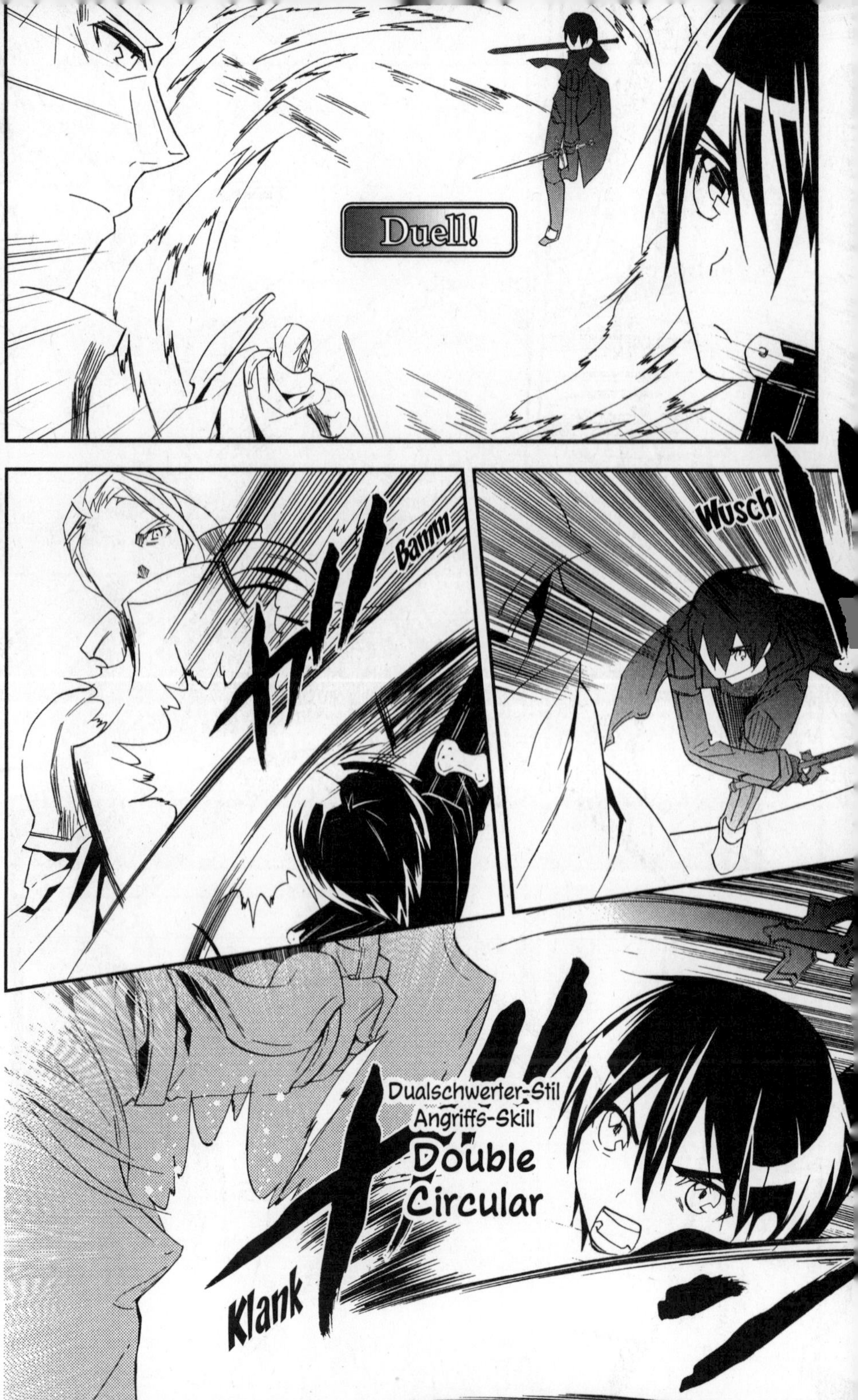

Duell!
Wusch
Bamm
Dualschwerter-Stil
Angriffs-Skill
Double
Circular
Klank

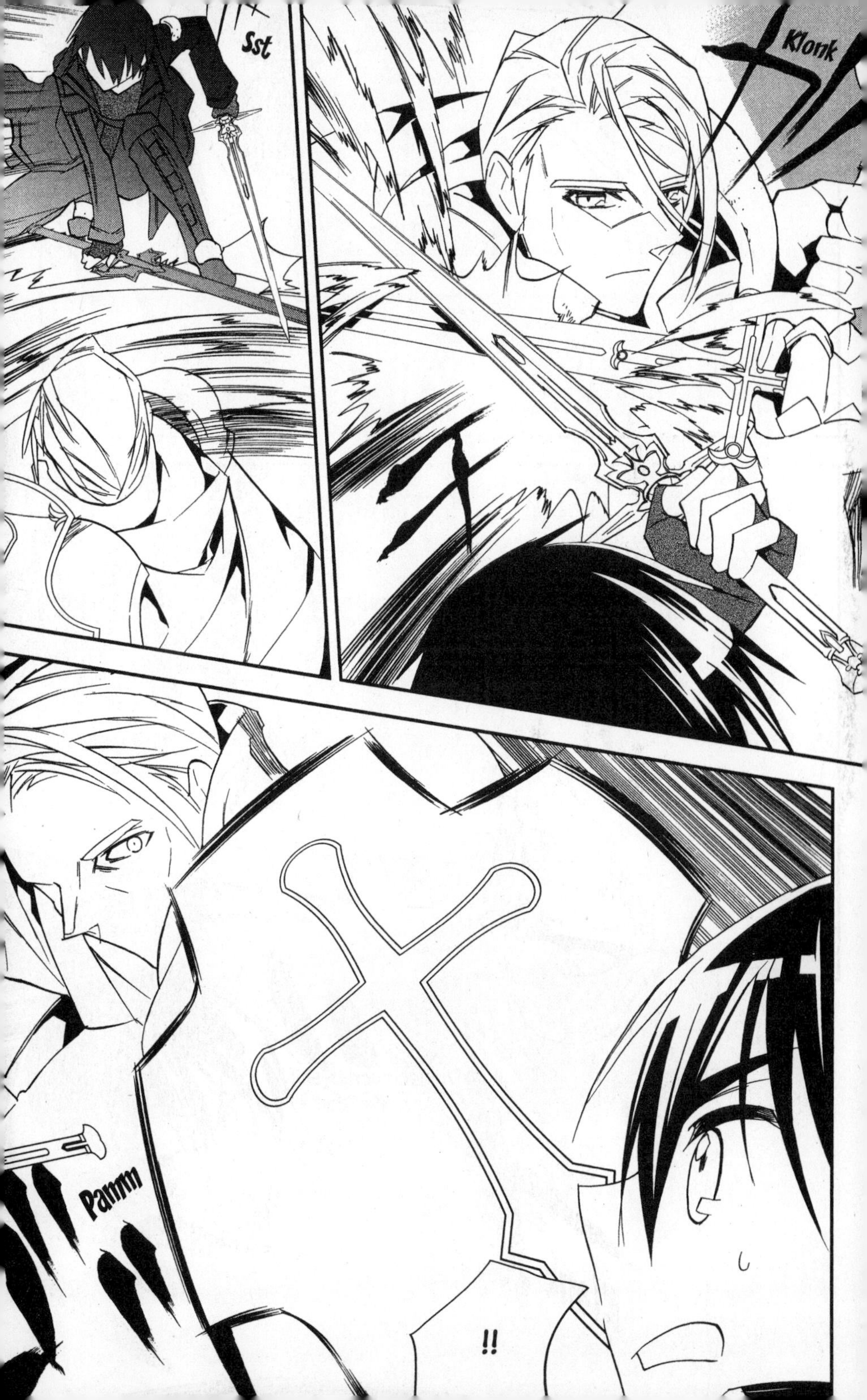
Klonk
Sst
Pamm
!!

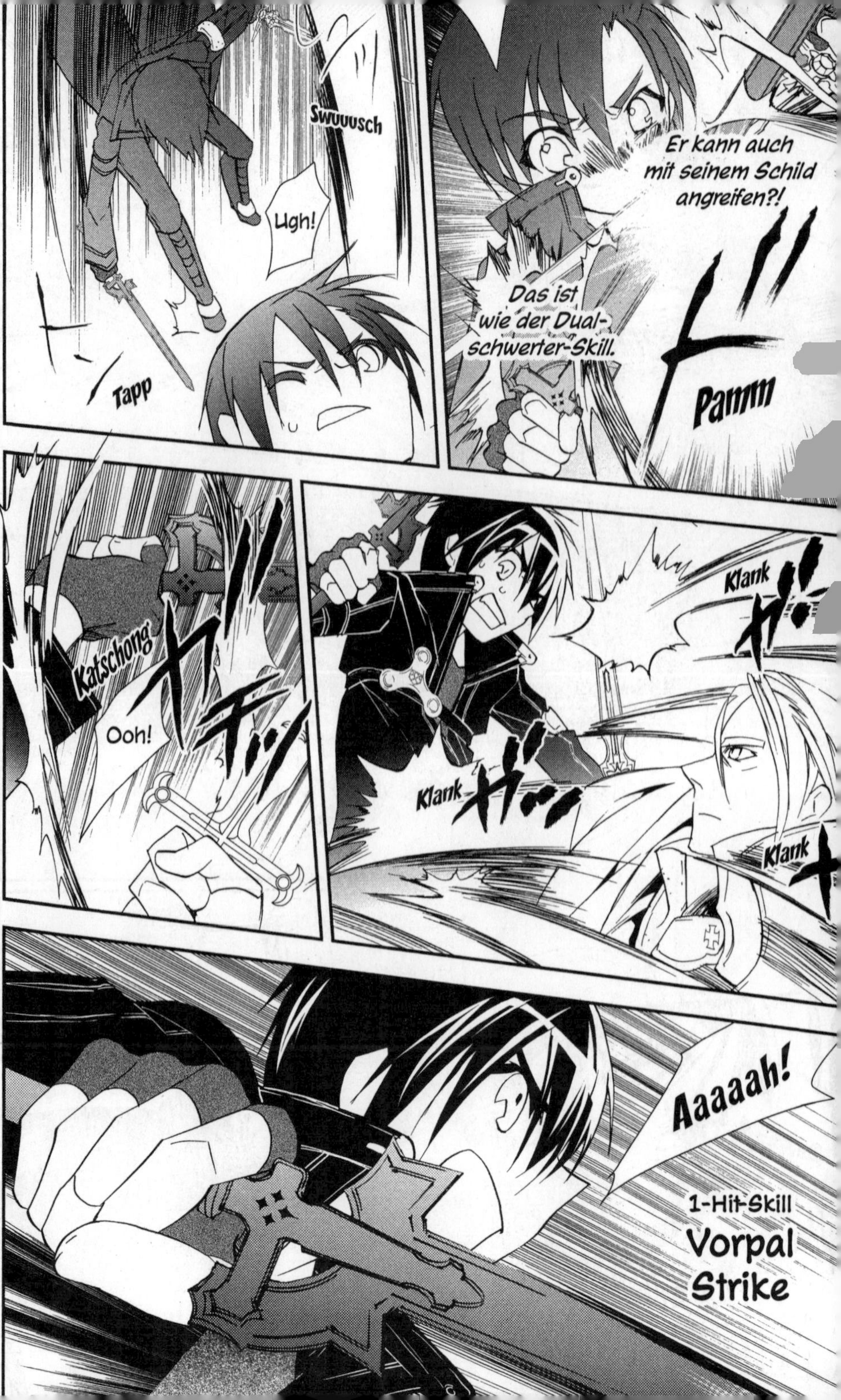
Er kann auch mit seinem Schild angreifen?!
Das ist wie der Dual-schwerter-Skill.
Pamm
Swuuusch
Ugh!
Tapp
Klank
Klank
Klank
Katschong
Ooh!
Aaaaah!
1-Hit-Skill Vorpal Strike

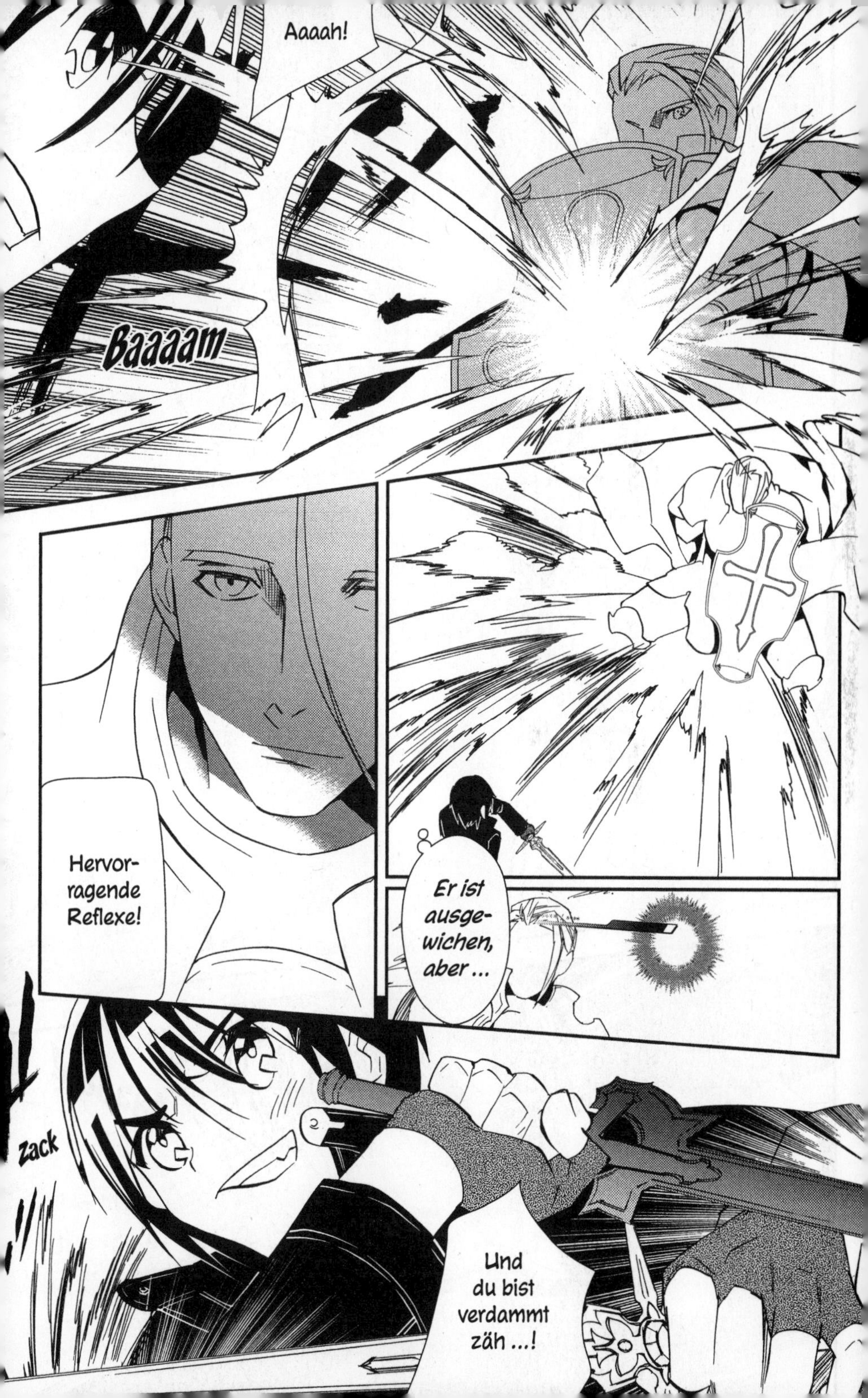
Aaaah!
Baaaam
Hervor-ragende Reflexe!
Er ist ausge-wichen, aber ...
Zack
Und du bist verdammt zäh ...!

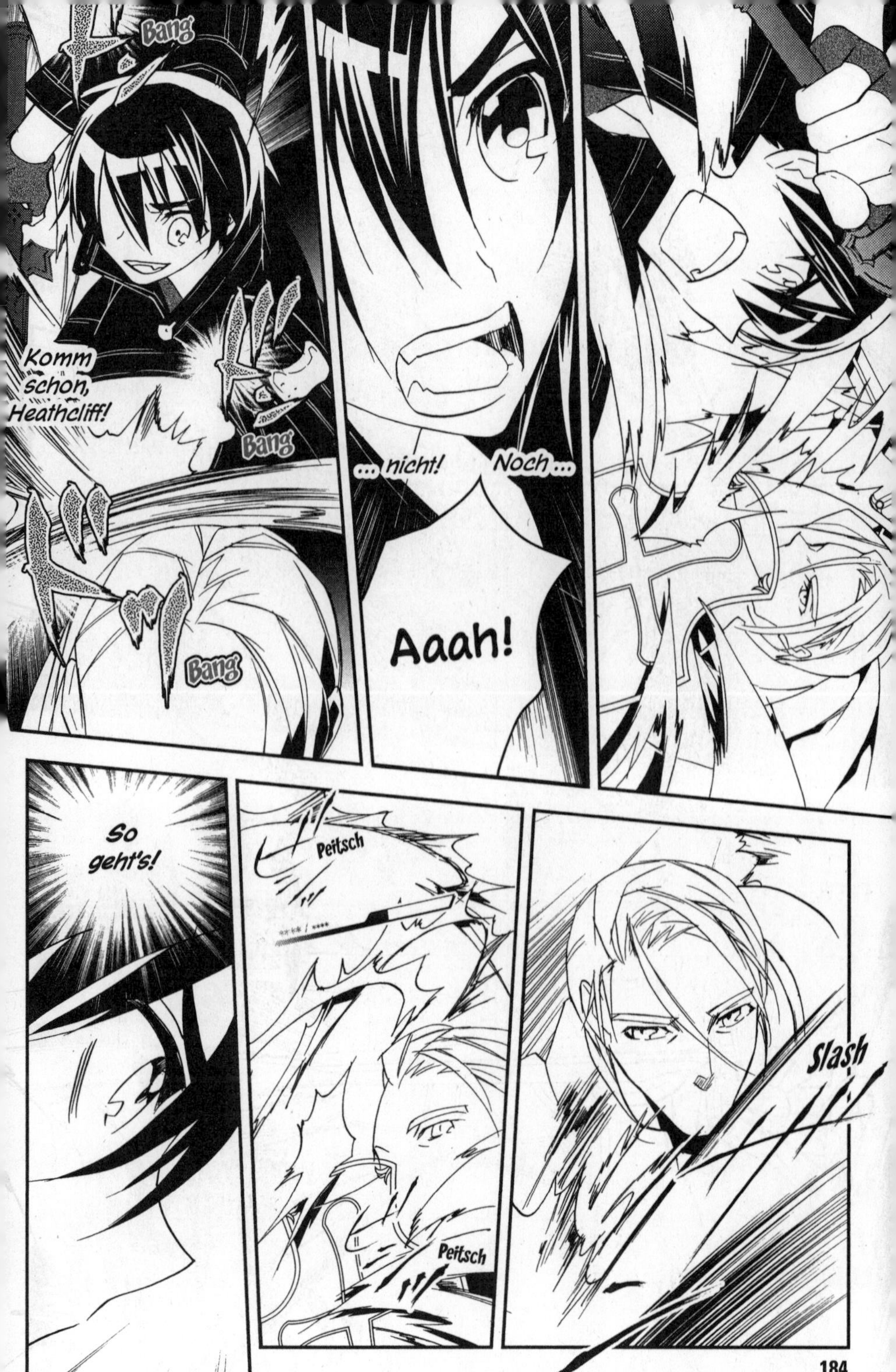
Noch ...
... nicht!
Aaah!
Bang
Komm schon, Heathcliff!
Bang
Bang
Slash
Peitsch
Peitsch
So geht's!

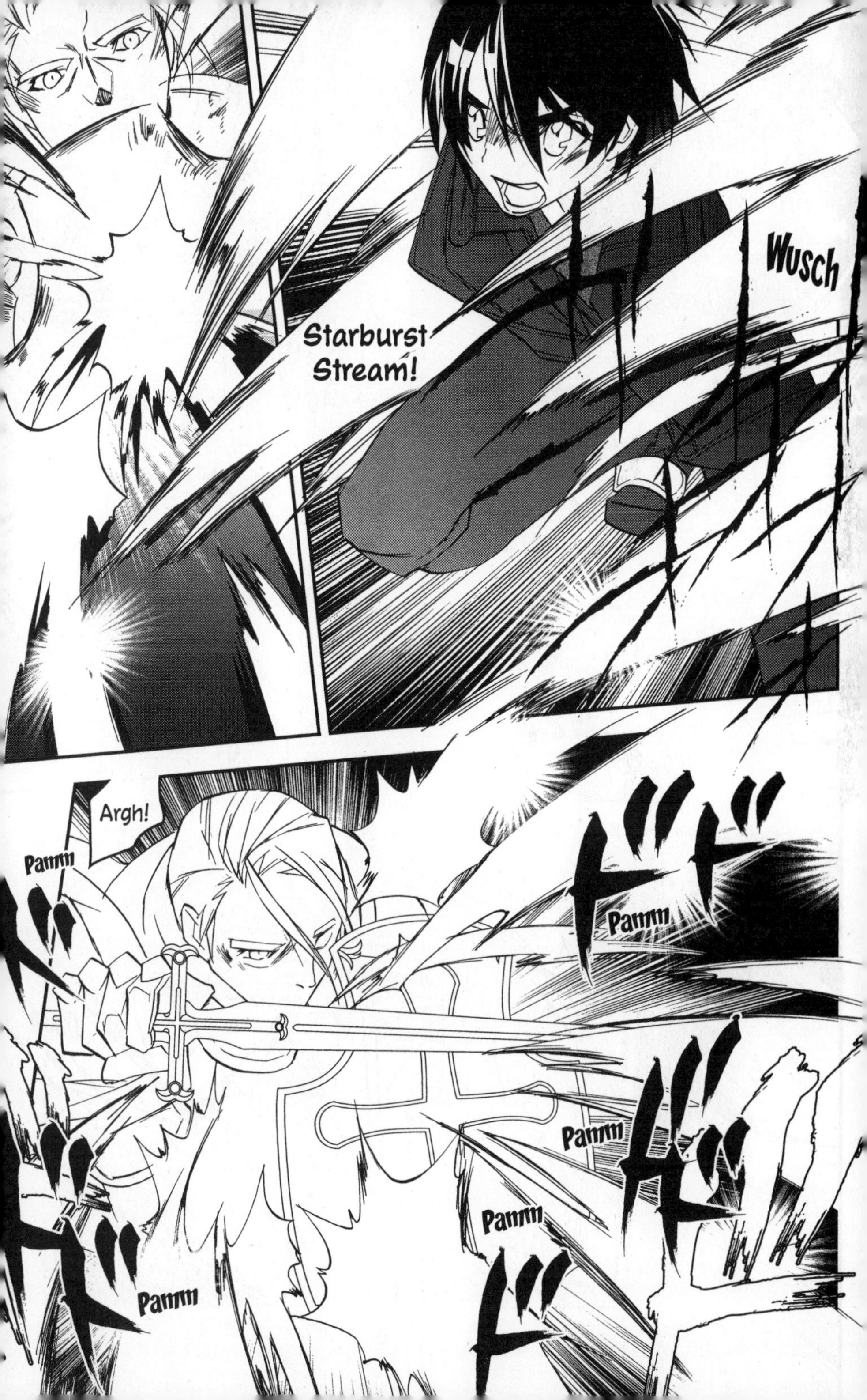
Wusch
Starburst Stream!
Argh!
Pamm
Pamm
Pamm
Pamm
Pamm

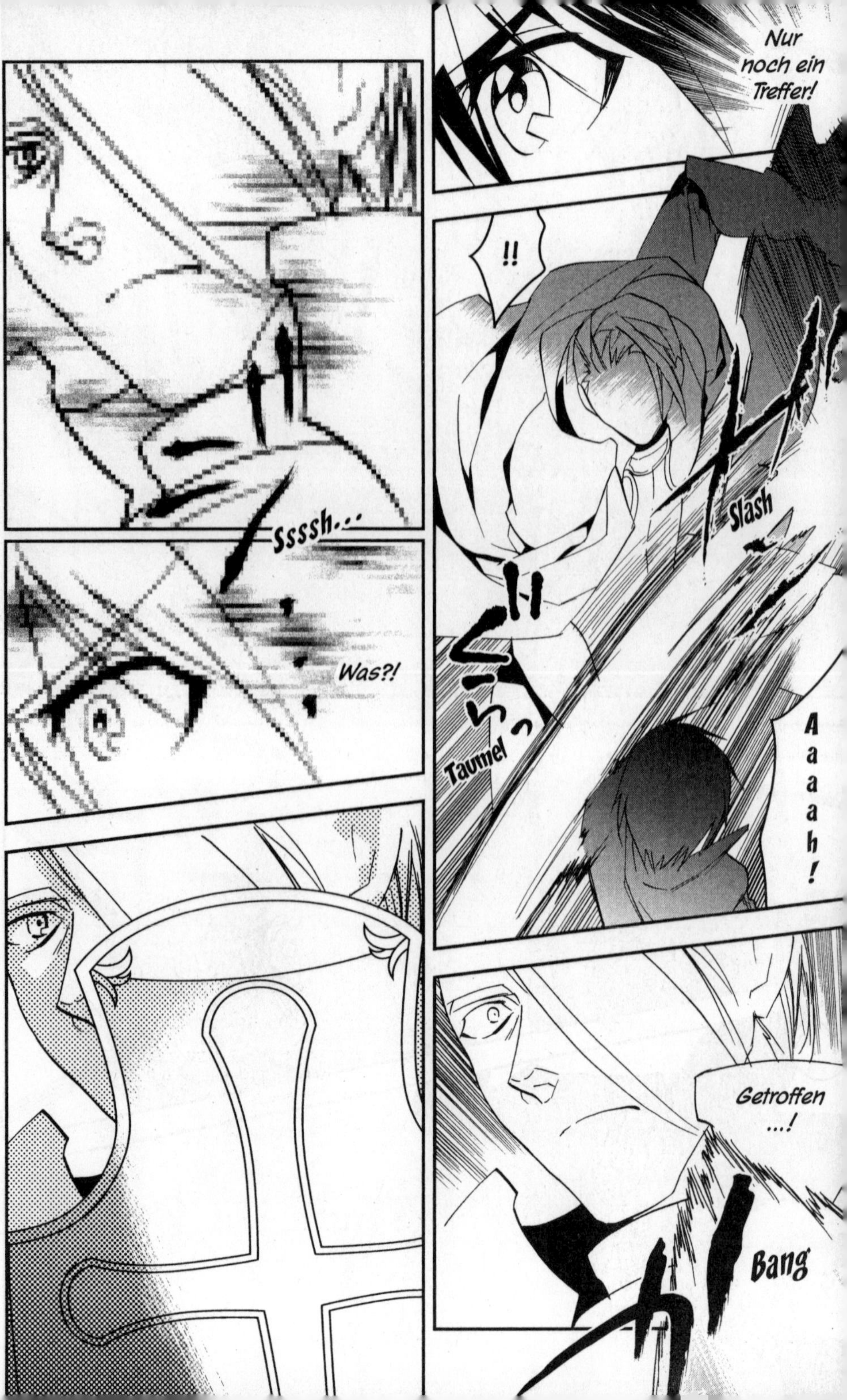

Nur noch ein Treffer!
!!
Slash
Taumel
Aaaah!
Getroffen ...!
Bang
Ssssh...
Was?!

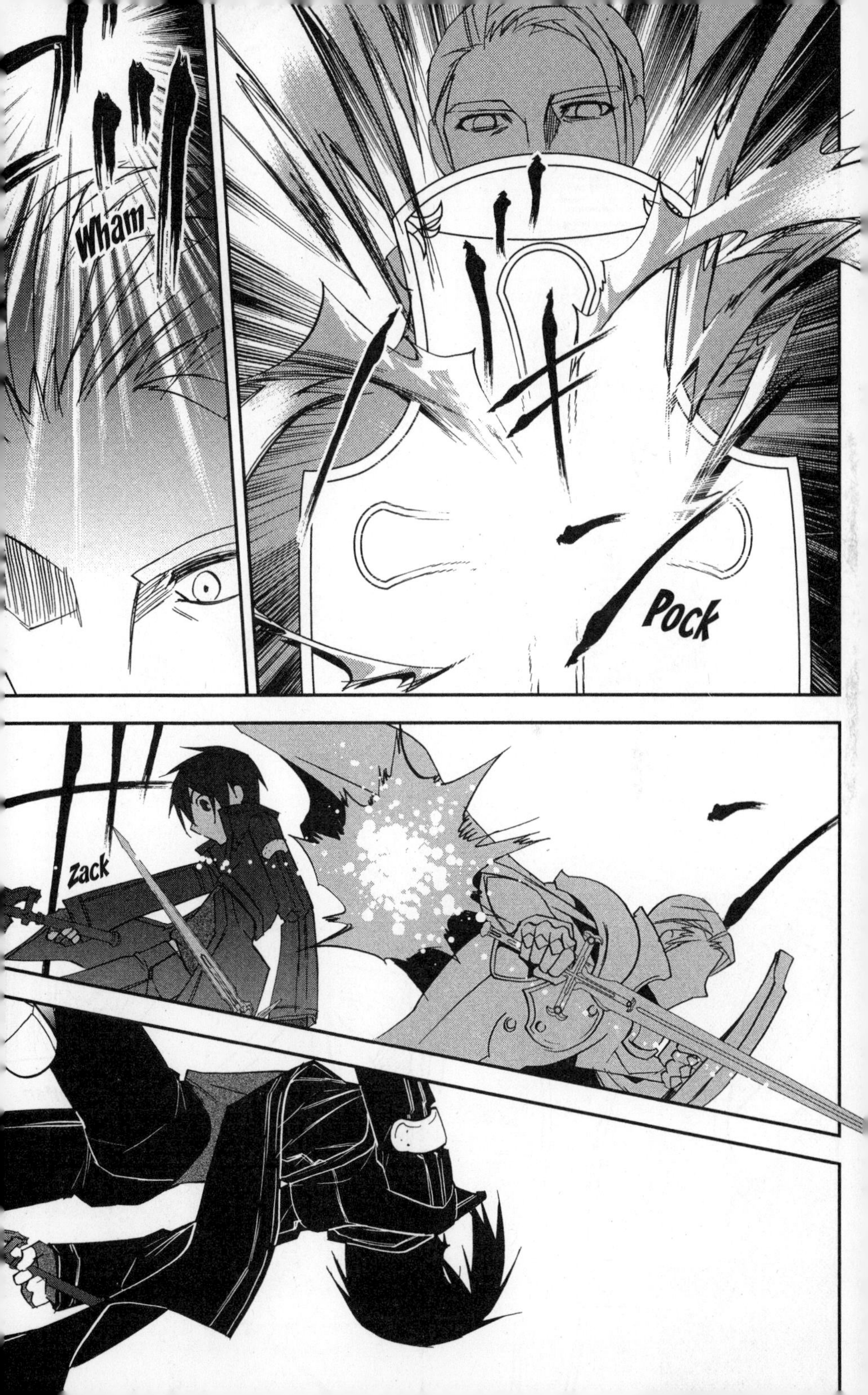
Wham
Pock
Zack

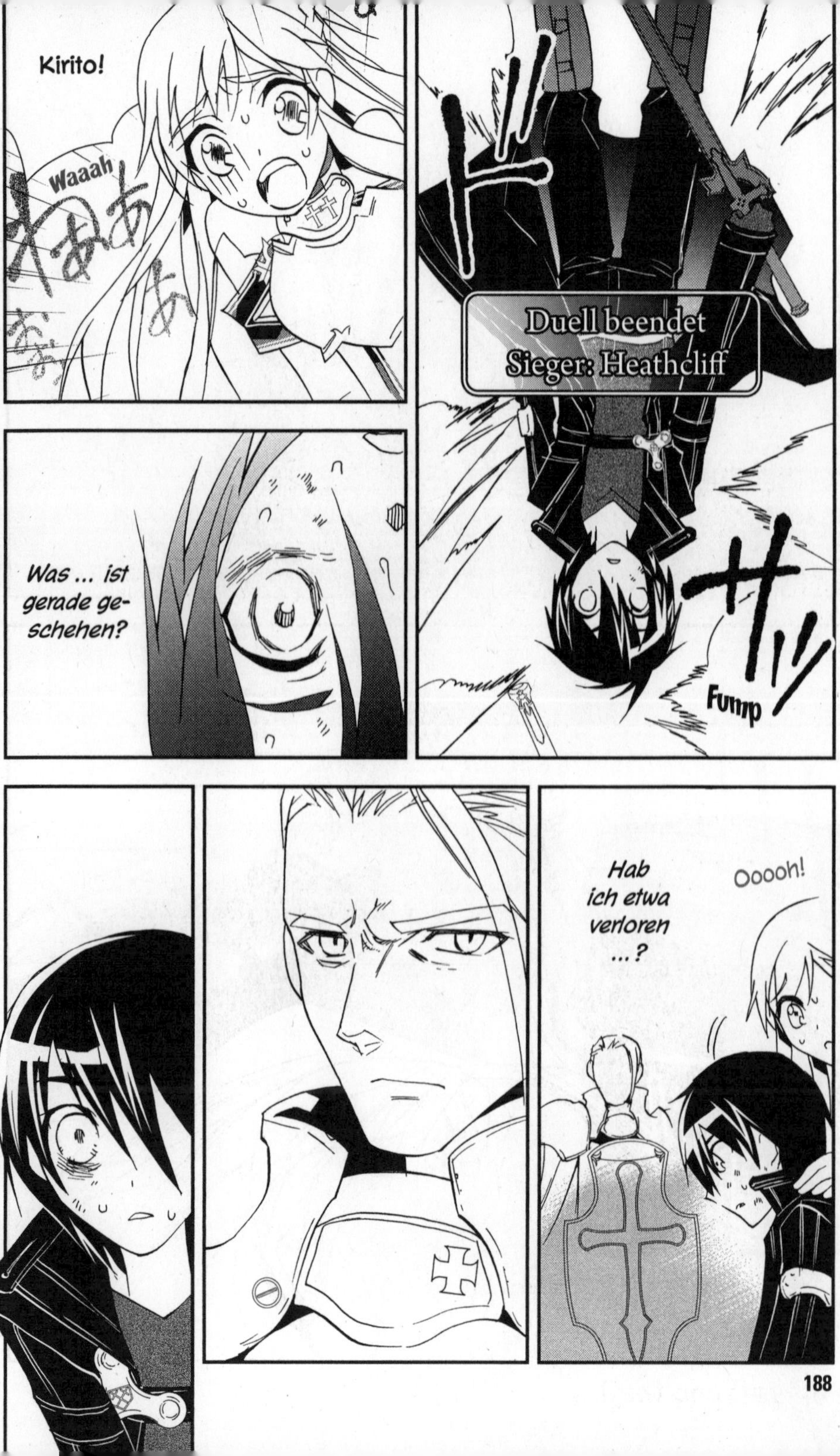
Duell beendet
Sieger: Heathcliff
Fump
Kirito!
Waaah
Was ... ist gerade geschehen?
Ooooh!
Hab ich etwa verloren ...?

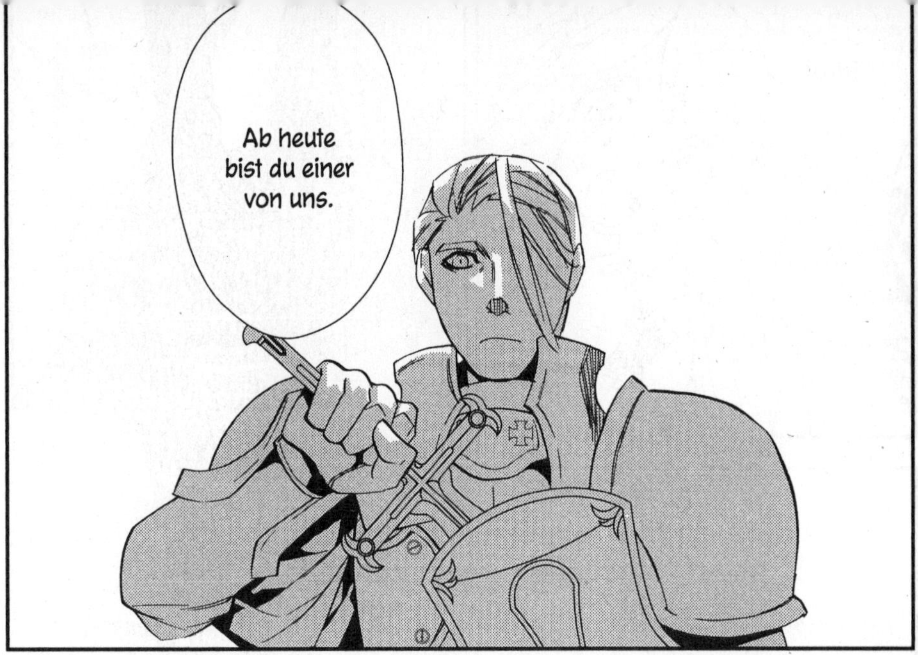

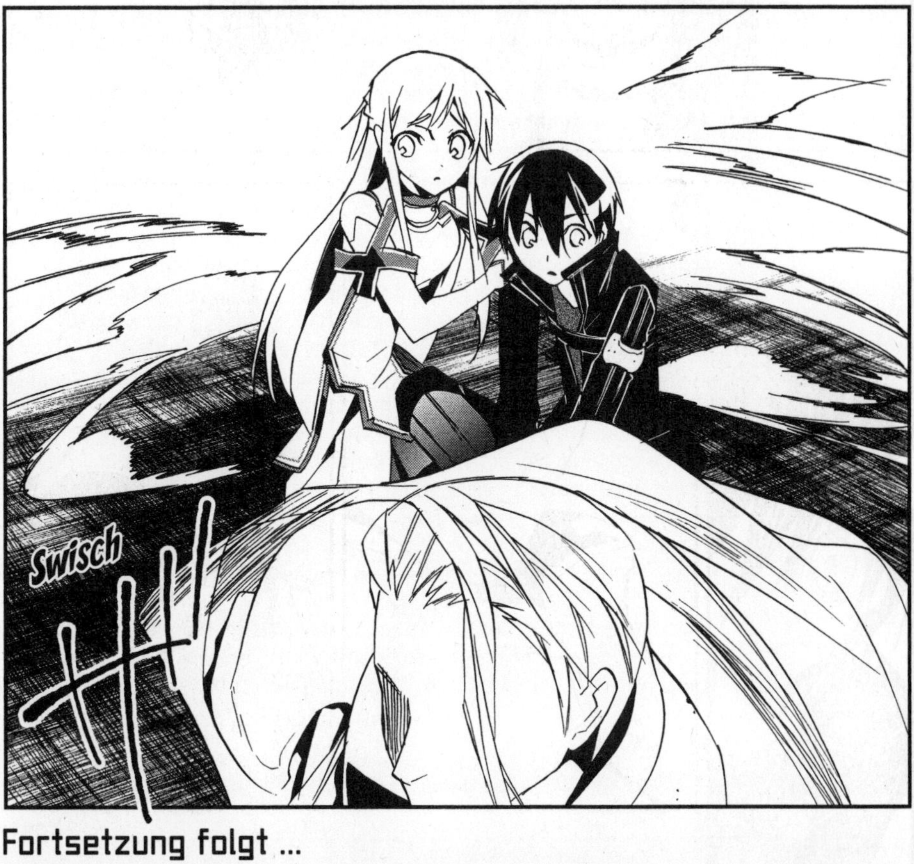

Fortsetzung folgt ...

001

Zeichnungen:
TAMAKO NAKAMURA

Original:
REKI KAWAHARA

Charakterdesign:
abec

Nachwort

Autor: Reki Kawahara

Die Geschichte von *Sword Art Online* spielt in einer virtuellen Fantasy-Welt, die Protagonisten sind japanische Jungen und Mädchen. Das etwas komplizierte Szenario ist ein tödliches Game, in dem die Spieler ihr echtes Leben riskieren. Auch beim Schreiben der Light Novel war ich häufig unschlüssig bezüglich der Schilderung der Systemumgebung oder der Darstellung der Mentalität von Kirito und den anderen. Wesentliche Elemente, wie die Gegenüberstellung von Alternativwelt und digitalem Raum oder MMO-Spiel und realem Tod, wurden in der Novel nicht vollständig beschrieben und so gab es nicht wenige Stellen, an denen ich die Szenerie und Atmosphäre der Vorstellung der Leser überlassen habe. Als eine Manga-Umsetzung zur Sprache kam, machte ich mir zunächst Gedanken, ob man in einem visuellen Medium wie einem Manga wirklich das kalte Gefühl der Digitalität und das Distanzgefühl angesichts des Todes, wie es in *SAO* gegeben ist, ausdrücken könnte. Doch die Mangaka Tamako Nakamura hat mit ihren klaren Linien und den Charakteren mit ihren ausdrucksvollen Augen die schwebende Festung Aincrad und die Geschichte, die sich dort entfaltet, genau so dargestellt, wie ich es mir vorgestellt hatte. Seit dem Beginn wurden zwölf Kapitel der Serie veröffentlicht. Frau Nakamura hat alles wunderbar dargestellt bis hin zur letzten Szene, in der Kirito in der realen Welt wieder seine ersten Schritte im Krankenhaus macht. Dafür möchte ich ihr meine tiefste Dankbarkeit und Anerkennung ausdrücken. Vielen Dank für die Zusammenarbeit an dieser Serie. Und noch einmal herzlichen Glückwunsch zu der Veröffentlichung der beiden Manga!

Reki Kawahara

ソードアート・オンライン

Sword Art Online

Aincrad

ソードアート・オンライン
Sword Art Online
Aincrad

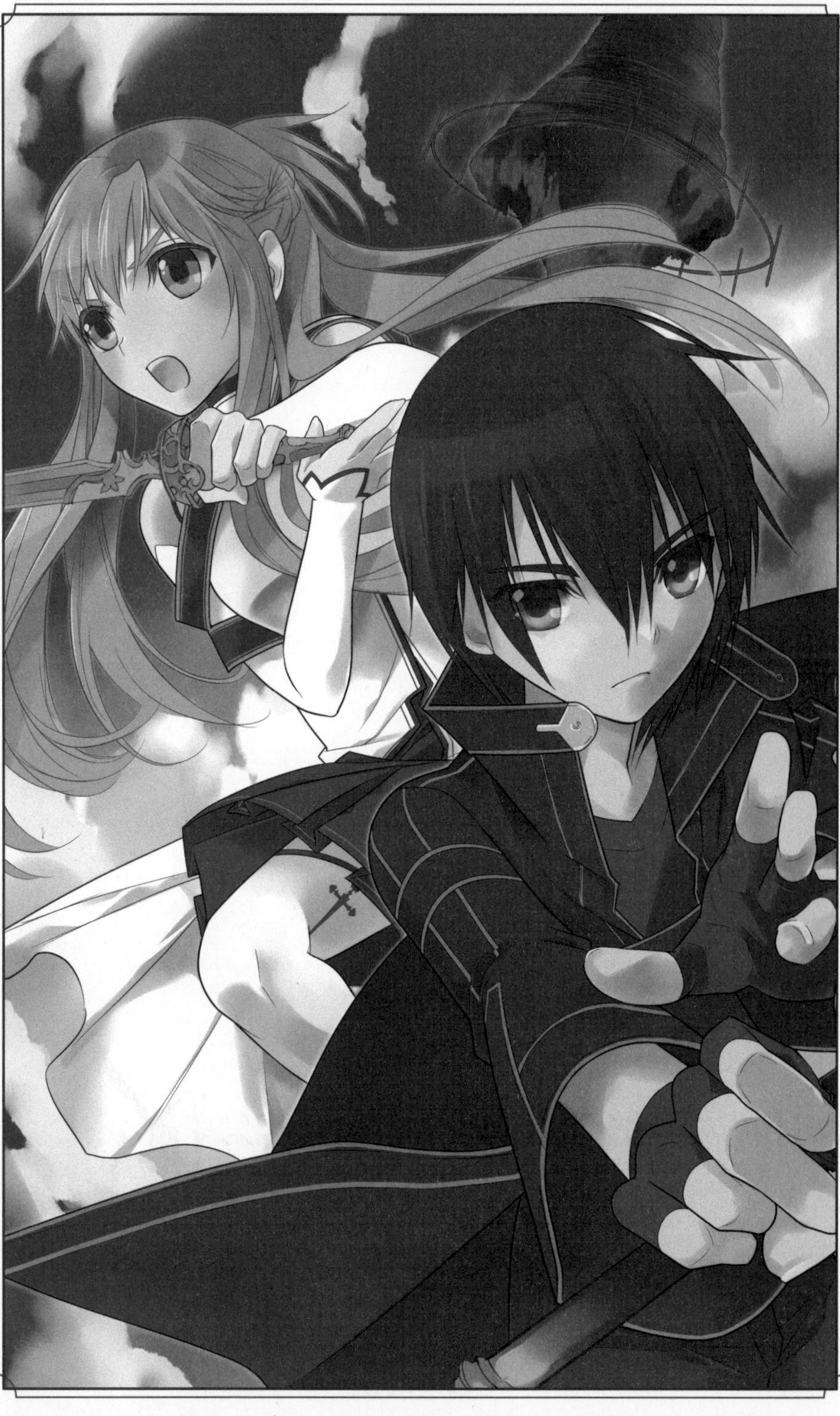

TOKYOPOP®
20. JUBILÄUM

TOKYOPOP GmbH
Hamburg

TOKYOPOP
Einmalige Auflage, 2024
Deutsche Ausgabe/German Edition

Aus dem Japanischen von Miryll Ihrens

SWORD ART ONLINE AINCRAD Vol.1
Anniversary Edition

Konzept der Jubiläumsedition: Benjamin Spinrath
Coverdesign der Jubiläumsedition: Annika Meyer-Wülfing

Redaktion: Benjamin Spinrath
Lettering: Vibrant Publishing Studio
Herstellung: Annika Meyer-Wülfing, Laura Bartels
Druck und buchbinderische Verarbeitung:
CPI–Clausen & Bosse GmbH, Leck
Printed in Germany

MIX Papier FSC® C083411

Wir achten auf die Umwelt.
Dieses Produkt besteht aus FSC®-zertifizierten und anderen kontrollierten Materialien.

ISBN 978-3-7593-0240-3

www.tokyopop.de

ソードアート・オンライン
Sword Art Online
Aincrad